대한민국
몰락사

대한민국
몰락사
지옥실험의 기록
2008-2018

강인규 지음

오마이북

실험실이 된 한국 사회

내 머리 속에는 장면 하나가 문신처럼 새겨져 있다. 까마득히 어린 시절, 표본실에서 본 커다란 유리병 안에는 나보다 훨씬 작고 어린 아이가 웅크리고 앉아 있었다. 포르말린 용액에 담긴 그 유아 표본을 본 게 언제였는지는 정확히 기억나지 않는다. 하지만 고통스러운 듯 눈을 질끈 감은 아기의 표정은 아직도 생생하다. 나는 오줌 쌀 만큼 무서우면서도 그 얼굴에서 눈을 떼지 못했다. 공포가 밀어내는 것보다 더 강한 힘으로 연민과 호기심이 끌어당기고 있던 탓이다.

진열장 유리 한 장을 사이에 두고 삶과 죽음이 만나고 있었다. 웃거나 울거나 칭얼대며 잠들어 있어야 할 아기가 왜 얼어붙은 모습으로 병 속에 들어가 있는 것일까? 아이의 엄마, 아빠는 어디에 있을까?

시간이 흘러 진열장 밖의 아이는 중년이 되었다. 이제 그 '늙은 아이'는 자신이 유리병 속에 갇혀있다는 사실을 깨닫는다. 둘러보니, 자신뿐 아니라 나고 자란 사회 전체가 담겨 있다. 이 '표본사회'는 무수히 많은 죽음, 슬픔, 불행을 탐욕과 무책임의 포르말린 용액에 담가 전시하고 있다.

2003년 대구지하철 참사를 기억할 것이다. 이 사고로 무려 192명이 숨졌고 21명이 실종되었으며 1151명이 부상을 당했다. 작은 화재가 대형 참사로 번진 가장 큰 원인은 '돈'이었다. 원가 절감을 위해 불이 잘 붙고 유독성 연기를 내뿜는 값싼 재료를 지하철 차량에 쓴 게 가장 큰 원인이었다. 비용 절감 차원에서 안전 점검과 훈련도 생략했고, 인건비를 줄인다며 '2인 승무제'를 폐지한 뒤 기관사 한 명에게 열차 운행과 승객 안전 업무까지 맡겼다.

사고 후 여러 외국 철도·소방 담당자들이 한국을 찾았다. 대만 정부는 타이베이시 지하철공사 사장과 소방국, 지하철본부 관계자들을 보내 참사 현장과 사고 차량을 둘러보게 했다. 사고 경위를 확인해 비슷한 사고가 발생할 때 자국 시민들의 피해를 최소화하기 위해서였다. 일본 역시 국립소방연구센터 조사팀을 대구에 보내 피해 상황과 원인을 정밀 조사하도록 했고, 이것을 바탕으로 2014년에 강화된 안전기준을 발표했다.

일본이 한국을 '표본' 삼아 지하철 안전규정을 강화했던 바로 그해, 한국에서는 어린 목숨 수백 명을 태운 배가 침몰했다. 사건의 원인도 대구지하철 참사와 똑같았다. 여기에 정치권, 담당 공무원, 언론의 무능과 파렴치함이 극적으로 더해졌다. 300명이 넘는 국민을 잡아 삼킨 이 가공할 해상사고에 대해서도 수많은 해외 학술논문이 쏟아져 나왔다. 한국이 또 다시 피해야 할 '표본'을 제시한 것이다.

1995년 삼풍백화점 붕괴, 2003년 대구지하철 참사, 2014년 세월호 참사. 재앙의 공간은 땅 위, 땅 밑, 바다로 확장되었으나 원인은 변함없이 그대로였다. '돈.'

우리가 과거와 달라진 게 있다면, 망연자실한 유족들 앞에서 거리낌 없이 돈 이야기를 꺼내게 되었다는 점이다. 공영방송은 구조의 희망을 버리지 않은 가족들 앞에서 보상금 액수를 따지고, '애국자'를 자임하는 국민들은 '자식 팔아 돈벌이한다'고 비웃었으며, '국민의 대표'라는 여당 국회의원은 '돈이 너무 많이 든다'며 세월호 인양을 반대했다.

때와 장소를 가리지 않고 벌어지는 참사를 보며, '이제 어디서 터질까' 조바심 내는 사람이 적지 않을 것이다. 하지만 '어디'를 묻는 것은 부질없는 일이다. 한국 사회 전체가 재난 현장이 되었기 때문이다. 삼풍백화점 붕괴, 대구지하철 참사, 세월호 사망자와 실종자를 합하면 1000명이 넘는다. 그리고 이 나라에서는 매년 14만 명이 자살한다. 세 참사를 더한 규모의 참사가 매년 14번씩 일어나는 셈이다.

대형 참사나 높은 자살률은 특정 정부의 문제가 아니다. 사람보다 돈을 앞세우는 야만적 이윤추구는 정치 성향을 넘어선 뿌리 깊은 사회 문제다. 중요한 것은 문제를 대하는 정부의 태도다. 자살의 주원인이 경제적 생활고와 경쟁에 내몰린 불안한 삶인데도, 정부는 정규직 해고를 쉽게 하고 임금을 줄이는 것을 '대안'이라고 내놓는다.

이명박 전 대통령은 몰상식한 억지를 '통치 철학'의 차원으로 승화시킨 지도자였다. 그는 강에 콘크리트를 부으며 '강 살리기'라고 했다. 박근혜 대통령은 이 불우한 전통을 한 단계 더 발전시켰다. 그는 벼랑 끝에 몰린 국민들을 떠미는 정책을 '구조 개혁'이라고 부르고, 정부 입맛대로 역사를 기술하는 것을 '바른 역사'라고 부른다.

두 정부가 문제를 해결하기는커녕 적극적으로 키워왔다는 점에서 이들의 집권 기간을 '대한민국 몰락사'로 기술해도 손색이 없을 것이다. 치솟은 자살률, 곤두박질친 출산율, 바닥을 기는 행복지수는 '이윤'과 '경쟁'을 더하고 '사람'을 뺄 때 어떤 끔찍한 세상이 열리는지 보여준다. 한국 사회는 국민을 대상으로 이 잔인한 실험을 벌여왔으며 우리는 그 결과를 목격하고 있다.

이 책은 이 '지옥실험'의 기록이다. 이 작업의 목적은 지옥을 벗어나는 데 있다. 잔인한 현실을 기술하는 것도, 읽는 것도 고통스럽지만 어떤 일이 일어나고 있는지 모른 채 변화를 모색할 수는 없다.

기간은 2008~2018의 10년으로 잡았다. 여기에는 박근혜 정부가 임기 내내 바뀔 가능성이 없다는 비관 못지않게, 지난 8년의 경험을 바탕으로 앞으로의 2년을 '지옥탈출 모색기'로 삼고 싶은 희망이 담겨 있다.

사회에서 한두 사람이 고통받는다면 그들이 떠나는 것으로 족하다. 하지만 대다수 국민이 고통받는다면 사회를 바꿔야 한다. 모든 국민이 나라를 떠나는 것보다는 그 편이 훨씬 수월하다.

2016년 2월
강인규

차례

1장

대통령,
국어로 말하기를 거부하다

선거 … 몰락의 궤도, 파국의 풍경

도피외교 … 넘어진 대통령, 널브러진 언론

겨울왕국과 레이디 가카 … 대통령에게 권하는 '렛 잇 고'

국익 … 국민 목숨보다 소중한 '근혜산성'

대통령 번역기 … 대통령의 빈말이 재앙인 이유

애국 페티시즘 … 불행한 나라의 애국 주문

몰락의 궤도
파국의 풍경

선거
국가기관이 국민에게 필요한 지도자를 골라주는 간접민주주의 형태.

동의어 일상적 업무
연관어 국가정보원, 국군사이버사령부(댓글부대), 강남구

늘 그래왔듯 선거는 끝났고, 당선자는 결정되었다. 누가 대통령으로 뽑혔든 다 훌훌 털고 한목소리로 축하하고 기뻐해야 할까? 그럴 수 없는 사람들은 어떻게 되는 것일까? 신사답지 못한 '좀생이'나 '반민주시민'이 되는 것일까?

대통령 선거는 운동경기가 아니다. 임의로 편을 갈라 즐기는 스포츠라면 결과에 '깨끗이 승복'하고 승자에게 갈채를 보낼 수 있다. 스포츠는 현실이 아니기 때문이다. 모든 스포츠는 '정신게임'이다. 아

무리 격렬히 몸을 움직이는 경기라도, 보는 관중들은 '상상적 동일시'를 통해 즐거움을 얻는다. 연고지 때문이든 속한 집단 때문이든 막연히 좋아서든 자신을 스포츠팀과 동일시해야만 연대감이 생겨나고, 응원도 하게 되며, 결과에 기뻐할 수도 있고, 좌절할 수도 있다. 하지만 아무리 안타까운 패배라도 그 결과에서 느끼는 실망감은 그냥 실망감일 뿐이다. 관중에게는 언제든 돌아갈 현실이 있다.

운동경기에 졌다고 해서 현실의 여건이 바뀌지는 않는다. 그러나 정치는 현실 그 자체다. 정치는 현실의 기쁨과 고통, 삶과 죽음의 문제다. 그런데도 그리 간단히 '승복'을 말할 수 있을까? 가혹한 경쟁에 치여 꿈을 잃은 어린이들, 감당할 수 없는 등록금 때문에 진학을 포기하거나 학업을 미룬 채 돈벌이에 나서야 하는 학생들, 수십에서 수백 통의 지원서를 내도 취업을 할 수 없는 졸업생들, 고공에서 생존권 싸움을 벌이는 비정규직 노동자들과 그 가족들, 절반 이상이 빈곤층으로 전락해 하루 앞을 내다볼 수 없는 노인들에게도 말이다.

물론 선거 결과에 '깨끗이 승복'할 수 있는 사람이 전혀 없는 것은 아니다. 선거가 정신게임이었던 사람에게는 쉬운 일일 것이다. 현실의 삶 때문이 아니라 연고지 때문에, 핏줄이나 향수 때문에, 아니면 '그저 좋아서' 찍은 사람들에게는 말이다.

박근혜 대통령은 인정하고 싶지 않겠지만, 그는 과반수의 표를 얻어 대통령이 되었음에도 불구하고 여전히 절반의 대통령으로 남았다. 2012년 대선에서 유권자의 48퍼센트가 경쟁 상대였던 문재인 후보를 지지했으며, 그를 지지한 표는 과거 이명박 전 대통령이 얻었던 표보다 320만 표 이상 더 많았다.

하지만 박 대통령이 '절반의 대통령'인 이유는 절반의 표를 얻어서가 아니다. 선거에서 얼마의 표를 받았든 집권 후에는 '모두의 대통령'이 되어야 한다. 하지만 박 대통령은 임기 절반이 지나도록 국민 전체를 돌아보고 배려하는 시도를 하지 않았다. 오히려 '임금피크제' '해고요건 완화' '역사교과서 재국정화'에서 보듯 국민들을 끊임없이 가르고 충돌시키는 전략을 썼다.

18대 대선에서 20대의 65퍼센트, 30대의 66퍼센트, 40대의 55퍼센트 이상이 야권 후보에게 표를 던졌다. 한국의 현재와 미래를 이끌 젊은이들이 현 대통령을 거부한 것이다. 젊은 세대의 마음을 얻지 못한 후보가 한 나라의 지도자가 되었다는 사실은 비극이다. '과거가 미래의 발목을 잡았다'는 평가를 부인할 수 없는 상황이기 때문이다.

청년들은 왜 그런 선택을 했을까? '불순한 사상'에 물들어서일까? 현실의 삶이 고통스럽기 때문이다. 어려워진 오늘과 더 어렵게 될 내일의 삶을 걱정해야 하는 탓이다. 물론 국민 대다수가 18대 대통령이 박근혜라는 사실을 인정할 것이다. 그러나 대통령이 됐다고 해서 5년간 멋대로 권력을 휘두를 자격이 주어진 것은 아니며, 국민이 그를 대통령으로 뽑았다고 해서 침묵한 채 그가 하는 일을 바라만 보고 있어야 하는 것도 아니다.

국가의 주인은 대통령이 아니라 국민이다. 케네디 대통령도 말했듯 국가의 주인은 시민이며 정부는 시민의 하인일 뿐이다. 따라서 승복해야 할 사람은 국민이 아니라 박근혜 대통령 자신이다. 국민이 대통령의 뜻을 살피는 게 아니라 대통령이 국민의 뜻을 살피고 따라야 한다. 특히 현실을 더 이상 견딜 수 없어 박근혜 후보 대신 변화를 선택한, 가장 절박한 국민들의 고통을 먼저 해결해야 한다. 이들을 제대로 보살피지 못하면 박근혜 정부의 남은 임기는 보수세력의 무덤이 될 것이다.

승복할 사람은 대통령이다

박근혜 대통령이 당선된 한국의 2012년은 미국의 2004년과 비슷했다. 무수한 과오, 무능, 실패, 부패에도 불구하고 재집권에 성공했기 때문이다. 공화당의 부시 대통령은 무책임한 전쟁을 시작함으로써 젊은이 수천 명을 죽음 속에 던져넣었고, 부자감세를 실시해 심각한 사회 양극화와 재정 적자를 초래했으며, 친기업 탈규제 정책으로 경제 위기를 자초했으면서도 2004년에 보란 듯이 재선에 성공했다.

물론 부시의 재집권에는 '친근하고 서민적으로 보이는' 후보의 인간적인 매력과 무비판적 언론이 큰 역할을 했다. 당시 진보세력은 '미국 민주주의는 종말을 고했다'며 좌절했고, 일부는 '도저히 이 나라에 살 수 없다'며 이민을 생각하기도 했다(실제로 가까운 미국인 친구는 부시 재선 직후 멕시코로 이주했다). 하지만 이 절망은 2009년 오바마 대통령을 탄생시키는 계기가 되었다.

*
박 대통령이 '절반의 대통령'인 이유는 절반의 표를 얻어서가 아니다.
박 대통령은 국민 전체를 돌아보고 배려하는 시도를 하지 않았다.
오히려 '임금피크제' '해고요건 완화' '역사교과서 재국정화'에서 보듯
국민들을 끊임없이 가르고 충돌시키는 전략을 썼다.

부시의 연임으로 고통을 겪게 된 국민들은 '미국 사회에 근본적인 변화가 필요하다'는 깨달음을 얻었다. 그 결과 민권 변호사 출신의 무명 의원을 대통령으로 뽑는 정치 변혁을 이뤄냈다. 부시가 재집권할 때만 해도 버락 오바마가 뒤를 이을 거라고 생각했던 사람은 없었다. 오바마는 '프랭클린 루스벨트 이래로 가장 진보적인 대통령'으로 불린다. 부자증세, 최저임금 대폭 인상, '오바마 케어(ObamaCare)'라는 이름의 전 국민 의료보험 등 다른 대통령이 엄두도 못 낼 혁신적 정책을 추진했기 때문이다. 아이러니하게도 보수의 재집권이 개혁적 지도자를 낳은 것이다.

　박근혜 정부는 국민들에게 '박정희 향수'의 실체를 깨닫게 해줄 것이다. 박근혜는 박정희가 아니며, 설사 박정희 대통령이 살아 돌아온다 해도 1970년대의 세계관과 정책으로 21세기 한국을 이끌 수는 없기 때문이다. 사실 우리는 이명박 재임 5년간 국토를 파헤치고 언론을 통제하고 재벌에 특혜를 주는 (여기에 박 대통령의 애호품이었던 '레이밴' 선글라스까지 따라 쓰는) '21세기 박정희'를 이미 경험했다. 그 결과는 어땠는가.

　새누리당의 재집권은 지난 정부의 과오와 부패를 덮는 결과를 낳을 것이다. 4대강 사업, 의료 민영화, 부자감세, 복지 축소, 핵발전소 비리 등에 아무도 책임을 지지 않을 것이고, 국민들은 그 폐해를 임기 내내 겪게 될 것이다. 그로 인해 우리는 '이 사회에 혁명적인 변화가 필요하다'는 교훈을 얻게 될 것이다. 미국 사회가 부시의 연임에서 교훈을 얻었듯 말이다.

어디서 희망을 찾을 것인가

'대한민국 최초의 여성 대통령'이라고는 하나, 박근혜 대통령의 소통 방식은 권위주의적 '마초 보스'에 가깝다. 후보 시절 토론에서 잘 보여주었고 취임 이후 온몸으로 입증했듯 박 대통령에게는 사회와 정책에 대한 구체적이고 섬세한 지식이 결여되어 있다. 그 결과 정책 결정 과정에서 신뢰하는 소수 측근에 전적으로 의존하는 경향을 보였고, 그 몇몇의 입김에 따라 국가 정책이 표류해왔다. 이 문제는 임기가 끝날 때까지 계속될 것이다.

전임자였던 이명박 전 대통령은 혼자서 잘못된 결정을 내린 뒤 밀어붙이는 독단적인 스타일이었다. 세월호, 메르스 등의 재난 상황에서 존재의 흔적을 찾기 어려웠던 박 대통령과 달리 그는 사건과 이슈마다 등장해 자신의 모습을 각인시켰다("내가 해봐서 아는데……"). '귀를 막고' 잘못된 방향으로 돌진하는 것과 '아무 생각 없이' 표류하는 것은 모두 국민들에게 큰 고통일 수밖에 없다. 아무쪼록 남은 임기 동안이나마 박근혜 대통령이 최대한 자신의 한계를 극복하여 국민들의 고통을 조금이나마 덜어주길 바랄 뿐이다.

야당은 여당과 뚜렷이 구분되는 입장과 정책을 제시해야 한다. 박근혜 정부의 실패가 홍시로 변해 자신들 입에 떨어질 거라고 착각해서는 안 된다. 2014년 세월호 참사 직후 지방선거 참패, 2015년 불법 대선자금 의혹 폭풍 속의 재보궐선거 참패가 무엇을 말해주는가. 그런 면에서 이른바 '제1야당'이 지속해온 '진보색 감추기'는 어리석기 짝이 없는 전략이다. 실패한 여당과 구분하기도 어려운 야당을 누가 대안세력으로 여기겠는가. '중도보수'로 부르기도 민망한 '제1야당'은 오바마가 '변화의 희망'을 안겨줌으로써 집권했다는 사실을 잊어서는 안 된다.

진보나 보수 중 누가 차기 권력을 잡는다 해도 시민들의 역할은 변하지 않는다. '주인' 뜻을 어기지 못하도록 감시하고 호된 비판을 아끼지 않는 것, 그것이 주인인 국민이 해야 할 일이다. 시간이 지나면 기세등등하던 대통령도 물러나 슬슬 눈치를 보고, 사자처럼 포효하던 정당 역시 권력을 잃고 순식간에 사라지기도 한다. 오직 국민들만이 변함없이 남아 그 자리를 지킬 것이다. 원하든 원하지 않든 나라의 주인은 국민일 수밖에 없다.

넘어진 대통령
널브러진 언론

도피외교

안에서 새는 바가지도 밖에서 완전무결할 수 있음을 보여주기.
해외순방 후 지지도가 잠시 올랐다 떨어지는 현상이 반복되는 특징이 있다.
국민들이 긍정적으로 평가한 이유가 '외교 성과'인지 '자리를 비운 것'인지는
모호하다. 집무실을 비울수록 지지도가 오른다면 퇴임 후 지지도 급상승 가능.

대통령이 넘어졌다. 대단한 뉴스일까? 내신이든 외신이든 이 장면을 주요 화제로 삼고 싶어 한다면 그 이유는 아주 간단하다. 한 가지 사실을 말하고 싶은 것이다. "대통령은 결국…… 사람이었다!"

그럼 무엇인 줄 알았을까? 우아한 한 마리의 봉황? 하지만 이보다 더 기이해보이는 것은 정반대 부류의 사람들, 즉 '대통령도 한낱 사람이라는 사실'을 감추려고 기를 쓰는 사람들이다. 예컨대 다음과 같은 글을 쓰는 사람들이 그렇다.

박근혜 대통령의 영국 국빈방문 공식환영식이 열린 5일(현지시간). 아침부터 비를 퍼붓던 런던의 하늘은 환영식이 시작될 즈음부터 개기 시작했다. 마침내 오후 12시 10분 행사가 시작되자 잔뜩 찌푸린 하늘 뒤에 숨었던 해가 서서히 모습을 드러냈다. 박 대통령을 태운 왕실마차가 버킹엄궁에 들어설 때는 햇빛이 쨍쨍 비췄다.

– 〈이데일리〉, 2013. 11. 5.

만일 박 대통령이 도착하는 순간 먹구름이 몰려오고 천둥 번개를 동반한 폭우가 쏟아진다면 어떨까? 걱정할 필요 없다. 기지는 어려운 순간일수록 빛을 발하는 법이다.

흔치 않은 자연현상이 나타날 때 '서기(瑞氣: 상서로운 기운)'로 여기는 일이 많다. 특히 날씨가 그렇다. 옛 시절에는 자연현상으로 인간의 길흉화복을 점치기도 하고 앞날을 예견하는 운명의 '복선'쯤으로 여기기도 했다.

이번 중국 국빈방문 중 박근혜 대통령과 날씨의 상관관계가 회자됐다. 방중 첫날인 6월 27일 시진핑 중국 국가주석과 단독·확대정상회담을 성공리에 마치고 이틀째인 28일에는 전날 국빈만찬에 이어 특별 오찬까지 하는 최고 예우를 받았다. 이날 저녁 베이징에는 드물게도 천둥과 번개를 동반한 폭우가 쏟아졌다.

낮에는 찜통더위와 높은 습도로 가만히 있어도 등에 땀이 흐를 정도이고, 불쾌지수마저 꽤 높았던 데다 각종 매연과 안개가 뒤섞인 스모그로 목이 따가울 정도로 날씨가 좋지 않았지만 이날 비는 베이징 하늘에 켜켜이 쌓인 오염을 말끔히 씻어 내릴 만큼 시원함과 상쾌함을 선사했다. 연평균 강수량이 500㎜ 정도에 불과한 '마른 하늘'의 베이징에서 모처럼 보기 힘든 장면이라는 게 현지인들의 반응이다.

－〈파이낸셜뉴스〉, 2013. 7. 1.

이 기사를 쓴 기자는 제목을 아예 "박 대통령과 날씨"라고 붙였고, 박근혜 대통령이 특사 자격으로 베이징을 방문했던 수년 전 기억까지 끌어왔다. 박 특사가 2008년 1월 베이징을 방문해 후진타오 전 주석을 만나려 할 때 "드물게도 폭설이 내렸다"는 것이다. 기자가 쓴대로 "상서로운 눈"이었는지는 알 수 없지만 1월에 내리는 눈이 드물다면 언제 내리는 눈이 '드물지 않은 눈'인지 궁금하다.

이미지 관리에 집착하는 정부

박근혜 대통령이 누구와 함께 있을 때 비가 오거나 비가 안 오거나 눈이 내리거나 (아마도) 눈이 안 내리면 상서로운 징조라는 사실을 우리는 앞의 그들을 통해 배울 수 있다. 저널리즘, 문학, 기상학을 융합한 탁월한 창의력의 산물이 아닐 수 없다. 이런 '드문' 역량을 지닌 기자들이 〈이데일리〉나 〈파이낸셜뉴스〉 등 경제신문 소속이라는 사실은 무엇을 말해줄까? '창조경제'의 성과가 피어나고 있음을 알리는 상서로운 징표로 봐야 할까?

우박이나 진눈깨비와 관련한 분석이 없는 점은 아쉽지만 그건 출중한 선배의 뒤를 이을 후배 기자들 몫일 것이다. 어쨌든 대통령이 다치지 않았다면(다행히도 부상을 당하지 않았다) 그가 넘어진 사실은 별 뉴스거리가 아니다. 기껏해야 거동이 쉽지 않은 의상을 입은 대통령이 차에서 안전하게 내릴 수 있도록 섬세히 배려하지 못한 의전의 허점 정도를 지적할 수 있을 것이다.

어느 경우든 대통령 잘못도 아니고 부끄러워할 일도 아니다. 하지만 괴이하게도 청와대는 이 사실을 당분간 보도하지 말라며 한국 언론에 '비보도'를 요청했다. 그리하여 대통령이 넘어졌다는 사실은 먼저 외신을 타고 국내에 전해졌고 그제야 한국 언론은 입을 열기 시작했다. 청와대는 왜 그 소식을 막고 싶어 했을까? 단지 사소한 해프닝에 지나지 않는데 말이다.

한 사람을 신비화하려고 애쓸수록 그의 인간적 한계는 더 크게 부각되기 마련이다. 예컨대 대통령이 '날씨를 바꾸고 길운을 몰고 다니는' 비상한 능력이 있다는 식의 주장을 하고 나면, 그가 발목을 삐끗한 하찮은 일도 신비스러운 이미지를 훼손하는 거대한 사건이 되고 만다. 하늘의 뜻도 움직인다는 분이 한 뼘 땅의 뜻을 다스리지 못하는 게 이상하지 않은가.

국민에게 멋진 모습을 보여주고 싶어 하는 대통령과 청와대의 마음을 모르는 것은 아니다. 하지만 박근혜 정부는 오래전부터 이미지 관리에 집착하는 편집증적 태도를 보여왔다. 실체가 빈곤할수록 이미지에 강박적으로 집착할 수밖에 없기 때문이다. 나는 청와대의

'비보도' 요구와 호칭 하나에 발끈하는 모습에서 밑천이 드러난 지도자의 암울한 그림자를 본다.

한번은 야당 의원이 대통령을 언급하며 '박근혜 씨'라는 명칭을 쓰자 청와대와 여당은 그에게 원색적인 비난을 퍼부었다. 물론 예의 바른 행동은 아니었다. 하지만 그 명칭이 견디기 어려울 만큼 모욕적으로 들린다면 자신들이 야당 시절 노무현 전 대통령을 어떻게 칭했는지도 떠올려볼 일이다. 연극을 빙자한 공연에서 제 나라 지도자를 '육××랄 놈' '개×놈' '노가리 나쁜 놈'이라 부른 사람들이 바로 지금 여당의 실세들이다. 박 대통령은 연극을 빙자한 그 공연을 보면서 깔깔거리고 즐거워했다.

민주주의가 잘 작동하는 나라?

한 가지 묻고 싶다. 이는 대통령이 넘어질 수 있다는 사실보다 훨씬 중요한 문제다. 대통령은 왜 그때 유럽을 순방하고 있었는가? 국가정보원 등 국가기관의 조직적 부정선거 혐의로 온 나라가 홍역을 앓고 있던 것은 물론 전국교직원노동조합(전교조) 법외노조화 논란과 통합진보당 해산 심판 청구까지 터져 나온 시기에 말이다.

유럽 지도자들이 귀한 사람들이라 아무 때나 만날 수 없고, 영국 왕실의 황금마차가 귀한 물건이라 아무 때나 탈 수 없다면, 좋다. 이번에는 이렇게 묻고 싶다. 청와대와 법무부 등은 왜 대통령이 자리를 비운 사이에 모든 일들을 작전 벌이듯 처리했는가? 어떤 경우든 대통령 이미지에 흠집이 나지 않을 시기를 택한 것은 정치권 스스로 떳떳하지 못한 일을 벌이고 있었다는 뜻이다. 떠나기 전에도 일련의 사태에 관해 침묵을 지키던 대통령은 돌아온 후에도 여전히 입을 다물었다. 영어, 중국어, 불어로 유창하게 연설하고 외국 언론과 인터뷰하기를 즐기는 대통령이 정작 자신의 국민들에게는 모국어로 말하기를 거부한다. 정보 차단은 권위를 유지하는 가장 손쉬운 방법이기 때문이다.

박 대통령은 프랑스 언론과의 인터뷰에서 "한국은 민주주의가 잘 작동하는 나라"라고 말했다. 국가기관이 선거에 개입했다는 증거가 속속 드러나고, 그 사건을 수사하던 사람들이 석연찮은 이유로 물러나 징계를 받고, 법적 근거도 없이 진보당을 해산하려는 시도가 거듭되던 시점에서 말이다. "선거 개입 의혹을 정확히 밝혀 책임을 묻겠다"던 대통령 말에 기대를 품는다면 허망한 일이 될 것이다. '민주주의가 잘 작동하는 나라'에 어떤 반민주적 의혹의 실체가 숨어 있을 수 있겠는가.

대통령의 침묵이 불길한 이유

박근혜 대통령과 앙겔라 메르켈(Angela Merkel) 독일 총리는 비슷한 면이 있다. 두 나라의 첫 여성 최고 지도자라는 점과 대학에서 이공계 분야를 공부했다는 점이 그렇다. 하지만 공통점은 이게 전부다.

겉으로 드러나는 가장 큰 차이는 패션 감각일 것이다. 박근혜 대통령이 화사한 옷맵시를 외교의 주요 전략으로 삼는 반면 메르켈은 '옷 못 입는 정치인'으로 정평이 나 있다. 특히 메르켈의 '통바지'는 많은 사람들을 충격 속으로 몰아넣었다. 그는 오바마 부부가 독일을 방문했던 2013년 6월에 이 '공포의 바지'를 입고 손님을 맞았는데, 바지통이 너무 넓어서 마치 자루 두 개를 옆으로 붙여놓은 것처럼 보였다. 오죽하면 독일 패션디자이너 카를 라거펠트가 나서서 "제발 체형을 생각해서 옷을 입으라"고 말할 정도였다.

디자이너가 대통령에게 이런 말을 할 수 있다는 점도 두 나라의 차이겠지만 더 큰 차이는 지도자가 국민과 소통하는 방식이다. 메르켈은 자국민들에게 '엄마(Mutti)'라는 별명으로 불릴 정도로 친근한 정치인이지만 다른 나라에서는 그다지 인기가 없다. 다른 나라에는 관심이 없고 '제 나라만 생각한다'는 게 이유다. 영어와 러시아어에 능하면서도 어느 나라에서든 독일어로 연설하는 점 역시 메르켈의 성향을 잘 말해준다. 자국민과 거리를 둔 채 외국에서 좋은 이미지를 쌓기 위해 애쓰는 박근혜 대통령과 대비되는 모습이다.

제 나라와 남의 나라 모두에서 사랑받으면 좋겠지만 세상이 그리 호락호락하지 않으니 문제다. 만일 어느 한쪽에서 욕을 먹어야 한다면 외국에서 먹는 편이 옳을 것이다. 제 나라 국민을 위해 일하라고 뽑아놓은 사람이 대통령이기 때문이다. 특이하게도 우리 정부와 언론은 자국 지도자가 외국에 나가 '박수를 몇 번 받는가'로 외교 성과를 잰다. 외국에서 박수를 받기는 쉽다. 상대가 원하는 것을 '퍼주고' 오면 되기 때문이다. 정말 어려운 것은 험한 말 듣기를 각오하면서 자국에 이익이 되는 일을 하는 것이다.

박근혜 대통령과 메르켈 총리의 공통점이 차이점으로 뒤바뀐 경우도 있다. 두 사람 모두 후보 시절에 가계복지 확대, 연금 인상, 최저임금 인상, 공교육 강화 등을 약속했다. 하지만 집권 후 행보는 천양지차였다. 늘 '원칙'을 강조하던 박근혜 대통령이 입을 닫기 시작한 때가 복지 공약의 대대적 파기 시점과 맞물리는 것은 우연이 아니다. 이는 반대로 메르켈이 국민에게 스스럼없이 말할 수 있는 이유이기도 하다. 메르켈이 당당해질 이유는 많지만 몇 가지를 꼽아보자.

먼저 박근혜 대통령과 메르켈 총리 모두 보수당 소속이면서 진보당의 의제를 '훔쳐' 집권했다는 점에서 비슷하다. 박 대통령이 선거운동 기간에 쏟아낸 온갖 아름다운 복지 정책과 '경제민주화' 언약은 메르켈과 비교해도 손색이 없었다. 하지만 그 약속은 임기 중반도 지나지 않아 '복지재정 효율화(축소)' '임금피크제(임금삭감)' '노동개혁(쉬운 해고)'으로 탈바꿈했다. 그 자리에는 뜬금없는 '태극기 달기 운동'과 '역사교과서 국정화'가 들어섰다.

반면에 메르켈은 2015년부터 최저임금을 시간당 8.5유로(약 1만 1000원)로 인상하는 법안을 승인했다. 진보정당인 사회민주당(SDP)은 '노동의 존엄성을 되찾아준 결정'이라며 반겼지만, 정작 메르켈이 속한 기독교민주연합(CDU) 등 보수당들은 이 정책에 줄곧 반대해왔다. 최저임금을 대폭 인상한 결과, 독일 내수경제는 빠르게 살아났다. 독일 시장조사기관 게에프카(GfK)의 2015년 5월 보고에 따르면 임금 인상으로 가계수입은 8.8퍼센트 늘었으나 소비 욕구는 무려 26.5퍼센트 증가했다.

비슷한 시기에 박근혜 정부는 최저임금을 370원 인상해 5580원으로 정했다. '올렸다'는 최저임금이 독일의 절반에 지나지 않는 것이다. 한국과 독일의 소득 차이를 감안한다 해도 메르켈과 같은 결단을 내렸다면 한국은 최소한 8000원 이상이 되었을 것이다. 이것만이 아니다. 메르켈은 일본 후쿠시마 핵사고 이후 자신의 신념을 뒤집어 2022년까지 모든 원전을 폐쇄한다는 획기적인 결단을 내렸다.

흥미롭게도 메르켈의 '진보 정책 끌어안기'가 계속될수록 사민당이나 녹색당 등 진보정당을 지지하는 유권자는 줄어갔다. 현 집권세력이 진보의 정책을 하나하나 실현해가는데 무슨 이유로 '대안세력'을 밀겠는가? 이렇게 메르켈이 진보당 지지를 자신의 것으로 흡수하는 동안 박근혜 대통령은 검찰과 헌법재판소를 동원해 진보당을 강제 해산했다.

안타깝게도 박 대통령의 침묵은 앞으로도 계속될 전망이다. 그리고 그 침묵의 깊이만큼 대통령의 이미지 관리 작업은 더욱 정교하고 치밀해질 것이다. 실체가 사라지고 난 자리에는 이미지밖에 남지 않는 까닭이다.

그런 면에서 사소한 해프닝을 둘러싼 정부의 호들갑은 불길한 신호다. 이는 한국 사회가 돌이키기 어려운 퇴행의 터널 속으로 빠져들고 있다는 징표이기 때문이다. 이 과정에서 국민들이 겪을 고통은 '이미지'가 아닌 '현실'과 '실체'의 문제다.

대통령에게 권하는
'렛 잇 고'

겨울왕국과 레이디 가카

미국 디즈니에서 만든 애니메이션과 한국의 '실사 기록'을 동시에 지칭한다. 전자가 아버지의 그림자를 벗어나 자신의 세계를 찾아가는 공주의 성장기라면 후자는 자신의 세계를 벗어나 아버지의 그림자를 찾아가는 공주의 퇴행기다.

차이점 전자는 가족용 만화영화, 후자는 성인용 공포영화
공통점 내용 이해를 위한 자막이나 더빙 필수

나는 디즈니 영화를 특별히 싫어하지는 않지만 '디즈니 공주'가 등장하는 영화는 가급적 피하려고 노력한다. 이러니 〈겨울왕국〉이 매진을 거듭하고 어딜 가든 그 주제가인 '렛 잇 고(Let it go)'가 들려오는 상황에서도 이 영화를 보고 말겠다는 열망이 불타오르지는 않았다. 하지만 머잖아 마음이 흔들리고 말았다. 이 만화영화를 보고 감동한 '일간베스트저장소(일베)' 회원이 글을 올렸고, 그 내용이 언론에 소개된 탓이다.

글쓴이는 〈겨울왕국〉이 다름 아닌 '레이디 가카' 이야기이며, 이 영화를 키워 고 노무현 대통령의 이야기를 다룬 〈변호인〉을 물리치자고 제안했다. 여기에 종합편성채널(종편)까지 거들었다. "美애니 '겨울왕국' 박근혜 대통령 닮은 점 많아 화제"(채널A, 〈뉴스 Top10〉, 2014. 1. 30.)라고 보도한 것이다. 내가 보기에 '닮은 점 많아 화제'인 것은 일베와 종편이지만 이 둘의 장단 맞추기가 영화에 대한 호기심을 자극한 것도 사실이다.

예고편만으로는 공통점을 찾기 어려웠다. 둘 다 여자이고 주위를 얼어붙게 만든다는 사실 말고는 말이다. 게다가 '냉각 방식'도 달랐다. 한 명은 손에서 냉기를 뿜는 반면 다른 한 명은 눈으로 '얼음광선'을 쏘지 않는가. 고민에 고민을 거듭하다가 박 대통령 집권 1주년을 기념하며 기꺼이 8000원을 쓰기로 했다. 아무쪼록 글을 쓴 그 일베 회원이 기뻐했으면 좋겠다. 디즈니의 매출 증가가 그에게 어떤 이익이 되는지 알 수 없지만 말이다. 영화를 본 소감은 결국 일베와 종편이 옳았다는 것이다. 두 인물이 너무 비슷해서 소름이 끼칠 정도였다. 그래, 인정한다. 〈겨울왕국〉은 '레이디 가카' 이야기였다.

뻔한 설정과 새로운 캐릭터

내가 디즈니의 공주를 싫어했던 까닭은 이들이 등장하는 이야기들이 놀랄 만큼 단순하고 편협했기 때문이다. '남자가 여자를 구해내어 행복하게 잘 산다'는 이야기가 지겨운 사람은 나뿐만이 아닐 것이다. 오죽하면 슈렉이 공주 동화책을 찢어 화장실 휴지로 쓰는 장면에서 사람들이 환호했을까.

〈겨울왕국〉 역시 디즈니의 약점을 완전히 극복한 것은 아니다. 단순한 이야기 구조도 그렇거니와 '진실한 사랑의 행위'가 마법을 푼다는 뻔한 설정도 그렇다. 하지만 이 영화는 디즈니의 고질적 병폐였던 의존적 여성상을 뒤집는 데 성공한다. 자신의 과거와 결별함으로써 관객들의 마음을 사로잡은 것이다.

눈물 대신 침으로 베갯잇을 적시며 자는 주인공 안나의 모습만이 아니다. 영화는 남녀관계의 깊숙한 변화까지 담아낸다. 현실이 그러하듯 여자는 남자에 의해 구원받지 않는다. 여자는 남자와 동등하게 협력하고 이에 대해 정당한 대가를 지불하며 오히려 남자를 구해주기도 한다. 물론 디즈니가 새로운 여성상을 보여준 작품이 〈겨울왕국〉만은 아니다. 〈라푼젤〉에서도 비슷한 시도를 하기는 했다. 하지만 긴 금발에 프라이팬을 무기 삼아 휘두르는 주인공을 보며 여성성의 고정관념을 벗어나기가 그토록 어려운 일일까 탄식하지 않을 수 없었다.

〈겨울왕국〉이 '공주스러움'의 기존 관념을 온전히 털어내지 못한 점도 아쉽다. 비현실적으로 마르고 이상화된 여자 주인공들을 내세운 것부터 그렇다. 예컨대 제작진은 엘사의 눈을 발만큼이나 크게 그려놓았다. 여자의 외모를 선과 악의 대립 장치로 쓴 점도 그렇다. 〈겨울왕국〉에도 명백한 악당이 등장하기는 하지만 영화를 이끌어가는 가장 큰 갈등, 대립, 위기의 주역은 무엇보다 엘사 자신이다. 엘사는 악역과 선한 역할을 모두 맡는데, 세상을 얼어붙게 하는 얼음궁전 속 '야성의 엘사'와 갈등 해소 후 공동체로 되돌아가는 '착한 엘사'가 그렇다.

엘사가 달아나 얼음궁전 속에 스스로를 가둘 때 두드러진 신체 변화가 나타난다. 가슴과 엉덩이가 부각되고 치마 사이로 다리를 드러내며 걸음걸이까지 '도발적'으로 바뀐다. 여기서 엘사가 숨겨온 초능력의 발산은 내적 욕망의 분출과 동일시되며 이것은 흥미롭게도 외모의 변화로 상징화된다. 갈등을 해소한 엘사는 '야한' 모습을 버리고 과거의 '참한' 여자로 되돌아간다.

결국 '통제되지 않은 여성성', 즉 과도한 성적 매력을 통제되지 않은 초능력과 더불어 세상을 위협하는 부정적인 것으로 의미화하는 것이다. 여자의 능력과 욕망을 기존의 질서 속으로 편입시키는 보수적인 결말이라 할 만하다.

일베와 종편은 왜 환호했나

나는 〈겨울왕국〉이 볼 만한 영화라고 생각한다. 일베 회원의 소망대로 많은 사람들이 봤으면 좋겠다. 현실을 다른 관점에서 생각할 수 있게 해주는 좋은 영화이니 말이다. 하지만 남자를 필요로 하지 않는 독립적인 여성상은 마초 성향의 일베 회원들이나 보수 종편이 환호할 대상은 아닐 터이다. 역시나 미국 우익세력과 보수 기독교도들은 이 영화를 한 목소리로 비난하고 나섰다. 이 영화가 '악령이 깃든 반기독교적 영화'라는 것이다.

목사이자 방송인 케빈 스완슨(Kevin Swanson)은 〈겨울왕국〉이 "동성애와 수간을 조장하는 사악한 영화"라고 목청을 높였다. 엘사가 남자에 관심을 보이지 않고, 저주를 푸는 '진실한 사랑의 행위'가 남녀 대신 자매 사이에 표현되어 '동성애 조장' 메시지라는 것이다. 여기에 크리스토프(동생 안나를 도운 등장인물)가 순록에게 연인처럼 노래를 불러주는 것은 역겨운 '수간의 상징'이라는 주장까지 나왔다. 한국 보수교단이 2012년 레이디 가가(Lady GaGa) 내한공연 때 보인 반응과 비슷하다.

같은 영화를 놓고 한국의 보수는 적극 권하고 미국의 보수는 격렬히 비난하는 이 흥미로운 사태를 어떻게 설명해야 할까? '종북세력'이나 볼 '사악한' 영화를 일베와 종편이 찬양한 꼴이니 말이다. 현학적인 사람이라면 '텍스트 해석'과 '수용자 이론' 따위를 읊어가며 심오한 논문을 쓸 수 있을지 모르겠지만, 이유는 간단하다. 한국이든 미국이든 보수세력은 세상을 다른 시각에서 보여주려는 시도를 불온시하는 경향이 있기 때문이다. 통념을 뒤집는 보도나 영화, 드라마가 '빨갱이' '사탄' '종북'의 칭호를 얻는 이유가 여기에 있다. 과거가 더없이 아름답고 현실이 완벽히 행복하다는 사람들에게 변화의 목소리가 달가울 리 없다.

하지만 〈변호인〉처럼 한국 사회를 날것으로 보여주는 영화가 승승장구하자 일베와 종편은 당황했다(그들이 아끼는 '레이디 가카'도 당황하셨을 것이다). 그리하여 옛 덴마크 동화를 소재로 만든, 비교적

*
국민과 거리를 둔 채 덮고 감추면 고고한 이미지는 지킬 수 있을지 모르겠으나
결국은 시간만 허비한 실패한 대통령으로 남을 것이다.
제발 그 얼음궁전을 허물고 나와 현실 속에서
국민들의 땀, 한숨, 눈물과 마주하길 바란다.

진보적인 미국 만화영화에 한국의 보수 정치인을 투사하는 '정신승리'를 시도한다. 물론 종편의 입장에서는 코앞에 다가온 방송통신심의위원회의 종편 재승인 심사와 정부기관으로부터의 광고 확보라는 '날것의 현실'이 크게 작용했을 것이다.

언론으로서는 한심하고 부끄러운 짓이었지만 그 덕에 종편은 시청률도 올리는 '현실의 승리'까지 얻어냈다. 가엾은 것은 일베 회원들이다. 변화를 거부하는 언론과 정치권의 수명이 연장되었다는 사실은 일베 회원 대다수의 팍팍한 삶이 더 팍팍해질 것을 의미하기 때문이다. 이제 한국이라는 '동토의 왕국'에서 변화의 희망을 갖기란 눈사람 '올라프'가 여름을 꿈꾸는 것만큼이나 허황된 일일까?

대통령을 위한 성장 영화

〈겨울왕국〉에서 주목할 점은 선의가 낳는 불행한 결과다. 왕이 딸을 보호하기 위해 내린 '단속령'이 그들을 불행하게 만든 원인이 되었듯이 말이다. 우리는 여기서 '다 자식 잘되라고 그러는 것'이라는 부모의 선의가 정반대의 결과를 빚는 수없이 많은 사례 중 하나를 보게 된다.

영화의 핵심 메시지는 두 딸이 부모의 그림자에서 벗어나 자신의 모습을 찾아가는 과정에 있다. 주제곡 '렛 잇 고'는 엘사가 자신을 있는 그대로 받아들이는 순간을 노래한다. 부모는 "감춰, 느껴선 안 돼, 사람들에게 알리지 마(Conceal, don't feel, don't let them know)"

라며 자신의 모습을 숨기도록 강요했지만, 이제 움켜쥐고 있던 은폐의 고삐를 "놓아버리겠다(Let it go)"는 것이다.

그런 면에서 〈겨울왕국〉은 대통령을 위한 영화다. 부모의 그림자에서 벗어나 현실을 대면해야 대통령 자신과 국민 모두 행복해질 수 있기 때문이다. 지금은 억압적 통치가 먹히던 1970년대도 아니고, 정부의 복지 정책이 없어도 가족이 가족을 책임질 수 있던 1980년대 고성장 시대도 아니며, 탈규제 정책으로 고삐 풀린 방임주의가 한국 경제를 거덜 내기 이전인 1990년대 초반도 아니다.

박근혜 대통령에게 모든 것을 내려놓고(Let it go) 함께 풀어가자고 제안하고 싶다. 누구도 대통령이 완전한 지식, 말재주, 판단력을 가지고 있다고 믿지 않는다. 국민과 거리를 둔 채 덮고 감추면 고고한 이미지는 지킬 수 있을지 모르겠으나 결국은 시간만 허비한 실패한 대통령으로 남을 것이다. 제발 그 얼음궁전을 허물고 나와 현실 속에서 국민들의 땀, 한숨, 눈물과 마주하길 바란다. 국민들은 어눌하더라도 대통령 본인의 생각을 듣기 원하고, 모든 것을 알지 못해도 솔직하게 대화하고 토론하기를 바란다.

고통받는 국민의 목소리에 귀를 기울이고 하나씩 배우며 해결해 나간다면 남은 임기가 결코 짧지 않다. 지금 대통령에게 '잘하고 계시다'고 말하는 측근과 언론이 있다면 〈겨울왕국〉의 한스 왕자가 왜 여왕의 대관식에까지 찾아와 그리 살갑게 굴었는지를 떠올릴 일이다. 측근의 말이 달콤할수록 권좌에서 물러난 뒤에 후회가 클 것이다. 그리고 대통령의 덧없는 후회가 클수록 국민들의 절망과 좌절도

커질 것이다.

〈겨울왕국〉 주인공과 달리 대통령에게 계절을 바꿀 능력은 없을 것이다. 그러나 혹독한 겨울이 지나고 봄이 와도 평생을 냉혹한 현실과 싸워야 할 국민들에게 작은 웃음과 소박한 꿈을 안겨줄 수는 있을 것이다.

국민 목숨보다 소중한
'근혜산성'

국익

나라의 이익. 한국 정부가 정책을 판단할 때 고려하는 궁극의 가치.
국민의 행복이나 목숨 같은 사사로운 이해관계와 맞바꿀 수 없는 절대선.

"나라도 아니지 않은가? 인권이 있나? 자유가 있나? 오로지 한 사람을 유지하기 위해 있지 않나? 그리고 계속 거짓말하는 역사 퇴행적인 이야기를 하는데 정말로 있을 수 없는 나라다."

2014년 5월 김민석 국방부 대변인이 북한을 향해 한 말이다. 이 말을 듣고 있자니 쓴웃음이 나왔다. 나라 꼴이 말이 아닌 건 북한만이 아니기 때문이다. 그 '나라도 아닌 나라'조차 30여 년 전 여객선 삼지연호 침몰 당시 400여 명의 승객 거의 모두를 구해냈다고 자랑하는 판이다. 이 '잘난 나라'에서는 470여 명의 승객 가운데 겨우 172명만이 목숨을 건졌고, 그것도 대부분 스스로 빠져나온 사람들이었다.

더 기가 막힌 일은, 세월호 사건의 실체가 드러나면서 정부가 '못 구한 것이 아니라 안 구했다'는 정황들이 밝혀졌다는 사실이다. "살려달라"며 구조를 요청하는 학생에게 해경은 '경도와 위도'를 물으며 시간을 보내더니 400명 이상 탄 6000톤급 여객선이 침몰하는 현장에 100톤 경비정 한 척(고무보트 한 대), 헬기 두 대만 몰고 나타났다. 현장에 도착한 해경은 배 안으로 들어가려는 시도도 하지 않았고 승객들에게 대피하라는 지시도 내리지 않았다.

박근혜 대통령이 '국민의 안전과 행복을 책임질' 적임자로 골랐던 강병규 안전행정부 장관은 어땠는가. '재난 사고 컨트롤 타워'의 수장이라는 그가 사고 관련 보고를 받은 시간은 조난 신고가 접수된 지 30여 분이 지난 뒤였다. 보고를 받을 당시 아산 경찰교육원 졸업식장에 있었던 그는 1시간 넘게 자리에 남아 경찰 간부들과 웃으며 기념 촬영까지 했다.

오후 1시 10분께가 돼서야 현장에 나타난 강 장관은 구조 작업을 지휘하기는커녕 오히려 방해했다. 민간구조대를 '격려'한다는 이유로 구조 활동에 나가려는 배를 붙잡은 것이다. 그러던 그는 웬일인지 서울로 되돌아갔다. 대통령이 중앙재난안전대책본부를 방문한다는 사실을 알고 만나러 간 것이다. 자신의 의전을 위해 구조 작업을 늦추더니 이번에는 대통령 의전을 위해 아예 현장을 떠난 것이다.

중요한 것은 정권의 안전

집권 여당의 태도는 예상한 그대로였다. '참사를 정치적으로 이용하지 말라'는 것이다. 하지만 정부에 책임을 묻는 여론이 걷잡을 수 없이 커지고, (아마도 더 중요한 이유인) 전국동시지방선거가 다가오자 표정 관리를 시작했다. 새누리당의 남경필 경기도지사 후보는 2014년 5월 15일, "대통령이 진정 어린 사과에 미흡했고, 수습 과정에서도 적절한 대응을 하지 못해 리더십이 흔들리고 있는 것은 사실"이라고 말했다.

그런데 결론이 좀 이상했다. "대통령이 독선으로 흐르면 가차 없이 비판하고, 흔들리면 지켜야 한다. 지금은 흔들리는 리더십을 다잡고 위기를 넘길 때"라는 것이다. 다시 말하면 대통령이 잘못했기 때문에 지켜줘야 한다는 것이다. 그렇다면 국민의 안전과 보호를 책임졌어야 할 강병규 전 안전행정부 장관의 자리도 지켜줘야 했을까?

서청원 새누리당 의원은 한층 더 '화끈한' 모습을 보였다. 세월호 침몰 사고 관련 회의 자리에서 강병규 안전행정부 장관을 향해 "당장 사표 내라"고 호통을 쳤다. 강 장관이 사건에 대처하는 과정을 지켜본 결과, 그에게 "사태를 수습할 수 있는 능력과 사고" 그 어떤 것도 없다는 것이다. 하지만 그의 결론도 이상하기는 매한가지였다. 정부가 잘못했다는 사실은 인정하지만 "모든 사태를 뿌리 뽑고 갈 수 있는 그런 원칙을 가지신 분도 박근혜 대통령"이라는 것이다.

많은 국민들은 대통령이 이번 사태에 책임을 져야 한다고 믿으며 일부는 물러나야 한다고까지 말했다. 대통령이 국민 안전을 지켜야 할 최종 책임자여서만이 아니다. 적잖은 국민들이 서청원 의원과 비슷한 회의를 느꼈기 때문이다. 다시 말해 대통령에게 "사태를 수습할 수 있는 능력과 사고"가 있는지 의심스러운 것이다.

국민 안전을 정책의 최우선으로 삼겠다며 '행정안전부'를 폐지하고 '안전행정부'를 신설한 사람도, 재난과 구조에 아무런 지식과 경험이 없는 행정 관료를 수장으로 임명한 사람도 박 대통령이었다. 하지만 세월호 사고로 정부의 무책임과 무능력, 부패가 드러나자 대통령은 또 다시 '국가안전처' 신설을 대안으로 내놓았다. 이런 식이면 '안전국가처'로 다시 이름을 바꾸는 상황이 발생할까 봐 우려스러울 수밖에 없다.

게다가 대통령은 문제 해결에 나서기보다 오히려 국민들의 입을 틀어막는 선택을 했다. 박 대통령은 세월호 참사 대국민 담화에서 "지난 한 달여 동안 국민 여러분이 같이 아파하고 같이 분노하신 이유를 잘 알고 있다"고 말했다. 하지만 그뿐이었다. 정부는 경찰을 동원해 세월호 추모 촛불집회 참가자들을 대거 연행했고, 1주년 추모식에서는 물대포와 최루액을 난사했으며, '근혜산성'으로 불리는 차벽을 쌓아 시민들의 통행을 막았다. 이런 모순적 행태는 대통령 사과의 진정성을 의심하게 할 뿐 아니라 그가 국민의 안전 대신 '정권의 안전'을 택했음을 보여준다.

일이 난처해질 때마다 도피부터 하는 못된 버릇도 달라지지 않았다. 국민들이 대규모 시위를 열어 정부의 구조 실패를 질타하고, 세

수백 명의 갑작스럽고 억울한 죽음 앞에서 '의연'하기를 배운다면
우리는 타인의 그 어떠한 아픔 앞에서도 눈 하나 깜빡이지 않는 괴물이 되고 말 것이다.

월호 사고 축소 보도에 청와대까지 개입했다는 추문이 폭로되자, 대통령은 대국민 담화를 발표한 뒤 서둘러 해외순방을 떠났다. 한국전력이 아랍에미리트에 핵발전소를 건설하고 있는데 곧 열릴 '1호기 원자로 설치 행사'에 참석한다는 이유였다.

잠시 눈물을 보였다는 점을 제외하면 국민의 아픔을 외면하는 대통령의 태도는 전혀 달라지지 않았다. '대단히 중요한 국익'이 걸린 일이어서 행사 참석이 불가피하다는데, 그에게는 국민의 목숨보다 중요한 국익이 있는 모양이다.

괴물이 되지 않으려면

한국에서 태어난 죄, 오직 이 하나의 죄 때문에 수백 명의 어린 학생들이 고통스럽게 죽어갔다. 아무리 많은 눈물을 흘리고 아무리 많은 꽃을 영정에 바쳐도 이들은 살아나지 않는다. 우리에게는 이들의 죽음을 헛되게 하는 것과 그러기를 거부하는 것, 두 가지 선택만 있을 뿐이다.

시간이 슬픔을 누그러뜨리고 고통을 무디게 만들지 모르나 세월호 이후의 한국은 세월호 이전과 같은 나라가 아니다. 이 끔찍한 사건은 우리가 그동안 얼마나 잘못된 길을 걸어왔는지, 우리의 탐욕과 무관심, 비겁함이 한 사회를 어떤 지경으로 만들었는지 똑똑히 보여주었기 때문이다. 서둘러 애도를 표한 후 잊어버리는 것은 비통한 죽음을 헛되게 하는 것만으로 끝나지 않는다. 수백 명의 갑작스럽고 억울한 죽음 앞에서 '의연'하기를 배운다면 우리는 타인의 그 어떠한 아픔 앞에서도 눈 하나 깜빡이지 않는 괴물이 되고 말 것이다. 다른 이들 역시 당신의 억울한 고통에 아랑곳하지 않고 즐겁게 살아갈 것이다.

어차피 과거로 돌아갈 수는 없다. 이제 선택해야 한다. 잔인한 삶을 거부하든지 아니면 더 잔인해지든지. 이 선택은 우리의 삶과 공동체가 존재할 가치가 있는지를 묻는 일이기도 하다.

대통령의 빈말이
재앙인 이유

대통령 번역기

컴퓨터 기술에 기반한 자동번역 알고리즘은 획기적으로 발전했으나
100퍼센트 완벽한 번역기는 불가능하다는 견해가 지배적이다.
의미는 언어 자체가 아니라 사용 맥락에 의해 결정되기 때문이다.
대통령 번역기는 모국어를 모국어로 번역하는 것을 목표로 하나
100퍼센트 불가능하다는 견해가 지배적이다.
맥락 없는 말을 번역하는 것은 불가능하기 때문이다.

박근혜 대통령의 말은 알아듣기 어렵다. 난해한 어휘를 구사하는 것도 아닌데 무슨 뜻인지 종잡기 어렵다. 사실 그의 언어는 '난해'하기는커녕 놀랄 만큼 단순하다. "통일은 대박이다"나 "골프가 침체돼 있다"를 보라.

한때 박 대통령의 측근으로 꼽혔던 전여옥 전 의원은 그를 일컬어 '100단어 공주'라고 불렀다. 섬세하고 다양한 표현을 쓰지 못한다는 의미일 것이다.

박 대통령은 줄곧 특유의 어법을 구사해 뜨거운 반응을 얻곤 했다. 2015년 초에 '속보'를 타고 전해진 그의 말을 들어보자. "나는 한 번도 '증세 없는 복지'라는 말을 직접 한 적이 없다."

곧 '없던 말'이 될 운명이었으나 이 단순한 발언에 대한 사회적 반응은 그리 단순하지 않았다. 이 말을 대체 어떻게 받아들여야 할까? 언어로 사유하는 인문학자로서 나는 이 만만찮은 수수께끼와 씨름하지 않을 수 없었다. 마음을 가다듬고 이 말이 품을 수 있는 의미를 하나하나 꼽아보기 시작했다.

- 증세 안 한다고 말한 적 없다.
- 복지하겠다고 말한 적 없다.
- 말하기는 했으나 간접적으로 했다.

이렇게 머리를 쥐어뜯고 있는데 또 속보가 전해졌다. 당시 새누리당 원내대표였던 유승민 의원이 '그런 말은 없었던 것 같다'고 해명에 나섰다. 다시 말해 "대통령이 '증세 없는 복지를 직접 말한 적이 없다'고 말한 적이 없다"는 것이다. 결국 대통령이 '증세 없는 복지'를 말했다는 사실을 인정한 셈인데, 정작 유승민 의원 자신은 과거에 "증세 없는 복지는 국민을 속이는 일"이라고 말했었다. 모든 것을 정리하면 이렇게 되겠다.

"증세 없는 복지는 있을 수 없지만, 대통령이 증세 없는 복지를 직접 말한 적이 없다고 직접 말한 적은 없다."

내가 보기에 박근혜 대통령의 언어는 단순함이 문제가 아니라 이해 불가능함이 문제다. 앞의 말로 시끄러워지기 전, 대통령은 수석비서관회의에서 "세수가 부족하니까 국민에게 세금을 더 걷어야 된다(는 게), 국민에게 할 수 있는 소리냐"라고 꾸짖으면서 "국민의 부담을 최소화하며 복지를 공고히 할 수 있는 방안을 찾는 것"이 중요하다고 말했다.

재미있는 것은 대통령의 이 말이 공중에서 채 사라지기도 전에 그 법석을 떨었다는 사실이다. 대통령이 버젓이 "국민들에게 세금을 더 걷어야 된다"고 말하지 말고 "복지를 공고히 할 것"을 주문한 바로 다음 날, 여당 내부에서 '대통령이 증세 없는 복지를 직접 말한 적이 있네, 없네' 하며 갑론을박을 벌인 것이다.

단순한 그러나 이해 불가능한

특정 지역에 편중된 '사람 쓰기'를 한다고 지적받았을 때, 박 대통령은 "출신 지역과 상관없이 최고의 인재를 얻는 게 가장 큰 관심사"라고 말했다. 이 '인재'들이 대통령이 직접 주재한 회의에서 들은 발언을 채 이틀도 기억하지 못한 셈이다. 뉴스를 보면 대통령이 입을 열 때마다 정부 관계자들은 입 다물고 받아쓰기에 여념이 없던데, 이들은 대체 무얼 기록하는 것인지 궁금하다. 대통령이 회의를 주재할 때 읽는 보고서는 관료나 청와대 측근이 써준 것일 텐데, 대통령이 그걸 읽을 때 '원저자'들은 정신없이 받아 적는다.

이해 못할 일은 아니다. '인재 중의 인재'로 골랐을 이완구 전 총리를 보자. 그는 이틀은 고사하고 2시간 전의 일도 기억하지 못했다. 대통령 발언으로 시끄러웠던 2015년 2월 10일은 그의 인사청문회가 있던 날이다. 이날 야당 의원이 제보 내용을 거론하며 '기자들을 협박해 불리한 보도를 막지 않았냐'고 추궁하자 그는 정색을 하며 단호한 목소리로 말했다.

"의원님, 제가 한 나라의 국무총리 지명자입니다. 아무려면 제가 청문회 통과 여부를 떠나서 제 정치적 소신, 인격, 그리고 제 나름대로의 모든 걸 걸고 그렇게 얘기했을 리가 있겠습니까."

이 후보는 "그런 녹취록이 있으면 공개해달라"라고 말하기까지 했다. 하지만 취재기자들과의 식사 자리에서 녹음된 파일이 공개되고, 곧 스피커로 "이것들 웃기는 놈들 아니여, 이거……" 하는 본인의 목소리가 울려 퍼지자 그는 분연한 표정을 순박한 미소로 바꾸며 말했다.

"현재 제 마음가짐이, 기억 상태가 조금은 정상적이지를 못합니다. 수일째 수면을 취하지를 못했습니다. 그래서 제가 착오나 착각을 일으킬 수 있다고는 생각을 합니다."

피곤해서 그런 말을 했다는 것인지, 피곤해서 한 말을 기억 못한다는 것인지 모르겠으나 "저 목소리는 내가 아니다"라고 말하지 않아 다행이었다. 안 그랬으면 청문회장에 앉아 있기보다 진료실에 누워 있어야 마땅했기 때문이다. 물론 '병원 분위기'가 아주 없지는 않았다. 녹음 내용이 공개된 후 야당 의원이 "이제 그런 발언을 한 기억이 있습니까?"라고 묻자 그는 "어렴풋이 기억이 난다"라고 답했다.

"모든 걸 걸겠다"던 이완구 후보는 뻔한 위증을 하고도 "한 나라의 국무총리"가 되었다. 그가 100일을 못 채우고 사퇴했기 망정이지 안 그랬더라면 국민들은 그가 일을 잘 하는지보다 잠을 잘 자고 있는지를 더 걱정해야 했을지 모른다. 그가 중대 발언을 할 때마다 이렇게 묻는 것이다. "……잘 주무셨어요?"

피곤한 상태에서 2시간 전 일을 기억하는 것은 범인의 능력 밖이라 치자. 잠도 잘 잤을 '인재'들이 대통령의 그 쉬운 말을 듣고도 발언을 '했네' '안 했네' 하며 싸우는 기이한 현상은 어떻게 봐야 할까? 둘 중 하나일 것이다. 대통령의 자랑과는 달리 그들의 지적 능력이 "최고"가 아니거나 대통령의 말이 애초에 해독 불가능하거나.

더욱 안타까운 것은 대통령 당신조차 자신의 말을 잘 이해하지 못한다는 점이다. 대통령은 과거 '골프 활성화'를 요구하는 제안을 무시하거나, 대놓고 "골프 칠 시간이 있느냐"며 곱지 않은 투로 묻곤 했다. 하지만 곧 태도를 바꾸어 "골프 활성화에 대해서도 방안을 만들어줬으면 좋겠다"며 팔 걷고 나섰다. 청와대 참모진을 상대로 한 자신의 과거 발언이 '골프 치지 말라'는 뜻은 아니었다고도 했다.

'골프 칠 시간이 있느냐'가 금지령이 아니라면 다른 두 가지 가능성이 있다. 실제 질문이거나 제안의 의미를 담은 수사의문문이다.

- "골프 칠 시간 있나요?" "예, 많아요."
- "골프 칠 시간 있나요?" "저는 언제든 좋아요. 며칠로 라운딩 날짜를 잡을까요?"

과거의 사소한 말을 끄집어내어 트집을 잡으려는 게 아니다. 대통령의 말은 결코 '빈말'일 수 없다는 이야기를 하는 것이다. 전 세계 어느 나라든 지도자의 말에는 막중한 무게가 실린다. 대통령의 발언은 그저 '말'이 아니라 짧게는 국가 정책을, 길게는 한 나라가 나아갈 방향을 제시하는 역할을 한다. 대통령의 의례적인 신년사조차 우방의 어느 나라를 먼저 언급했네, 무슨 단어를 몇 번 사용했네, 하며 치밀한 분석 대상이 되는 이유가 여기에 있다.

대통령의 진짜 배신은 따로 있다

대통령이 과거에 한 말을 대충 넘기라고 요구하는 것은 대통령의 존재를 심각히 여기지 말라고 하는 것과 같다. '대통령의 말을 무시하라'는 주문은 지도자 자신에게 가장 큰 모욕이 될 것이다. 독일 철학자 마르틴 하이데거(Martin Heidegger)는 "언어는 존재의 집"이라고 했다. 한 사람의 사고 능력은 그 사람이 쓰는 언어의 한계를 벗어나지 못하며 그의 말은 세상을 인식하는 방식을 고스란히 드러낸다.

자기 말에 책임을 지지 않는 사람이 자신이 맡은 일에 책임을 질 수는 없다. 어제 말해놓고 오늘 나 몰라라 하거나 두 시간 전에 한 말을 부인하는 사람의 경우는 더 말할 필요가 없을 것이다. 이들이 남에게 영향을 미치는 공인이라면 문제는 더욱 심각해진다. 자신의 삶뿐만 아니라 다른 사람의 삶까지 망가뜨리기 때문이다.

박근혜 대통령은 증세가 '국민에 대한 배신'이라고 했다. 그럴지도 모른다. 그는 분명히 '증세 없는 복지'를 약속하고 표를 얻었으니 말이다. 하지만 '증세 없는'은 수단일 뿐 궁극적인 약속은 '복지'였다. 따라서 더 큰 '배신'은 세금을 핑계로 복지 공약 자체를 팽개치는 것이다.

이제는 말하기도 지겨운 한국 사회의 높은 자살률과 낮은 행복지수가 무엇을 말해주는가. 복지는 개인이 죽고 사는 문제이며 사회를 존속시킬지 말지를 결정하는 문제다. 따라서 무엇보다 박근혜 대통령이 자신의 말에 책임지는 모습을 보여야 한다. 자신의 실수를 인정하고, 법인세 인상과 누진세 강화 등 복지 재원 확보를 위한 현실적 대안을 마련해야 한다.

"언제든 유가족들을 다시 볼 것입니다. 무엇보다 진상 규명에 유족 여러분의 여한이 없도록 할 것입니다."

대통령은 이 말에도 책임을 져야 한다. 하지만 세월호 참사에 관한 한 대통령은 이 시간에도 '사라진 존재'다. 국민들이 어떻게 살고 있는지 아는가. 한국의 아파트 경비원들은 7시간은 고사하고 70분도 자리를 비우기 어렵다. 7시간 떠나 있기는커녕 7시간 이상 초과근무를 해도 자리를 보장받지 못하는 불안한 삶이 국민들의 현실이다.

한국의 아파트 단지들은 최근 임금 인상을 최소화하기 위해 경비원의 무급 휴식 시간을 늘려가고 있다. 말이 '휴식'이지 실제로는 경비실에서 새우잠을 자면서 택배나 방문객 관리 등의 업무를 계속하는 야간 노동이다. 심지어 퇴근한 뒤에도 휴대전화를 머리맡에 켜놓고 자야 한다. 그런데 이 나라의 정부는 국가 재난 당시 대통령이 어

*
대통령의 말은 결코 '빈말'일 수 없다.
전 세계 어느 나라든 지도자의 말에는 막중한 무게가 실린다.
대통령의 발언은 그저 '말'이 아니라 짧게는 국가 정책을,
길게는 한 나라가 나아갈 방향을 제시하는 역할을 한다.

디서 무엇을 하고 있었는지 묻지 말라고 한다. 한국의 대통령 자리는 아파트 관리인만큼도 중요하지 않은 것일까?

'7시간 의혹'에 답해야 한다

70일 만에 물러난 이완구 전 총리를 인준할 때도 '도덕성보다 능력을 본다'는 기이한 논리가 동원되었다. 새누리당 정문헌 의원은 "세종대왕은 인재를 등용함에 있어 다소 흠이 있다 할지라도 능력 있는 인재를 택했다"라고 주장했다. 왜 세종대왕이 '흠 많은' 후손 하나 때문에 청문회장에 끌려나와 욕을 봐야 하는지 모르겠지만, '도덕-무능' '부도덕-능력'이라는 대립쌍이 끊임없이 동원되는 한국의 언어 현실은 더욱 기괴하다.

도덕적 결함과 과오가 '능력'과 연결될 이유가 있다면 최고의 인재는 수감자 중에서 찾아야 할 것이다. 강력범일수록 '능력자'일 가능성이 높지 않을까? 하지만 진정으로 유능한 사람은 비겁한 술수를 쓰지 않는다. 무능하기에, 제 실력으로 할 수 없기에 편법과 꼼수를 동원하는 것이다. 수단 방법 가리지 않고 제 이익을 챙겨온 사람을 뽑아놓으면, 수단 방법 가리지 않고 제 이익을 챙길 뿐이다. 이완구 전 총리를 보라. 그는 총리로 임명된 후 '성완종 리스트' 뇌물수수 의혹에 연루되어 석 달을 못 채우고 자리에서 물러났다.

'부도덕해도 유능하다'는 왜곡된 언어로 지도자 자리에 오른 대표적인 사람은 이명박 전 대통령이었다. 집권 후 그는 대통령의 자격

기준을 한없이 낮춰놓았다. '누구나 대통령을 꿈꿀 수 있는 사회'를 만든 셈이지만 그가 남긴 물리적 유산은 끔찍하며, 보이지 않는 유산은 더욱 끔찍한 형태로 남아 한국 사회를 오랫동안 괴롭힐 것이다. 그를 이어 대통령이 된 박근혜 대통령은 '대통령의 자격' 정도가 아니라 '대통령의 존재 가치' 자체를 회의하게 만들었다.

대통령의 명예를 더럽힌다고 할지 모르나 명예는 스스로 만드는 것이고, 지도자의 명예는 책임을 지는 데 있다. 시간을 끈다고, 기억에서 지워진다고 해서 책임이 완수되지는 않는다. 국민의 목숨은 지도자의 알량한 명예보다 소중하며 세월호는 잊을 수 있는 사건도 아니다. 아무리 시간이 지나도 박근혜 대통령이 '7시간 의혹'에 답해야 하는 이유다.

불행한 나라의
애국 주문

애국 페티시즘

페티시즘은 '욕망의 전이'를 뜻하는 정신분석학 용어.
사람보다 그와 연관된 사물(옷, 신발, 특정 신체부위 등)에 욕망을 투사하는 현상.
애국 페티시즘은 상대(국가)에는 완전히 무관심한 채 상징적 대체물(태극기, 애국가)에
강박적으로 집착하는 경향을 보인다.

연관어 태극기 페티시즘, 애국가 페티시즘
장점 손쉬운 '애국 인구' 저변 확대
단점 애국자가 늘수록 나라는 부실해지는 부작용

2015년 한국 사회를 지배한 화두는 단연 '태극기'였다. 먼저 군불을 지핀 사람은 박근혜 대통령이었다. 그가 '2014년 핵심국정과제 점검회의'에서 영화 〈국제시장〉의 한 장면을 언급한 일이 계기가 되었다. "최근에 돌풍을 일으키고 있는 영화에도 보니까 부부 싸움하다가도 애국가가 들리니까 국기배례를 하고……."

'돌풍'을 일으킨 영화이니 만큼 본 사람이 많았고, 이들 중 다수가 대통령 발언에 뜨악한 반응을 보였다. 대통령이 〈변호인〉을 보면

정말 좋아하겠다고 말하는 사람도 있었다. 여기에는 부부 싸움 정도가 아니라 고문경관이 주인공을 잔혹하게 두들겨 패다가 애국가가 들려오자 번개처럼 일어나 '국기배례'를 하는 명장면이 등장하기 때문이다.

대통령의 '창조적 해석'에 대한 반응이 신통치 않자 민경욱 전 청와대 대변인은 '대통령이 직접 영화를 본 것은 아니'라며 수습에 나섰다. 하지만 대통령이 어떻게 이야기해도 찰떡같이 알아듣는 한국 공무원들이 있었다. 이미 2015년 2월부터 행정자치부를 선두로 교육부, 미래창조과학부, 국토교통부, 인사혁신처 등 10개 이상의 부처가 '나라사랑 태극기 달기 운동'에 적극 동참하겠다는 의지를 표명했다.

국민이 행복하고 정부가 제 역할을 하면 '나라를 사랑하지 말라'고 사정을 해도 사랑하지 않을 도리가 없을 것이다. 정부가 '나라 사랑'을 애서 강조하는 이면에는 '나라를 사랑하기 어렵게 만드는' 문제를 더 이상 해결할 자신이 없다는 인식이 깔려 있다.

청년들이여, 중동으로 가라?

경제를 보자. 박근혜 정부는 "일자리 창출을 최우선으로 정책을 수립하고 추진하겠다"라고 공언했지만 결과는 정반대였다. 일자리는 급속히 사라져서 집권 2년차인 2014년의 청년층(15~29세) 실업률은 사상 처음 10퍼센트대를 기록했다. 이듬해 취업 상황은 더욱 악화되었다. 이명박 전 대통령이 청년 일자리 문제를 해결했다고 믿는 사람은 많지 않을 것이다. '경제대통령'을 내세운 그의 집권 기간 동안 평균 청년층 고용률은 40.7퍼센트로, 1998년 외환위기 당시와 맞먹는다. 박근혜 정부는 아예 집권 첫 해부터 '30퍼센트대'라는 초유의 기록을 수립하며 출발했다.

물론 어느 사회든 해결하기 어려운 문제가 있다. 중요한 것은 정부가 그 문제를 해결할 역량과 의지를 갖고 있느냐다. 박근혜 대통령은 '태극기 달기' 운동이 한창이던 2015년 3월, 난데없이 청년들에게 '중동 진출'을 주문했다.

"대한민국에 청년이 텅텅 빌 정도로 한번 해보세요. 다 어디 갔느냐고, 다 중동 갔다고."

박근혜 정부에 비판적인 언론은 대통령의 시대착오적 인식을 꾸짖었고, 호의적인 언론은 대통령의 '유머'에 회의장 사람들이 폭소를 터뜨렸다는 사실을 집중 보도했다. 하지만 당사자인 청년들이 대통령의 유머 감각을 그리 높이 산 것 같지는 않다. '약 올리나' '네가 가라, 중동' 같은 댓글이 기사마다 줄줄이 달린 모습을 보면 말이다. 하지만 그 자리에서 나온 정말 중요한 발언은 전혀 주목받지 못했다.

"우리가 인력 미스매치(해소)를 위해서 그동안 많은 노력을 했지만 이렇게 청년들이 원하는 일자리가 절대적으로 부족하고 또 만들어질 수가 없는 이런 구조적인 문제가 있는 환경에서 국내에서 미스매치 해결하려 노력해봤자, 일자리 자체가 없는데, 의미가 없다고 생각한다."

말이 기묘하게 꼬여 있지만 뜻은 단순하다. 더 이상 한국 사회에서 일자리는 만들어질 수 없고, 따라서 국내에서 구직난을 해결하려고 노력하는 일은 무의미하다는 말이다. 놀라운 발언이 아닐 수 없다. 정부의 역할은 '구조적 문제'를 '해결하려 노력'하는 데 있기 때문이다. 따라서 대통령의 말은 정부 역할을 포기하겠다는 선언과도 같았다.

국민 '해코지'에 앞장선 정부

박근혜 정부의 등록상표나 다름없던 '증세 없는 복지'가 집권 후 어떤 운명에 처했는지 설명할 필요는 없을 것이다. 사교육비가 2년 연속 폭등했고, 기초생활수급자의 자살률이 최고치를 기록했다는 점을 지적하는 것만으로도 충분하다.

불행히도 박근혜 정부가 포기한 영역은 일자리와 복지로 끝나지 않는다. '삼성의 위기'가 자주 거론되는 데서 알 수 있듯 한국 재벌은 기존의 사업을 유지하고 미래 사업을 개척하는 데 실패하고 있다. 이들은 국제 제조업 시장에서 경쟁력을 잃자 서비스업으로 국내 공공 영역을 침식하는 '해로운' 반사회적 수익 모델로 돌아섰다.

예컨대 민간 보험을 확장해 국민건강보험의 토대를 흔들고, 영리 병원을 세워 공공의료를 잠식함으로써 돈 없는 서민의 건강을 위협하며, 교육을 '사업'화해서 등록금을 챙기고 기업 논리를 이식하는 이윤 추구의 장으로 뒤바꾸는 것이다. 기업가 정신을 오래전에 팽개친 재벌 3세들은 새로운 사업 영역을 개척하는 데 아무런 관심이 없다. 오직 안전한 돈벌이에 눈이 먼 채 치킨, 빵, 컵밥 사업까지 손을 뻗쳐 막판까지 내몰린 자영업자들의 생계까지 위협하고 있다.

바로 이럴 때 정부가 필요하다. 기업의 탐욕으로부터 국민을 보호하는 것이 정부의 역할이기 때문이다. 낡아서 위험한 배를 운영할 수 없도록 막고, 정원보다 많은 수의 손님을 태울 수 없도록 규제하고, 안전 점검과 대피 훈련을 강제하는 일처럼 말이다. 이명박 정부가 규제를 풀어 끔찍한 재앙을 불렀듯 박근혜 정부는 '규제 철폐'라는 명목으로 공공서비스를 무력화하고 있다. 박 대통령이 앞장서서 추진해온 서비스산업발전기본법, 관광진흥법, 국제의료사업지원법, 의료법 개정 등이 그것이다. 그는 법안 통과가 늦어지자 "누구에게 해코지를 하는 것도 아니고 좋은 법인데, 누구를 위해 법을 막고 있느냐"라고 불평했다. 물론 해당 기업에게는 '좋은 법'이겠으나 대다수 국민에게는 '해코지'하는 법일 수밖에 없다.

'애국' 담론으로 다시 칼자루를 쥐다

외교는 어떨까? 중국의 부상과 일본-미국의 연대, 러시아와 서방의 신냉전에 박근혜 정부는 어떻게 대응해왔는가. 아마 이명박 정부의 대북 정책과 맥을 같이할 것이다. "기다리는 것도 전략"이라는, 아무것도 안 하는 전략 말이다.

정말 아무것도 안 하려면 아무 생각도 없어야 하는데, 박근혜 대통령은 이 일만큼은 썩 잘해냈다. 예컨대 아베가 2015년 4월 미국을 방문해 '미-일 신밀월'을 예고할 때 박 대통령은 목적도 불분명한 중남미 순방을 떠났다. 또 5월 미군이 한국에 위험천만한 탄저균을 들여온 사실이 드러났지만(이후 페스트균 반입 사실도 드러났다), 정부는 아무런 문책이나 항의도 하지 않았고 미국에 구체적인 재발방지 대책도 요구하지 않았다.

박근혜 정부가 이처럼 경제, 사회, 외교 문제에 뚜렷한 돌파구를 마련하지 못할수록 태극기와 애국심 강요는 늘어갔다. 실정을 거듭하면서도 손쉽게 정치적 권위를 유지할 수 있는 방법이기 때문이다. '애국'이 자주 등장하면서 '종북세력' 때리기도 늘어났다. 비록 '아무 생각 없는' 정부지만 모든 국민에게 맹목적인 애국심이 통하지 않는다는 사실을 알 만큼은 영악하기 때문이다.

박근혜 대통령은 오랫동안 '수첩 공주'라는 별명으로 불렸다. 뭔가를 보면서 읽지 않는 한 의사표현 자체가 어려운 그를 조롱하는 말이었다. 하지만 이 별명은 공정한 호칭으로 보이지 않는다. 그는 어눌해 보이지만 매우 뛰어난 정치 감각을 지닌 정치인이기 때문이다. 수첩 '공주'가 핵심 국면마다 선거의 '여왕'으로 탈바꿈해왔다는 사실을 기억해야 한다.

앞서 말했듯 2015년 화두는 '태극기'였다. 2014년에는 무엇이었을까? 말할 것도 없이 '세월호'였다. 불과 한 해 사이에 한국 사회의 관심사가 뒤바뀐 것이다. 이는 단지 화제가 '세월호'에서 '애국'으로 바뀐 것만을 의미하지 않는다. 더 중요한 것은 벼랑 끝에 내몰렸던

© 남소연

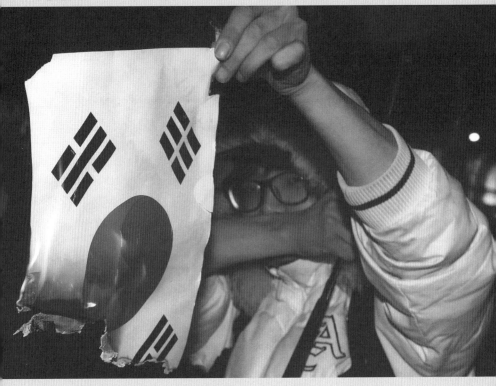

*
불행한 국민이 사는 나라. 정부가 국민을 보호할 능력도 의지도 없는 나라.
이곳에서는 '애국'이 비쩍 마른 늑대처럼 눈을 부라리며 본때를 보일 '비애국자'를 찾는다.
하지만 이 껍데기만 남은 '애국 광기'는 두렵기보다 측은하다.

정부가 오히려 칼자루를 쥐게 되었다는 사실이다.

대통령은 〈국제시장〉의 '국기배례' 장면을 언급해 사람들로부터 조롱받았으나 신기하게도 그 어설픈 말은 거역할 수 없는 강력한 애국주의 담론으로 둔갑했다. 대통령의 발언이 지지세력을 '태극기를 사랑하는 애국자'들로 치켜세운 반면 비판세력은 '태극기를 불태우는 매국(혹은 종북)세력'으로 갈라놓는 효과를 발휘했기 때문이다. 박근혜 대통령은 이 국가주의 여론을 몰아 2015년 10월 역사교과서 국정화를 밀어붙이는 동력으로 삼았다.

무법과 광기의 애국주의

박근혜 대통령은 임기 내내 '애국'을 화두로 삼으려 할 것이다. 법무부 장관이었던 황교안을 국무총리로 임명한 점도 같은 맥락으로 볼 수 있다. 황교안 총리는 신임 검사 임관식에서 애국가를 4절까지 완창하지 못한 검사들을 꾸짖으며 "헌법 가치 수호의 출발은 애국가"라고 말한 사람이다. 황 총리는 대통령만큼이나 태극기와도 인연이 깊다.

'태극기 열풍'이 정점에 달한 때는 2015년 4월이었다. 세월호 1주기 추모 행사에서 한 청년이 태극기에 불을 붙였고 이 사실이 보수 언론에 집중적으로 보도됐기 때문이다. 새누리당 김진태 의원은 "태극기를 불태운 것은 대한민국 국민을 불태운 것"이라고 비난하며 "이런 범죄를 보고 방치하면 이런 나라를 국가라고 할 수 있느냐"라고 공권력을 질타했다. 당시 황교안 법무부 장관은 "국기모독죄가 될 것 같다. 상응하는 처벌이 이뤄지도록 하겠다"라고 화답했다. 머잖아 그 말은 현실이 됐다.

한 달도 지나지 않아 서울지방경찰청은 광화문 광장의 폐쇄회로 텔레비전(CCTV) 분석 등을 통해 20대 청년을 체포했다. 태극기 훼손을 처벌할 수 있는 근거는 형법 제105조 '대한민국을 모욕할 목적으로 국기 또는 국장을 손상, 제거 또는 오욕한 자는 5년 이하의 징역이나 금고, 10년 이하의 자격정지 또는 700만 원 이하의 벌금에 처한다'는 조항이다. 국기를 태운 행위뿐 아니라 국가를 모욕하려 한 의도가 분명히 입증되어야만 '범죄'가 되는 것이다. 전 법무부 장관이자 현 국무총리인 황교안, 새누리당 김진태 의원은 모두 검사 출신이다. 과거에는 법을 다루는 일에 종사했고, 이후 행정과 입법 활동까지 한 이들이 법을 무시하는 발언을 한 것이다.

세월호 추모 행사는 국가의 책임을 묻는 자리였다. 김진태 의원은 국기가 타는 것을 보고 분노했지만 유가족과 추모객들은 국민 수백 명의 목숨이 물속에서 꺼져갈 때 쳐다만 보고 있던 무책임한 정부에 분노했다. 이 상황에서 나온 태극기 소각의 '의도'가 국가 모욕이 아님은 자명하다. 오히려 김 의원이 말한 "이런 범죄를 보고 방치하면 이런 나라를 국가라고 할 수 있느냐"라는 항의에 가깝다.

불행한 국민이 사는 나라, 정부가 국민을 보호할 능력도 의지도 없는 나라. 이곳에서는 '애국'이 비쩍 마른 늑대처럼 눈을 부라리며 본때를 보일 '비애국자'를 찾는다. 하지만 이 껍데기만 남은 '애국

광기'는 두렵기보다 측은하다. 박 대통령은 〈국제시장〉 이야기를 꺼내며, 애국가 가사처럼 "괴로우나 즐거우나 나라 사랑해야 한다"라고 말했다. 이 말을 들으며 나는 서글픔을 느꼈다. 대통령이 차기 총리감으로 '애국가 총리'를 골랐을 때도 같은 서글픔을 느꼈다. '정부 역할 포기 선언'의 확실한 실천으로 보였기 때문이다.

"괴로우나 즐거우나 나라 사랑하세." 혹시 이 노랫말이 '괴로우나 즐거우나 대통령과 집권 여당 사랑하세'로 들리는 것일까? 그 '괴로움'의 주범이 자신들인데도?

19세기 '레 미제라블'
21세기 '내 미쳐부러'

데자뷔(déjà vu)

기시감(既視感). 틀림없이 21세기 지도자인데도
전체를 다 보면 20세기 중반의 기운이 느껴지는 현상.

연관어 잘살아보세, 새마을운동, 불량식품, 국정교과서

사람들은 문을 열어주지 않았다. 자신을 위한 일인데도, 그들의 고통을 덜어주기 위해 하는 일인데도, 시민들은 문을 굳게 걸어 잠 갔다. 도무지 이해할 수 없었다. 바리케이드를 쌓을 때만 해도 사람들은 의자며 책상이며 아끼는 피아노까지 선뜻 내주지 않았던가.

하지만 진압군이 어둠처럼 다가오자 사람들은 피 흘리며 절규하는 학생들에게 팔 하나 숨길 틈조차 내주지 않았다. 그리하여 '두려움 속에서 살아온 사람들을 구하겠다'며 나선 청년들은 총탄을 우박

처럼 맞으며 쓰러져갔고, 변화를 꿈꾸던 젊은이들의 '철없는 반란'은 이렇게 간단히 진압되었다. 아니, 적어도 당시에는 간단히 진압되는 것처럼 보였다. 1832년 파리.

2012년 대선 직후에 흥미로운 일이 일어났다. 〈레 미제라블(Les Misérables)〉이 한국에서 폭발적 관객 몰이를 한 것이다. 이 뮤지컬 영화는 개봉 일주일 만에 200만 명을 돌파해 관객 수와 예매율 모두 1위를 차지하는 기염을 토했다. 들리는 말로는 이 영화가 '대선 후유증'을 달래는 치유제 역할을 톡톡히 해냈다는 것이다.

이해할 만했다. 한국 사회의 변화를 갈망하던 젊은 세대는 〈레 미제라블〉의 시민군 이상으로 절망감과 배신감을 느꼈을 것이기 때문이다. 이들이 왜 변화를 원했는지 길게 설명할 필요는 없을 것 같다. 다음의 통계수치가 모든 것을 말해주기 때문이다.

"대한민국 10대의 사망 원인 1위가 자살이고, 20대의 사망 원인 1위도 자살이며, 30대 사망 원인 1위 또한 자살이다."

이들이 40대가 되면 달라질까? 물론 변화가 아주 없지는 않다. 암으로 인한 사망률이 자살률을 2위로 밀어내기 때문이다. 이 연령대의 돌연사 사망 비율 역시 세계에서 가장 높다. 세계 최장시간 노동으로 인한 과로, 몸을 돌볼 여유마저 허락지 않는 잔인한 경쟁, 사라져가는 공공의료가 함께 만들어낸 결과가 아닐까. 2011년 8월, 영국 BBC 보도에 따르면 한국인은 2010년 한 해 동안 평균 2193시간을 일했고, 2위인 칠레보다 무려 125시간을 더 일했다. '비공식 업무 시간'을 뺀 통계가 이렇다.

젊은 세대, 변화를 갈망했지만

절망과 과로로 죽어가는 사람들이 변화를 꿈꾸는 게 놀라운 일이었을까? 하지만 이들이 맞닥뜨린 2012년 대선 결과는 도무지 이해할 수 없는 미스터리였다. 선거 전만 해도 온 사회가 젊은 세대의 아픔을 이해하는 것처럼 보였고, 심지어 그들과 함께 싸워줄 듯 보였기 때문이다. 청년들만의 착각이 아니었다. 사회 분위기가 얼마나 심상치 않았으면 박근혜 같은 보수정당의 후보가 반값등록금, 무상보육, 4대 중증질환 치료비 전액 국가 부담 같은 급진적인 공약을 내세웠겠는가. 물론 대부분의 약속들은 임기가 시작되기 무섭게 폐기되었고, 일부만이 같은 이름으로 부르기도 민망할 정도의 수준에서 시행되었다.

변화를 꿈꾸던 청년들의 기대는 허망하게 무너지고 만 것일까? 적어도 2012년 대선 당시에는 그렇게 보였다. 그렇다면 한국 사회를 휩쓸었던 〈레 미제라블〉의 선풍적 인기를 어떻게 설명할 수 있을까? 좌절한 세대가 영화를 보며 실패한 꿈을 되새김질하는 것뿐이라면 이는 '힐링'보다 '자학'에 가깝지 않을까?

〈레 미제라블〉은 한국 관객들에게 시대와 문화적 차이를 뛰어넘는 공감을 이끌어냈다. 19세기 프랑스 민중이나 21세기 한국 서민의 처지가 별반 다르지 않기 때문이다. 〈레 미제라블〉의 원작자인 빅토르 위고(Victor Hugo)는 작품의 배경을 이렇게 설명했다. "남자들이 무지와 절망 속에 신음하고, 여자들이 빵을 얻기 위해 자신의 몸을 내놓아야 하며, 아이들의 머리를 깨우고 마음을 덥힐 책조차 구할 수 없는 곳"을 다룬 이야기라는 것이다. 결코 한국 관객에게 '먼 나라의 옛 이야기'일 수 없는 것이다.

이 시대 한국에서는 반도체 회사의 직원 수십 명이 암에 걸리고, 자동차 회사의 부당 해고로 수십 명이 자살을 하며, 추운 겨울에 고압 송전탑과 굴뚝 위에서 목숨을 건 시위를 한다. 일터의 노동자만이 아니다. 정서·신체·성적으로 학대받는 아동의 수는 지난 10년간 두 배 이상 늘었다. 40만 명이 넘는 초등학생들은 방학 때마다 점심을 굶는다. 매년 6만 명이 넘는 초·중·고생이 학교생활을 견디지 못하거나 가정 문제로 학업을 포기한다. 거리를 헤매는 가출 청소년은 20만 명이 넘고, 가출 여학생들 절반이 잘 곳과 배고픔을 해결하기 위해서 또는 강요 때문에 매매춘을 한다.

입시 지옥을 뚫고 대학에 가도 희망은 보이지 않는다. 2012년 통계에 따르면 대학생 3분의 1이 휴학 상태다. 나머지 학생들의 다수도 편의점에서 술집까지 닥치는 대로 일을 해야만 학생 신분을 유지할 수 있다. 한국 여성의 성평등 지수는 세계 최하위권이다. 세계경제포럼(WEF)이 2014년 발표한 한국의 성평등 순위는 142개국 중 117위였다. 한국 여성의 성매매 여성 비율은 유럽의 7배에 달한다. 2014년 유럽연합 보고서 〈성착취와 성매매의 성평등 영향〉이 잘 말해주듯 성매매 비율은 부의 불평등이나 성차별과 직접적으로 연관되어 있다.

한국의 65세 이상 노인의 절반은 한 해에 1000만 원을 채 벌지 못하는 빈곤층으로 전락한 상태다. '박카스 할머니'로 상징되는 노인 성매매는 복지 후진국 국민이 어떤 노년을 맞게 되는지 가슴 아프게 보여준다. 이들 노인층 절대다수가 박근혜 대통령에게 투표했다. 이들은 박 대통령의 열렬한 지지자일 뿐 아니라 평생을 바쳐 오늘의 한국을 일군 주역이기도 하다. 어떤 감사, 배려, 보상도 부족할 국민의 처참한 노후를 구경만 하고 있는 지도자를 (자신이 그토록 혐오한다는) '배신자' 아닌 어떤 이름으로 불러야 할까.

이 모든 일이 세계 10위권의 경제력을 가졌다는 나라에서 벌어지고 있다. '요람에서 무덤까지' 국가는 그저 손을 놓고 있다. 아무 일도 안 하면 차라리 낫겠는데 정부가 기를 쓰고 경쟁 교육, 부자감세, 고용 유연화를 밀어붙여 처참한 국민들의 삶을 더 '미제라블(비참)' 하게 만든다.

원작보다 비참한 한국판 〈레 미제라블〉

〈레 미제라블〉이 인기를 끈 이유는 '치유'만이 아니다. 이 영화는 권력자들이 은폐해온 진실도 드러낸다. 바로 '법이 기득권의 도구일 수밖에 없다'는 사실이다. 법은 부패한 권력자의 털끝도 건드리지 못하면서 가족을 지키기 위해 빵을 훔친 사내는 19년이나 가둬 놓는다. 팡틴이 공장에서 일하다가 쫓겨난 후 딸을 살리기 위해 머리칼을 잘라 팔고, 이를 뽑아 팔고, 거리에서 남자들의 희롱과 학대의 제물이 되어도 '법과 질서'는 오직 힘 있는 자의 편을 들 뿐이다.

만일 장발장 이야기가 우리와 상관없는 허구로 들린다면, 돈이 없어 아기 분유를 훔친 젊은 어머니와 배고파 떡을 훔친 폐지 수집상 노인의 죄는 추상같이 물으면서도 수백 억 원의 조세 포탈과 수천 억 원의 배임 혐의를 받는 기업 총수는 기소조차 하지 않는 한국식 정의를 떠올릴 필요가 있다. 부실한 인허가와 시공으로 200여 명을 죽거나 다치게 한 경주 마우나오션리조트 체육관 붕괴 사고 뒤에도, 무책임한 안전 관리와 사고 대응으로 300여 명의 국민을 수장시킨 세월호 참사 이후에도 법의 처벌을 받은 고위 공무원은 단 한 사람도 없다.

영화가 일깨운 또 다른 진실은 법이 개인과 사회를 행복하게 만들지 못한다는 점이다. 사회를 살만한 곳으로 만드는 것은 헌신, 용서, 화해라는 인간적 가치이고, 장발장은 이를 대변하는 인물로 등장한다. 그를 쫓는 자베르 경감은 '법과 질서'의 알레고리(allegory)다. 자베르 경감은 장발장의 용서에 감화된 후 혼란스러워하다가 물속으로 몸을 던진다. 그의 죽음은 이해, 배려, 공감이 법을 넘어선다는 의미를 담고 있을 것이다.

〈레 미제라블〉은 또 다른 교훈도 준다. 우리에게 가장 큰 고통을 주는 이들은 주위의 (대체로 선량한) 보통 사람들이라는 사실이다. 팡틴을 시기해 직장에서 쫓아낸 사람도, 탐스런 머리칼을 빼앗은 사람도 팡틴과 비슷한 처지의 서민들이었다. 동료를 배려하지 못하는 약자들이 동료를 위해 강자와 싸워줄 수는 없다. 어리석게도 우리는 '철밥통'과 '귀족 노조'라는 허구적 질투에 속아 남의 밥그릇을 뺏는 공모자가 되었다. 그 결과 우리에게 돌아온 것은 빈약한 나의 밥그릇마저 '철밥통'이라고 비난하며 깨뜨리려는 사람들과 모두가 하루 앞을 내다볼 수 없는 불확실한 미래다.

장발장은 옥살이를 마친 뒤 사업에 성공하고 시장의 자리까지 오른다. 어느 날 그는 자신의 공장에서 벌어진 작은 소동을 목격한다. 어떤 직공이 딸을 숨겨왔다는 이유로 동료들과 공장장에게 괴롭힘을 당하고 있었다. 장발장은 공장장에게 '알아서 잘 처리하라'고 말하고는 자리를 뜬다. 몰인정한 사람이어서가 아니라 자베르 경감이 직장까지 추적해온 탓에 마음의 여유를 잃었기 때문이다.

하지만 장발장은 그 순간을 평생 눈물로 후회하게 된다. 시간이 흐른 후 그는 거리에서 익숙한 얼굴을 만나게 된다. 한 여성이 거리에서 몸을 팔다가 남자에게 학대를 당한 뒤 경찰에 끌려가고 있었다. 그는 직공 팡틴이었다. 장발장이 '대체 무슨 일이냐'고 묻자 그는 이렇게 답한다. "선생님은 그곳에 있었지만 저를 외면했어요. 아무 죄도 없던 저를."

한국 사회의 비극은 사람들이 남의 고통에 아랑곳하지 않는 내성을 갖게 됐다는 점이다. 2012년 대선, 2014년 지방선거, 2015년 재보궐선거 결과가 이 점을 잘 말해준다. 직접선거는 시민들이 싸워서 얻어낸 민주주의의 결실이다. 이렇게 피로 얻어낸 선거권으로 우리는 이 사회를 구체제로 되돌리는 선택을 했다. 아이러니하게도 직접선거를 통해서 직접선거를 인정하지 않았던 지도자를 복권시킨 것이다.

〈레 미제라블〉에는 인간이 경험할 수 있는 모든 종류의 사랑이 등장한다. 종교적 사랑, 모성애, 부성애, 짝사랑, 한눈에 반하는 사랑, 연민, 우정, 그리고 연대. 장발장은 이 모든 사랑을 아우르는 인물로 그려진다. 그는 자신의 혈육이 아닌, 팡틴의 딸 코제트를 맡아 키운 뒤 자신이 줄 수 있는 가장 큰 (그리고 가장 베풀기 어려운) 선물을 준다. 그것은 스스로 선택한 삶을 향해 떠나갈 자유다.

장발장은 자신이 가장 사랑하는 사람이 가장 사랑하는 사람을 지켜주기 위해 혁명군과 연대한다. 딸을 위한 지극히 개인적인 선택이었으나 이것은 결국 가장 사회적인 선택이 된다. 혁명에 참여함으로써 코제트뿐 아니라 코제트와 같은 처지의 다른 사람들까지 지켜낸 셈이기 때문이다.

〈레 미제라블〉에서 학생들의 혁명은 실패로 끝나는 듯했지만 이들의 희생은 시민들의 자발적 참여를 이끌어내는 계기가 되었다. 학생들이 바리케이드에서 전사하고 16년 뒤에 2월 혁명이 일어나 왕정을 무너뜨리고 공화정이 세워졌다. 이 혁명의 기운은 유럽과 전세계로 퍼져 각국에서 민주주의를 꽃피우게 된다.

2012년 대선, 실패하지 않았다

2012년 대선까지 한국 사회는 변화를 요구하는 목소리로 가득했다. 이들의 외침은 결코 헛되지 않을 것이다. 일부는 대선 결과와 인구 비율을 놓고 비관적인 전망을 한다. 저출산과 고령화로 인해 보

*

변화를 꿈꾸던 청년들의 기대는 허망하게 무너지고 만 것일까?

수 성향을 지닌 50대 이상 유권자가 늘어날 것이기에 앞으로 승산이 없다는 것이다. 나는 이 주장에 동의하지 않는다.

18대 대선에서 보수적이라는 50대 투표자의 37퍼센트 이상(방송사 출구조사 기준)이 박근혜 후보를 찍지 않았다는 사실을 기억해야 한다. 물론 20대의 34퍼센트 가까이가 박근혜 후보를 골랐다는 사실도 이에 못지않게 중요하다. 이들 모두가 도장을 찍는 순간 재채기를 한 게 아니라면 사람에게 사회적 조건을 뛰어넘는 의지와 능력이 있다는 사실을 말하기에 충분한 증거가 된다. 유권자를 기껏 나이가 불러주는 대로 투표하는 존재라고 믿는다면 인간의 판단 능력과 공감 능력을 지나치게 얕잡아 보는 것이다. 그러기에 절망할 필요도 없고 낙관할 이유도 없다.

문제는 '이들을 포함한 사회 구성원들과 어떻게 나누고 소통해갈 것인가'다. 이것은 차기 대선에서 누구를 대통령으로 뽑느냐의 문제가 아니라 이 사회를 얼마나 더 살 만한 곳으로 만드는가의 문제다. 우리가 투표하기 위해 사는 건 아니지 않은가.

저들의 노랫소리가 들리는가, 분노한 사람들의 노래가.
저것은 결코 노예로 돌아가지 않겠다는 민중의 의지가 담긴 가락이다.
당신의 심장에서 울리는 고동이 저 북소리와 함께 울려 퍼질 때
내일과 더불어 새로운 삶이 시작될 것이다.

영화의 끝을 장식하는 이 노래는 희망의 조건을 말해준다. 당신

의 '심장 고동'이 '북소리'와 함께 울려 퍼질 때 새로운 삶이 시작된다는 것이다. 주위에서 들려오는 고통의 목소리에 귀를 기울여야 하고, 그런 고통을 강요하는 사회를 변혁시키는 데 힘을 보태야 한다는 것이다. 주위의 아픔을 자신의 아픔으로 느끼지 못하는 사람은 공감의 심장이 멎은 사람이며 심장의 고동을 변화의 북소리로 바꾸지 못하는 사람은 사회적 심장이 멎은 사람이다.

"심장에서 울리는 고동이 저 북소리와 함께 울려 퍼질 때" 당신이 〈레 미제라블〉에서 느꼈던 분노와 감동은 현실이 될 것이며 잠깐의 위안이 아니라 삶 자체를 바꾸는 변화의 원동력이 될 것이다. 그때 내일과 더불어 새로운 삶이 시작될 것이다.

거짓과 은폐로 가득한
대국민 모욕

지능모욕
정치인들이 국민들의 지능을 자신의 수준으로 낮게 보는 일.

연관어 두뇌 다이어트
활용 "어떤 다이어트도 몸의 지방을 모두 제거하지는 못한다.
뇌가 지방으로 되어 있기 때문이다. 뇌를 없애면 보기는 좋을지 모르나
정치인밖에 못하는 문제가 생긴다." −조지 버나드 쇼

"내 지능을 모욕하지 마(Don't insult my intelligence)."

상대가 씨도 안 먹힐 소리를 할 때 영어권 사람들이 자주 쓰는 말이다. 이런 항의를 받으면 대개의 사람들은 상황의 심각성, 즉 상대가 바보가 아니라는 사실을 깨닫고는 즉시 사과한 뒤 자신의 말을 바로잡는다. 경고를 무시한 채 계속 헛소리를 늘어놓는 일은 상대와의 관계를 파탄으로 몰고 가는 무모한 짓이다. 그럼에도 불구하고 '지능모욕'을 계속하는 것은 상대가 머저리라고 확신할 때만 할 수 있는 일이다.

나만 그런지 모르겠으나 내게 이명박 정부 5년은 '지능이 모욕당하는' 끔찍한 경험이었다. 무능과 부패로 경제, 문화, 교육, 복지, 남북관계를 파탄 낸 것만으로는 성이 차지 않았는지 꼭 기막힌 말을 한마디씩 보태 안 그래도 쓰린 속을 긁어놓곤 했다. "우리는 도덕적으로 완벽한 정권" "대한민국의 국격, 놀랄 만큼 높아져" "물고기처럼 생긴 로봇이 강 속을 다니며……" 계속할 수 있지만 우리 모두의 정신건강을 위해 이쯤에서 멈추기로 하자.

잔인한 '지능모욕' 시즌 2

비록 역사의 뒤안길로 물러나긴 했으나 앞으로도 이명박 대통령이 남긴 유산을 꽤 오랫동안 경험하게 될 것이다. 하지만 그가 청와대에서 방을 빼던 날, 한 가지만은 위로가 되었다. 적어도 그의 기막힌 말로 지능이 우롱당할 일은 없을 것이라는 판단이었다. 나는 얼마나 어리석었는가.

평범한 시민으로 되돌아온 2013년 가을에도 이명박 전 대통령은 자신이 순순히 잊힐 존재가 아님을 일깨웠다. 그는 트위터에 북한강가에서 자전거 타는 사진을 올리며 이렇게 썼다. "탁 트인 한강을 끼고 달리니 정말 시원하고 좋습니다. 여러분도 한번 나와보세요." 미리 알렸다면 꽤 많은 사람들이 격하게 달려 나갔을 텐데 웬일인지 그는 혼자 달리고 있었다.

얼마 후 전직 청와대 행정관들을 초청한 자리에서도 그는 "녹조가 생기는 것은 수질이 나아졌다는 뜻이다. 당당히 대응하라"고 지시했다. "지난해에 그린란드에 갔었는데 거기도 녹조가 있더라"는 것이다. 〈한겨레〉는 모임에 참석했던 사람의 말을 인용해 이렇게 보도했다. "녹조가 있길래 그린란드 총리에게 물어보니 '기온이 올라가서 일시적으로 생겼다'고 대수롭지 않게 얘기하며 그 물을 직접 떠먹더라."

그렇다면 왜 국토교통부는 매년 그 '수질이 좋아졌다는 증거'를 걷어내고 부랴부랴 약까지 뿌려대는지 궁금하다. 녹조가 수질 개선의 징표라면 그 물이 뿜는 지독한 냄새는 무슨 좋은 징표일까? 물맛이 좋다는 증거? 그렇다면 4대강 개발 전도사들이 '당당히' 모여 4대강 가운데 가장 '수질이 좋은', 다시 말해 녹조가 가장 많이 핀 물을 그린란드 총리처럼 '직접 떠먹으며' 성과를 기념하면 어떨까?

이명박 대통령의 녹조 발언이 어떤 불가피한 상황, 즉 본인의 지능이 자연스럽게 발현된 결과로 나온 게 아니라면 그 말은 국민의 지능을 심각히 모욕하는 행위일 수밖에 없다. 더 끔찍한 것은 이런 식의 '대국민 모욕'이 박근혜 정부 들어 더욱 심해졌다는 점이다.

2012년 대선에서 특정 후보의 당선을 돕기 위해 정부기관이 대대적으로 개입했다는 사실이 드러났다. 그것도 정부가 덮고 방해하고 미적댄 검찰의 수사 결과가 그렇다. 국가정보원, 국군사이버사령부에 이어 국가보훈처, 행정안전부(지금의 행정자치부)까지 동원되어 야당 후보를 공격하고 여당 후보를 치켜세우는 여론조작 행위를 벌였다.

국정원의 대선 개입 사실이 드러나자 대통령과 정부 여당은 지난 정부에서 벌어진 일이기 때문에 자신들과는 아무 관련이 없다고 항변했다. 과거 여당 대표에 비상대책위원장까지 지낸 후 여당의 대선 후보가 된 사람이 지난 정부와 '관련'이 없다는 것이다. 하지만 대선 여론조작은 '지난 정부'에서 일어난 일이 아니라 '현 대통령'이 선출되는 과정에서 저질러진 일이다.

새누리당은 대선 부정을 비판하는 국민을 향해 "대선 불복"이냐고 물었다. 말은 똑바로 하자. 대통령 선거는 국민들이 스스로 대표를 뽑는 과정이지 국가기관의 후보 선호도 조사가 아니다. 국가가 나서는 순간 대선은 더 이상 '대선'이 아니게 되는 것이다. '대선 불복'은 국민의 뜻을 무시하고 부정한 방법으로 이익이 될 후보를 민 여당과 정부기관이 들어야 할 소리다.

이후 경제부총리 겸 기획재정부 장관이 된 (그리고 총선에 나가기 위해 그 자리를 내던진) 최경환 전 새누리당 원내대표는 이런 말도 했다. "대선 불복 유혹은 악마가 야당에 내미는 손길이라는 것을 명심해야 한다."

이명박 이래로 여당은 사람을 쓸 때 '지능모욕 고시'라도 보는 모양이다. 입은 비뚤어져도 말은 바로 하랬다. 국가기관을 동원한 여론조작이야말로 '악마가 여당에게 내민 손길'이었고, 여당은 그 손을 덥석 잡았다.

이름 : 이명박
생년월일(출생지) : 1941년 12월 19일 (일본출생)
직업 : 전직 대통령, 국정원 컨설턴트, 국부유출 전문가
죄명 : 권력을 남용하여 19대 대통령선거에 개입한 혐의

직속 부하인 원세훈 전 국정원장은 대선개입 혐의로 법정구속
이명박씨의 대선 개입으로 박근혜씨가 대통령에 당선

*
국가기관의 대선 개입과 여론조작을 막아내지 못한다면
대통령은 국민이 뽑는 자리가 아니라 국가기관이 임명하는 자리가 될 것이다.

누가 자유민주주의를 두려워하나

국정원 사건은 언론에서 말해온 '댓글 사건'이 아니다. 민주주의에서 가장 중요한 하나를 꼽는다면 '국민의 선택'일 것이다. 선거는 국민의 뜻을 가장 잘 파악하고 실천할 대변자를 뽑는 과정인데, 이 선택의 권리 행사를 국가기관이 조직적으로 막고 방해했다. 그렇다면 이는 '댓글 사건'이 아니라 국정원이 인터넷상에서 벌인 '대선 여론조작 사건'으로 불러야 한다.

이런 농담이 있다. "민주주의는 선거일에만 제대로 작동한다." 달력 없이도 계절의 변화를 알 수 있듯이 뉴스를 보지 않아도 선거가 다가왔다는 사실을 알 수 있다. 정치인들이 갑자기 시장에서 어묵을 베어 물고, '울' 상태였던 얼굴이 '조' 상태로 변해 징그러울 정도로 웃고, 뻣뻣하던 허리가 계속 앞으로 굽는 현상이 발생하면 선거철이 된 것이다.

이런 '계절 변화'의 징표만 봐도 선거가 얼마나 무서운지 알 수 있다. 정치인들이 유일하게 두려워하는 것이 바로 선거다. 정치인들이 임기 동안 국민을 제 코털만큼이라도 생각하게 만드는 것이 바로 이 선거라는 이름의 심판이고, 선거라는 이름의 선택이다. 국정원 대선 여론조작 사건에 침묵한다면 민주주의는 선거일 하루조차 작동하지 않게 될 것이다.

그런 면에서 국정원의 인터넷 여론조작은 자유민주주의를 부정하고 파괴한 범죄다. 국가의 역할은 국민의 민주적 선택권을 보장하고, 이를 방해하는 행위를 막고 처벌하는 것이다. 하지만 국가기관이 도리어 범행을 주도했고, 그것도 막대한 세금을 써가며 그런 짓을 했다. 국민이 낸 돈으로 국민을 욕보이는 나라, 우리는 이런 곳에 살고 있다.

선거가 싫은 국정원, 촛불이 싫은 공영방송

신기하게도 전국 어디서나 볼 수 있었던 항의 촛불을 한국 텔레비전에서는 볼 수 없었다. 그것도 시민들이 내는 수신료와 세금으로 운영되는 방송에서조차 말이다. 공영방송마저 '어둠의 세력'에 포섭된 까닭일 것이다. 그러면서도 수신료 대폭 인상이 필요하다고 역설한다. '덕'은 정치권에서 보면서 손바닥은 국민들에게 벌리는 배짱이 놀라울 뿐이다.

여기서 우리는 국정원 대선 개입의 실체를 보게 된다. 이 행위는 우발적 사건이 아니라 이명박 대통령과 한나라당(지금의 새누리당)이 집권한 뒤 주도면밀하게 진행한 거대한 여론조작 기획의 일부라는 점이다. 2008년 새 정부가 들어선 뒤 이들이 가장 먼저 한 일은 공영방송사 사장을 불법 해임하고 그 자리에 자기들 입맛에 맞는 사람을 심은 것이다. 이듬해에는 개각 후 원세훈을 국정원장에 임명하고 방송법을 개정해 보수언론이 종편에 진출할 길을 터주었다. 집권 초부터 차기 선거를 위한 여론전 준비를 한 셈이다.

민주주의는 '숙의민주주의'라고도 불린다. 고민하고 토론하면서

*
언론은 민주적 토론을 위한 정보를 시민사회에 제공할 의무를 진다.
언론이 정치세력과 각을 세워야 하는 이유가 여기 있다.

공적 문제에 대한 해결책을 찾아간다는 의미다. 이 과정에서 가장 필요한 것이 객관적 정보다. 바른 정보 없이는 사회문제에 대해 바르게 판단할 수도, 합리적인 해법을 찾을 수도 없기 때문이다. 언론은 민주적 토론을 위한 정보를 시민사회에 제공할 의무를 진다. 언론이 정치세력과 각을 세워야 하는 이유가 여기 있다. 언론이 정부와 한통속이 되면 사회문제를 드러내기보다 감추기 급급해지고, 문제를 해결하지 못하는 정부를 꾸짖어서 제 역할을 하게 만들기보다 치켜세우고 미화하기 바쁠 것이기 때문이다.

이명박 정부는 선전 매체로 전락한 공영방송과 보수언론을 등에 업고 부자감세, 공기업 민영화, 4대강 사업 등을 일사천리로 밀어붙였다. 당시 언론은 국내 토목 사업은 물론 이라크 크루드 유전 개발처럼 국가에 막대한 피해를 입힌 사업조차 '치적'으로 포장하기에 여념이 없었다. 바로 그 언론들이 박근혜 정권에서 똑같은 짓을 하고 있다.

예컨대 박근혜 대통령의 해외순방 보도를 보면 외교 담화에서 어떤 의제를 어떻게 다뤘는지 냉정히 분석하기보다 '어떤 옷을 어떻게 입었네' '외국어 발음이 어땠네' '박수가 몇 번 터졌네' 하는 이야기로 지면과 방송을 채운다. 정부 정책에 대해 객관적 정보를 얻을 수 없다면 여론이 제대로 형성될 수 없다. 남북관계가 파탄 나고, 가계부채가 1000조 원에 이르고, 청년 고용률이 40퍼센트를 밑돌아 이명박 정부보다도 낮고, 국가적 재앙마다 일관되게 무능을 과시했어도 박 대통령의 지지도는 여간해서 30퍼센트 중반 아래로 떨어지지 않는다. '여론 주무르기'가 이 시간에도 진행되고 있는 탓이다.

만일 야당 후보가 당선되고, 배후에서 국정원이 조직적으로 개입해 선거를 도왔다는 사실이 밝혀진다면 새누리당은 어떻게 반응했을까? 당연히 대통령 하야를 요구했을 것이다. 2004년 3월, 노무현 대통령이 열린우리당 지지발언을 했다는 단 하나의 이유만으로 지금의 새누리당은 탄핵소추안을 통과시켰다. 그 결과 대통령 직무가 정지되고, 노 대통령의 운명은 헌법재판소의 판단에 맡겨졌다.

그때 국민들이 촛불을 켜고 거리로 광장으로 헌법재판소 앞으로 달려나오지 않았다면 어떻게 됐을까? 우리는 지금 그때와 같은 심각한 위기에 직면해 있다. 국가기관의 대선 개입과 여론조작을 막아내지 못한다면 이제 대통령은 국민이 뽑는 자리가 아니라 국가기관이 임명하는 자리가 될 것이기 때문이다.

침묵하는 국민들에게 변화가 찾아오지는 않는다. 촛불이 어둠을 밝히는 시간이 길어질수록 밤은 짧아지고 새벽은 더 빨리 찾아올 것이다. 여기, 멀리서 촛불을 하나 보탠다.

반복된 집단 망각과
잔인한 불감증

박근혜 구원파

국민이 위험할 때 국민이 아닌 '대통령'을 구해달라고 비는 종파.
교주 자질을 둘러싸고 논란이 일 때마다 소심한 목소리로 '뼈 없는' 지지를 주문한다.
성부·성녀·유신 삼위일체.

연관어 반인반신, 영국 순방 중 베푸신 '해의 기적', 중국 순방 중 베푸신 '비의 기적'

삶은 구차하다. 세상이 무너지는 슬픔 속에서도 화장실에 가고 잠을 청해야 하며 억지로 밥을 씹어 삼켜야 할 때도 있다. 하지만 아무리 구차한 삶이라도 하지 말아야 할 게 있다. 세월호의 한 승무원은 승객을 버려두고 배에서 탈출한 뒤 병실에서 돈을 말리다가 많은 사람들의 분노를 샀다. 당시 보수언론은 그가 얼마짜리 지폐를 어떤 식으로 말리고 있었다는 사실까지 소상히 전하며 그의 '인면수심'을 비난하고 '돈이 지배하게 된 세상'을 개탄했다.

돈을 말리는 일이 왜 문제였을까? 비극이 닥쳐와도 언젠가는 돈이 필요하고 젖은 돈을 말려야 할 때도 있을 텐데 말이다. 예컨대 세월호 사고 후 100일이 되자 정부와 보수언론은 표정을 바꾸어 이제 '가라앉은 경제를 살릴 때'라고 입을 모았다. 다시 말해 이제는 '돈을 말릴 때'라는 것이다.

정부와 언론이 승무원의 돈 말리기를 비난한 까닭은 무엇일까? 가장 큰 문제는 시기였을 것이다. 그가 지폐의 물기를 증발시키던 그 순간, 승객들의 목숨은 물속으로 꺼져가고 있었다. 그렇다면 '그 민망한 돈'은 언제쯤 말려야 좋을까? 사고 후 눈 딱 감고 100일만 기다리면 되는 것일까? 아닐 것이다. 문제는 선원이 '날짜'를 못 채웠다기보다 '자격'을 못 갖췄기 때문이었다. 사람은 버려둔 이가 지폐 몇 장은 건지려 했기 때문이었다.

그가 승객들을 구한 뒤 피신했더라면, 아니 구하기 위해 노력만 했어도 그의 돈 말리는 행위는 어느 정도 용서받았을 것이다. 결국 시간이 얼마나 흘렀는가가 아니라 어떤 행위를 했는가가 중요하다. 물론 타인의 목숨을 중히 여기는 사람이라면 단 한 명이 목숨을 잃었어도 쉽게 돈 생각을 하지는 못했을 것이다.

돈 말리는 대통령, 환호하는 언론

삶은 본래 구차하다. 수백 명의 국민이 애통하게 죽은 후라 할지라도 지도자는 화장실에 가야 하고 잠도 청해야 하며 해외순방 때

입을 옷을 골라야 할지도 모른다. 하지만 진실을 밝히기 위해 유족들이 요구해온 수사권·기소권을 대통령이 단칼에 자르면서 "민생"을 내세웠을 때, 그 변명은 '구차'를 넘어 참담하기까지 했다.

'민생'은 박근혜 대통령이 아주 오래 그리고 매우 자주 써온 말이다. 그는 후보 시절부터 "민생 대통령이 되겠다"라고 수없이 약속했었다. 그는 '민생'이 무슨 뜻인지 알기는 할까? 무엇인지도 모르는 것을 '챙길' 수는 없을 터이다. 사전을 찾아보면 이 말에 두 가지 의미가 있다는 사실을 알게 된다. 하나는 "일반 국민의 생활 또는 생계"이고 다른 하나는 "목숨을 가진 국민"이다. '생활'과 '목숨'이라는 말이 일러주듯 민생의 첫 단계는 국민을 살아 있게 하는 것이다. 국민의 생존도 책임지지 못하는 권력이 '민생'을 챙길 수는 없다.

세월호 사고의 책임이 대통령에게 있는지 아닌지는 의견이 분분하다. 대통령 책임론을 말하는 사람들의 입장은 이렇다. '정부가 낡고 위험한 배를 들여와 운영하도록 허가했고, 안전 점검도 소홀히 했으며, 사고 후 구조는커녕 거짓으로 국민을 속이고 시간을 허비한만큼 수장인 대통령이 응분의 책임을 져야 한다'는 것이다.

반대편 사람들의 생각은 다르다. 불온세력이 '교통사고'에 지나지 않는 사고를 악용해 대통령을 흔들고 있으므로 오히려 대통령을 지켜야 한다는 것이다. 우리는 여기서 '물에 빠진 건 국민들인데 구해야 할 사람은 대통령'이 되는 기이한 상황을 목격하게 된다. 상반된 두 견해는 도무지 좁혀질 것 같지 않으니 대통령 자신의 입장을 들어보기로 하자.

"그들을 지켜주지 못하고, 그 가족들의 여행길을 지켜주지 못해 대통령으로서 비애감이 듭니다. 이번 사고에 제대로 대처하지 못한 최종책임은 대통령인 저에게 있습니다." — 2014년 5월 19일 대국민 담화

박근혜 대통령은 "사고에 대처하지 못한 최종 책임"을 어떻게 졌을까? 그가 흘린 눈물에 신통력이 있어서 국민들을 지켜주는 게 아닌 한, 사과는 분명한 정책으로 이어져야 한다. 하지만 그가 한 일이라곤 해경을 '국민안전처'로 통합한 것과 정홍원 총리를 해임했다가 취소한 것뿐이다. 새누리당은 세월호 참사 석 달 뒤 치러진 재보궐 선거에서 의외로 좋은 결과를 얻자 "이제는 세월호 사고의 늪에서 벗어나 경제를 살리라는 엄중한 국민의 명령"이라고 자평했다.

사고의 '늪'에서 '벗어나'려면 최소한 그 사건이 과거형이 되어야 한다. 하지만 배는 사고 그날처럼 여전히 그곳에 가라앉아 있고 가족들은 '실종자'로 집계된, 수를 정확히 알 수 없는 사람들을 변함없이 눈물로 기다리고 있다. 더욱이 사고 원인도 제대로 밝혀지지 않았고 비슷한 사고를 막을 뚜렷한 제도적 장치도 마련되지 않았다. 도대체 뭘 '뒤'로 하고 뭘 '극복'하란 말인가. 세월호 참사는 지금 이 순간까지 계속되고 있는 현재진행형 사건이다.

유족들은 묻는다. 왜 내 피붙이가 하루아침에 시신이 될 수밖에 없었느냐고. 누구에게 그 책임이 있느냐고. 책임을 물어야 할 이들에게 충분히 책임을 물었느냐고. 대통령도 여당도 그나마 기대를 걸었던 야당도 이 질문에 제대로 답하지 않았다.

유족들은 다시 물었다. 앞으로 어떻게 이런 비통한 죽음을 막을수 있느냐고. 정치인들은 유족이 요구하지도 않은 '특례입학'이니 '의사자 지정'이니 하며 가족들을 무마하려다가 먹혀들지 않자 유족들을 불온하고 탐욕스러운 세력으로 몰아갔다. 가장 기막힌 이야기는 '양보론'이었다. 정치권과 언론은 물론 일부 종교 지도자까지 나서서 유족들에게 '양보하라'고 말했다. 뭘 양보하란 말인가. 자식들이, 부모가, 친척과 친구가 왜 죽었는지 알려고 하지 말란 말인가? 그들을 죽음으로 몰아넣은 사람들에게 책임을 묻지 말란 말인가?

망각은 해법이 아니다

진실 규명은 재발 방지를 위한 최소한의 조건이다. 대한민국에서 나고 자란 사람은 모두가 안다. 이 나라는 정의가 살아 숨 쉬는 곳이 아니라 힘이 정의 행세를 하는 곳이라는 사실을 말이다. 돈 없고 힘 없는 까닭에 자식을 잃고도 조롱까지 당하는 유가족들이 수사권과 기소권 없이 권력에 맞서 진실을 밝혀낼 수는 없는 일이었다.

정부가 갑자기 '경제 살리기'를 외친 것도 적이 생뚱맞았다. 세월호 참사 이전부터 죽 쑤던 경제를 왜 하필 그때 살리겠다며 덤벼든 것일까? 참사가 경기 침체의 원인이라면 사고 원인을 철저히 규명해 같은 재앙을 겪지 않도록 대책을 세우는 것이야말로 최선의 경기 부양책이 될 것이다. 언제 대규모 인명 사고가 터질지 모르는 나라에 누가 살고 싶어 하고, 누가 일하고 싶어 하며, 누가 투자하고

*
해결되지도 않은 사고를 기억에서 지우는 집단 망각이 대책이 될 수는 없다.
유족의 요구대로 사건의 진상을 밝히고 책임자를 처벌하지 않는 한
세월호는 현재와 미래가 되어 끊임없이 희생자를 요구할 것이다.

싶어 하겠는가. 해결되지도 않은 사고를 기억에서 지우는 집단 망각이 대책이 될 수는 없다. 제발 머리 나쁘고 기억력 나쁜 게 '잘 살기 위한' 조건이라고 말하지 말라.

세월호 참사는 과거부터 되풀이되어 온 집단 망각의 결과였다. 지금처럼 참사의 주범들이 힘센 사람들이었고, 이들을 등에 업은 언론과 정치세력이 국민들에게 잊으라고 요구했기 때문이다. 잊어야 산다고 윽박지른 탓에, 피난민으로 가득한 다리를 폭파하고 도망친 지도자는 '국부'라는 칭호를 얻었고, 무고한 국민을 간첩으로 몰아 처형한 지도자는 '반인반신'의 지위에 올랐으며, 군대를 동원해 수백 명의 국민을 학살한 지도자는 정치인들의 세배 행렬이 끊이지 않는 '정치 원로'로 존경받고 있다.

유족의 요구대로 사건의 진상을 밝히고 책임자를 처벌하지 않는 한 세월호는 현재와 미래가 되어 끊임없이 희생자를 요구할 것이다. 그리고 그때마다 정치권과 언론은 적당히 잊으라고 할 것이다. 유족에게 '양보하라'는 이들에게 세월호 특별법은 '유족'의 문제도 아니고 '양보'할 수 있는 문제도 아니라고 말해주고 싶다. 당신 목숨이 양보 대상이 아니라면 말이다.

국민의 목숨을 제물 삼는 '대통령 구원파'

"대통령을 지켜주세요."

선거가 끝났는데도 이렇게 외치는 사람들이 있다. 안심하시라. 대통령은 무사하며 앞으로도 무사할 것이다. 사고의 실체가 밝혀지고 그 과정에서 정부 당국과 대통령의 무능하고 안일한 대처가 드러난다면 어떨까? 사람들마다 의견이 다르겠지만 나는 대통령이 변함없이 자리를 지켜야 한다고 믿는다. 조사위원회에 수사권과 기소권을 주면 안 된다고 반대하던 사람들도 같은 생각일 것이다.

그렇다면 무엇이 문제일까? 왜 자꾸 멀쩡한 대통령을 '지켜달라'고 호소한 것일까? 세월호 특별법 제정을 촉구하며 46일을 단식하다가 병원에 실려 간 유민 아빠가 근처에 오지도 않은 대통령을 협박했겠는가, 아니면 다른 방법이 없어 그저 함께 굶으며 연대의 마음을 표한 시민들이 철통같은 대통령 보안을 위협했겠는가?

'대통령 구원파'들이 걱정하던 것은 대통령의 체면과 심기였다. 민간인이 참여한 일개 조사위원회가 감히 '대통령 각하'를 조사하도록 내버려둘 수 없다는 것이다. 결국 이들은 '대통령 심기 구원파'인 셈인데, 나는 이들의 흠모와 충성심을 의심하지 않는다. 문제는 이들의 맹목적 신앙이 국민의 목숨까지 제물로 삼는다는 점이다.

그렇다고 '대통령 구원파'가 대통령에게 도움이 되는 것도 아니다. 예컨대 사고 당일 대통령의 행방을 묻는 질문에 청와대는 '대통령도 사생활이 있다'고 말해 '의문의 7시간'을 전 세계적인 뉴스거리로 만들었다. 대통령이 근무시간에 무엇을 하고 있었느냐는 질문에 '사생활' 이야기를 꺼낸 사실도 놀라웠지만 '분명히 경내에 있었다'는 대답도 한심하긴 마찬가지였다. 대통령이 국가 재난 사태 때 (집무실도 아닌) '경내'에 있었다는 사실만으로 대통령이 할 일을 다했다고 주장한다면 대한민국 대통령의 역할과 자격을 너무 얕잡아 보는 것이다.

스스로 "최종 책임자"라던 대통령은 목숨을 걸고 진실과 대책을 요구하는 유가족들과 만나기를 거부했다. '너무 바빠' 만날 수 없다고 했는데, 그러면서도 측근들을 대동해 시장에 가서 사진을 찍고 영화를 보고 뮤지컬을 감상할 시간은 있었다. 나는 박근혜 대통령의 가장 큰 단점이 사회 현안에 대한 무지와 판단력 부족이라고 생각했었다. 이제 그 판단이 착오였음을 깨닫는다. 그의 가장 심각한 문제는 공감 능력의 결여다. 국민의 아픔을 공감하지 못하는 그 잔인한 불감증 말이다. 국민의 고통을 이해하지 못하는 지도자는 국민을 행복하게 만들 수 없다.

세월호 이야기를 하면서 언론을 빼놓을 수 없다. 기자는 "편안한 자를 불편하게 하고, 불편한 자를 편안하게 해주는" 사람들이다. 미국 언론인 핀리 피터 던(Finley Peter Dunne)은 언론의 사명을 이렇게 정의했다. 한국 언론은 '전원 구조' 오보에서 시작해 '육·해·공군 전력 총동원 구조 작전'이라는 정부의 거짓말을 그대로 받아서 참사를 키웠다. 그런 뒤에는 유가족들을 불순한 무리로 만드는 데 일조하더니 이제는 '세월호를 잊자'고 노래한다.

삶은 구차하지만 그래도 하지 말아야 할 일이 있다. 이를테면 가해자를 두둔하고 피해자를 비난하는 일 따위 말이다. 부끄럽게도 한국 언론은 편한 자는 더욱 편하게 모시고, 고통받는 자는 더욱 고통스럽게 만드는 짓을 해왔다.

누가 진짜
'종북'인가

종북

밉지만 국가보안법으로 잡아들일 수 없는 사람들.
북한의 전지전능한 능력을 의심하는 국민을 지칭하기도 한다.

"내게 한 문장만 달라. 누구라도 범죄자로 만들 수 있다."

나치 독일에서 국민계몽선전부 장관을 지낸 요제프 괴벨스(Paul Joseph Goebbels)의 말이다. 그의 주된 임무는 여당의 독재와 폭력을 정당화하고 정부 활동에 윤리적, 미학적 가치를 부여하는 역할이었다. 괴벨스는 이 일을 썩 잘해냈다. 그는 자신의 신념에 따라 수단과 방법을 가리지 않고 반대파를 제거했고 그로 인해 히틀러의 총애를 한 몸에 받았다.

히틀러는 1933년 독일 연립내각의 수상이 된다. 하지만 그에게는 한 가지 고민이 있었다. 국회 간섭 없이 무소불위의 권력을 행사하려면 '전권 위임법(수권법)'을 통과시켜야 하는데 의석 수가 턱없이 부족했기 때문이다. 법안 통과를 위해서는 3분의 2 이상의 의석이 필요했지만 나치당 의석은 그 절반에도 미치지 못했다. 하지만 전혀 문제될 게 없었다. 의석 비율은 상대적 수치 아닌가.

우리 의석이 부족하면 반대 의석을 없애면 될 터. 때마침 국회의사당에 화재 사고가 일어났다. 괴벨스는 '하늘이 내린 기회'라며 반겼다. 나치 지도부는 원인도 제대로 조사하지 않고 이를 '공산당 소행'으로 규정지었고, '방화'를 빌미로 비판적 정치인과 지식인 수천 명을 소환하거나 긴급체포했다. 제1야당이던 독일 공산당을 불법 조직으로 만들어 해산하고, 전권 위임법에 반대하는 사회민주당(사민당) 의원들은 협박과 회유로 입을 닫게 만들었다. 이 '불순세력'을 내버려두면 '끔찍한 공산혁명을 일으킬 것'이라며 공포감을 자아내는 일도 잊지 않았다. 나중에는 아예 여당 이외의 정당을 불법화했다. 자신에 비판적 목소리를 내던 언론 매체를 손본 것은 말할 필요도 없었다.

괴벨스는 대중의 마음을 조작하고 선동하는 비결을 알고 있었다. 외부의 적에 대해서는 대중의 증오를 불러일으키고, 합리적 문제 제기를 하는 '내부의 적'은 협박으로 억눌렀다. 이렇게 독일은 한발 한발 독재, 학살, 전쟁의 잿더미 속으로 걸어 들어갔다. 괴벨스는 이후 전쟁의 늪에 빠져 허우적대는 국민들을 향해 이렇게 말했다.

"우리는 국민에게 강요한 적이 없다. 그들이 우리에게 위임했고, 지금 그 대가를 치르고 있을 뿐이다."

당신의 조국은 어디입니까

새누리당과 청와대는 국민에게 '조국이 어디냐'고 묻는다. 2013년 11월, 천주교정의구현사제단 박창신 신부는 시국미사에서 박근혜 대통령이 대선 여론조작 사건의 책임을 지고 사퇴할 것을 요구하면서 지금 정부가 북한을 자극해 남북관계를 대결 구도로 몰아가고 있다고 비판했다. 그러자 여당 의원들은 박 신부를 향해 일제히 "당신 조국이 어디냐"라고 물었다.

국민을 그리 끔찍이 아낀다는 사람들이 그 국민이 어디 사는지도 모르는 모양이다. 알고 싶은가? 국민들이 어려운 살림에도 꼬박꼬박 세금을 내서 당신들이 월급을 타갈 수 있게 해주는 곳, 그곳이 우리 조국이다.

행여나 정부 여당을 비판한다는 이유로 "조국이 의심스럽다"라는 말을 한다면 그 터무니없는 착각을 비웃을 수밖에 없다. 우리의 조국은 대한민국이지 새누리당이 아니다. 설마 우리 조국이 과거 트럭 통째로 불법 선거자금을 받던 '차떼기'의 주역에 엄청난 선거 부정 혐의를 받고 있는 정당이란 말인가.

내 조국을 밝혔으니 이제 그곳에서 어떤 일이 벌어지는지 보자. 여기 국가의 범죄를 고발하는 성직자가 있다. 그런데 '시끄럽다'며 입을 막는다. 신부가 할 일이 아니며, 그의 본분은 조국이 잘되길 바라면서 조용히 기도하는 일일 뿐이라는 것이다. 게다가 북한을 비난하지 않는 것을 보니 '종북신앙'의 배후가 의심스럽다며 으름장을 놓는다. 여기에 '자유' '어버이' 등이 붙은 단체에서 사람들이 찾아와 험악한 말을 내뱉는다. "이 ×× ××야." "죽이자." "입을 찢어버리자." 그들은 이런 걸쭉한 욕설을 내뱉는 것만으로는 직성이 풀리지 않았는지 불을 피워 신부 화형식까지 벌였다(살해 협박, 길에서 인화물질로 불을 피우는 일은 모두 범죄 행위다).

언제부턴가 우익단체의 '당당한' 폭력이 대한민국의 일상이 되었지만 이들이 신부 한 명에게 단체로 분풀이하는 모습을 보면서 참 기이하다는 생각을 했다. 범죄자에게 표출해야 할 증오를 고발자에게 쏟아내고 있었기 때문이다. 무엇이 이들을 그토록 광폭한 분노로 들끓게 했을까? 도대체 어떤 생각이 그 극단적 무례, 폭력, 범법 행위를 정당하다고 믿게 해주었을까?

한 가지는 분명하다. 다른 사람은 모르겠으나 적어도 나만큼은 그들이 말하는 '자유' 속에서 살 마음이 전혀 없다는 사실이다. 기껏 지키겠다는 '자유'가 칠십 평생을 민주화를 위해 살아온 노신부에게 입에 담을 수 없는 욕설을 퍼붓고 '죽이겠다'며 협박하는 것이라면 말이다. 공교롭게도 박창신 신부가 미사에서 지적한 점이 바로 그것이었다. 아무 데나 '종북' 딱지를 붙이며 자신의 범죄를 합리화하는 증오의 정치 말이다.

북의 지령? 국론 분열?

당시 새누리당 대표였던 황우여는 아예 박 신부 발언을 '북의 지령'으로 보았다. "북한이 최근 반정부 대남 투쟁 지령을 내린 후 대선 불복이 활성화된다는 지적이 있다"는 것이다. 그는 북한 수뇌부의 지령을 일상적으로 접하며 사는 모양이다. 북한이 '대남 투쟁 지령'을 트위터나 페이스북으로 내릴 리는 없고, 그렇다면 그 은밀한 '최근' 공작 정보를 어디서 들었을까? 신출귀몰한 북한이 여당 대표까지 포섭했던 것일까? 아니면 누구처럼 '찌라시'에서 본 것일까? 게다가 '북의 지령'을 공개적으로 천명하는 일은 이적 행위가 아닌지 궁금하다. 이쯤 되면 누가 '종북'인지 헷갈리기 시작한다. 박근혜 대통령도 나섰다.

"국민들의 신뢰를 저하시키고 분열을 야기하는 이런 일들은 용납하거나 묵과하지 않을 것입니다."

전적으로 동의한다. 다만 '이런 일'이 무엇을 지칭하는지 명확히 하고 싶다. 국민의 신뢰를 저버린 행위는 무엇보다 국가기관의 불법 선거 개입과 수사 방해였고, 분열이 일어나는 이유는 최고결정권자인 대통령이 계속해서 책임을 회피해왔기 때문이다. 많은 언론이 대통령의 발언을 '국론 분열 용납치 않겠다'는 제목으로 보도했다. 하지만 대한민국이 왕조국가가 아닌 민주국가라면 '국론'은 써서는 안 될 말이고 '국론 분열'은 더욱 쓰지 말아야 할 말이다. 민주국가에는 '국론'이 아닌 '여론'이 존재하고 여론의 핵심은 다양성에 있기 때문이다.

'국론'이라는 말은 모든 국민이 하나의 의견에 따라야 한다는 전체주의적 사고를 드러낸다. '나라의 의견'을 자임하는 것은 언제나 권력자들이다. 결국 '국론'이란 권력자의 이해관계를 국민들에게 강요하는 형식으로 나타날 수밖에 없다. 북한 같은 전체주의 사회에는 다양한 여론이 존재하지 않는다. 북한을 그렇게 싫어한다면서 왜 자꾸 북한을 따라가는지 모르겠다(여기서 누가 '종북'인지 다시 한번 혼란스러워진다). 게다가 박근혜 대통령과 집권 여당이 핵심 정책으로 '창조경제'를 내세웠다는 데 생각이 미치면 더 심난해진다. '창조'는 '다르게 생각하기'다. 하나의 의견을 강요하는 사회에서 창조성이 피어나기를 바라는 것은 철로를 따라가는 기차 위에 앉아 '좌회전' '우회전'을 주문하는 일만큼이나 어리석은 일이다.

말 한마디로 범죄자 만드는 사회

'사상의 공개 시장(marketplace of ideas)'은 자유민주주의의 동의어다. 자유민주주의를 믿는 사람이 지켜야 할 최소한의 덕목은 나와 다른 의견을 인정하는 것이다. 생각이 다른 사람, 의심을 품는 사람을 설득하고 싶다면 자신이 믿는 바를 조리 있게 말하면 된다. 물론 신사적으로 해야 한다. 욕하고 협박하고 가두고 폭력을 휘두르는 것은 자유민주주의를 파괴하는 짓이다.

견해가 다르다는 이유로 남을 협박하고 폭력을 행사하는 개인과 단체는 엄히 처벌해야 한다. 보수단체들이 박창신 신부에게 한 행동

군함 침몰에서부터 금융기관 전산망 사고까지 '북한의 소행'이라고 말하는 순간
모두가 책임을 벗는 희한한 사태가 한국 사회에서 벌어지고 있다.
북한의 존재가 무능과 무책임을 덮는 구실이 된다면 이보다 해로운 '종북세력'도 없다.

은 법으로도 윤리적으로도 용납할 수 없는 행위였다. 그들은 자신이 속한 단체 이름에 '어버이'나 '참전용사'라는 말을 즐겨 쓴다. 스스로 자랑스럽고 존경받을 만한 이유라고 생각해서일 것이다. 나 또한 그들이 가족, 사회, 국가에 헌신했다는 점에서는 존경할 만하다고 생각한다. 비록 정치적 신념은 다르더라도 그분들이 남긴 다수의 유산에 감사하는 마음을 가지고 있다. 평생 보수정당을 지지해오신 부모님에게 느끼는 마음처럼 말이다.

부모님은 내 정치적 견해가 '왼쪽'으로 기울었다고 판단한다. 새누리당의 언어로 말하면 '종북'이나 '좌빨'이 되는 셈이다. 가끔 식탁에서 정치 문제를 둘러싸고 격렬한 토론이 벌어지기도 하지만 부모님은 내게 입에 담지 못할 욕을 하거나 '죽이겠다'고 협박하지는 않는다. 박 신부에게 살벌한 증오감을 표출한 보수단체 회원들도 신념이 다르다는 이유로 가족들에게 악다구니를 퍼붓지는 않을 것이다. 왜 남에게만 그토록 무례하고 우악스럽게 돌변하는가?

나는 보수단체 회원들이 존중받아야 하는 것과 같은 이유로 박창신 신부도 존중받아 마땅하다고 생각한다. 이것은 정치나 이데올로기의 문제를 떠나 인륜과 상식의 문제다. 그 노신부는 한평생을 서슬 퍼런 독재 정권과 몸으로 맞서 싸운 사람이다. 그의 몸과 마음에 난 상처만큼 이 사회는 자유로워졌다.

보수단체들은 박 신부를 모욕하고 협박하는 데 그치지 않고 국가보안법 위반과 내란 선동 혐의로 고발했다. 검찰은 고발장을 받자마자 즉각 수사 검토에 착수했다. 검찰이 자유민주주의에 대한 최소한의 이해를 가지고 있다면 이 사안이 수사 대상이 될 수 없다는 점을 모를 리가 없었다. 하지만 검찰은 국민, 표현의 자유, 민주주의에 헌신해온 종교 지도자 대신 일그러진 대통령의 얼굴을 먼저 떠올렸을 것이다.

정말 엄정한 수사가 필요한 것은 국가기관의 선거 개입과 보수단체의 협박이었다. 이 두 가지야말로 민주국가의 법과 질서를 뿌리째 흔드는 범죄이기 때문이다. 다양한 생각과 합리적 의심이 국가를 위험에 빠뜨린다고 믿는 이가 있다면 자신의 애국심 부족을 탓할 일이다. 대한민국은 말 한마디로 주저앉을 만큼 허술하고 한심한 나라가 아니다.

물론 비판자에게도 할 말은 있을 것이다. 박 신부의 연평도 폭격 관련 발언이 거칠게 들렸을 수도 있기 때문이다. 하지만 스스로 나서서 "북이 연평도에 포를 쏜 게 정당하다고 말하지 않았다"라고 거듭 밝힌 상황이라면 더 이상 진의를 의심하지 말았어야 했다. 박근혜 대통령이 대선 토론에서 "지하경제 활성화"라고 말한 것이 그의 내면에 도사린 음험한 사고를 드러낸 게 아니듯 말이다. 그렇지 않으면 우리는 '말 한마디로 누구든 범죄자로 만드는' 괴벨스의 만행에 동참하게 된다.

전체적 맥락에서 보면 박 신부의 발언은 주목할 만한 통찰을 담고 있었다. 그는 북한에 대한 증오와 '종북몰이'가 북한을 경계하고 극복하는 것을 넘어 한국 사회의 민주적 가치를 파괴하는 지경에까지 이르렀다고 경고했기 때문이다. 국정원을 비롯한 국가기관이 자

국민을 대상으로 여론조작을 벌인 혐의가 드러났는데도, 그들은 태연히 "일상적 대북 심리전"이었다고 주장했으며 이를 비판하는 국민들을 '종북'으로 몰아세웠다.

수많은 장병의 목숨을 앗아가고 가족들의 가슴에 피멍을 들게 한 천안함 사건과 연평도 폭격에 군과 정부 당국은 어떤 책임을 졌는가. 적이 아무리 극악무도해도 부하의 목숨을 제대로 지키지 못한 지휘관에게는 잘못을 물어야 한다. 하지만 천안함 침몰 사건으로 징계를 받았던 함대사령관과 합참 작전부장 등 지휘부는 곧 영전과 승진을 통해 화려하게 복귀했다. 군함 침몰에서부터 금융기관 전산망 사고까지 '북한의 소행'이라고 말하는 순간 모두가 책임을 벗는 희한한 사태가 한국 사회에서 벌어지고 있는 것이다.

북한의 존재가 무능과 무책임을 덮는 구실이 된다면 이보다 해로운 '종북세력'도 없다. 박창신 신부는 바로 이런 위험성을 지적했다. 그런 그에게 '조국이 어디냐'는 비판과 조롱이 쏟아진 것이다. 박 신부가 고발한 바로 그 범죄의 책임자들이 그를 비난하고 나선 셈이다. 그들은 대다수의 국민들과 다른 나라에서 살고 있는 게 분명하다. 현재 여당의 옛 별명이 '딴나라당'이었다는 사실이 그리 놀랍지 않다.

헌재는 국정원 해산을
원하는가

국가 안보

나라와 국민을 편안히 지키는 일.
2014년 이후 '국민'은 보호 대상에서 제외되는 추세.

연관어 애국 페티시즘, 태극기 페티시즘

"무엇을 기대하든 그 이하를 보게 된다."

얼마 전 친구와 통화하던 중 터져 나온 탄식이다. 논란만 무성했
을 뿐 우리는 아직도 모른다. 국민 수백 명의 목숨이 꺼져가던 순간
에 대통령이 어디서 뭘 하고 있었는지 말이다. 청와대와 새누리당이
'국가 안보 사항이기에 말할 수 없다'고 버틴 탓이다.

대통령의 과거 행적을 밝히는 일이 어떻게 현재의 국가 안보를
위협하는지 궁금하지만, 그보다 더 궁금한 게 있다. 정부는 '국가 안

보'란 말을 대체 어떤 뜻으로 쓰는 것일까? 내가 아는 국가 안보란 국민의 생명, 재산, 권리를 지키는 일을 뜻한다. 충분히 건질 수 있었는데도 대통령과 여당은 국민들의 목숨을 구하지 못했다. 다시 말해 국가 안보에 실패한 것이다.

국가적 재난 당시 대통령은 상황을 제때 보고받고 제대로 대처했는가? 그러지 못했다면 이유는 무엇인가? 이 질문에 성실히 답하는 것은 같은 재앙을 되풀이하지 않기 위해 반드시 필요한 일이었다. 참담한 구조 실패의 원인으로 정부의 무능과 부패는 물론 꼴사나운 '윗사람 모시기'까지 가세했다는 사실마저 드러난 상황이었다. 구조에 쓰여야 할 헬리콥터가 정치인의 생색내기 용으로 쓰이거나 현장을 지휘해야 할 장관이 의전을 위해 자리를 뜨는 등의 몰상식한 일들이 일어난 것이다.

하지만 청와대는 이 당연한 요구를 거부했다. '국가 안보' 때문이라는 것이다. 그러니 이들이 말하는 '안보'의 의미가 궁금해질 수밖에 없다. 아시다시피 나 같은 학자들은 '쪼잔'하기로 둘째가라면 서러워할 이들이다. 남들은 거들떠보지도 않는 사소한 문제로 골머리를 썩으며 세월을 보내는 사람들 아닌가.

'국가 안보 때문에 국가 안보를 지킬 수 없다면, 대체 이 국가 안보란 놈의 정체는 무엇인가.' 여러 날 깊은 시름을 하던 차, '한큐'에 실마리가 풀렸다. 놀랍게도 영감을 준 이들은 헌법재판소 재판관들이었다.

특히 이들이 작성한 통합진보당(진보당) 해산결정문은 박근혜 정부가 지킨다는 '안보'가 누구를 위한 것인지 또렷이 보여주었다.

만사를 해결하는 만능키 '종북'

솔직히 말해서 헌법재판소 결정문을 읽는 일이 유쾌하지는 않았다. 법조문 특유의 만연체 문장 때문만이 아니었다. 진술들이 유기적으로 연결되지 않은 채 따로 놀았고, 전제와 결론 사이의 논리적 비약도 심했다. 동어반복의 오류도 자주 눈에 띄었지만 정작 주장의 요지는 매우 단순해서 핵심을 파악하기는 쉬웠다. 헌재가 다수 견해로 밝힌 '진보당을 없애야 하는 이유'를 살펴보면 다음과 같다.

먼저 이석기 전 의원은 북한을 추종하는 사람으로서 전쟁이 일어나면 북한에 동조해 "폭력 수단을 실행하고자 회합을 개최"했다고 한다. 하지만 당사자의 개인적 처벌로는 불충분하며(그는 항소심에서 징역 9년과 자격정지 7년을 선고받았다) 그가 속한 정당 자체를 없애야 한다는 주장이다. 그 이유는 회합을 개최하고 참석한 사람들이 당의 "핵심 주도세력"이었고, 이석기를 "전당적으로" 옹호하는 태도를 보였기 때문이라는 것이다.

재판관들 스스로도 이것만으로는 해산의 불가피함을 납득시키기 어려웠는지 과거 경선 부정 혐의까지 끌어왔다. 진보당이 비례대표 부정 경선과 지역구 여론조작 사건 등에 연루되어 민주주의를 훼손한 만큼 정당 해체는 더욱 불가피하다는 것이다. 그들 주장을 직접 들어보자.

토론과 표결에 기반하지 않고 비민주적이고 폭력적인 수단으로 지지하는 후보의 당선을 관철시키려고 한 것으로서 선거제도를 형해화하여 민주주의 원리를 훼손하는 것이다.

― 〈통합진보당 해산결정문〉 '피청구인의 활동' 중

옳은 말이다. 부정선거와 여론조작은 민주주의를 파괴하는 행위이므로 절대 용납해서는 안 된다. 그렇다면 "비민주적이고 폭력적인 수단으로 지지하는 후보의 당선을 관철시키려고" 인터넷에서 조직적으로 여론조작 활동을 벌인 국정원도 해체해야 할까? 헌재의 논리에 따르면 그래야 한다. "숨은 목적"을 가지고 회합을 개최한 사람들이 원세훈 등 조직의 "핵심 주도세력"이었을 뿐 아니라 사건 이후 국정원은 그를 '전원적으로' 옹호하는 태도를 보였기 때문이다.

국정원이 대대적인 진보당 압수 수색을 벌인 시기는 2013년 8월 말이었다. 당시는 대선 여론조작을 비판하는 목소리가 날로 높아가는 데다 서울시 공무원 간첩조작 사건까지 불거진 시점이었다. 이럴 때 북한 이야기가 안 나오면 오히려 신기했을 것이다. 증거까지 조작해서 있지도 않은 간첩을 만들어내는 게 국가 안보에 어떤 도움이 되는지, 대선부정으로 민주주의를 쌈 싸먹은 이들이 민주주의 수호의 선봉에 서는 일이 온당한지는 모르겠으나 한 가지는 분명하다. 입만 열면 '종북'을 외치는 사람이 있다면 '숨은 목적'을 유심히 살펴야 한다는 것이다.

궁지에 몰린 국정원이 진보당 수사로 국면 전환을 이뤄냈듯 청와대 역시 '종북 만능키'를 써서 '비선 실세'의 막다른 골목에서 벗어 났다. 공식적인 직위도 없는 정윤회가 박 대통령과의 친분을 이용해 인사를 좌우하는 등 청와대 실세로 활동해왔다는 내용의 문건이 공개된 것이다. 다른 곳도 아닌, 청와대 공직기강비서관실이 내부 문건으로 작성한 보고서가 유출되어 2014년 11월 언론에 공개되었다.

이미 같은 해 8월에 일본의 종합 일간지 〈산케이〉에서 '의문의 7 시간' 의혹을 제기한 터였고, 이후 세월호 당일 대통령의 행적을 묻는 보도가 봇물처럼 터져나왔다. 그러자 검찰은 기사를 쓴 가토 다쓰야 〈산케이〉 전 서울지국장을 명예훼손 혐의로 기소했다. 정상적인 민주국가라면 상상하기 어려운 무리수였으나 다른 언론의 입을 틀어막는 데 이만큼 효과적인 방법도 없었다.

'언론의 자유'를 지지하는 차원으로 〈산케이〉를 언급하는 목소리는 반일 감정이 지배하는 한국에서 들리지 않았고, 이렇게 '의문의 7 시간'은 묻혀갔다. 해당 기사를 쓴 〈산케이〉 기자는 2015년 12월 말에 무죄 선고를 받았으나 대통령에 대한 비판 잠재우기라는 목적은 오래전 달성된 뒤였다.

이번에는 헌법재판소가 절묘한 시점에 혜성처럼 등장했다. '실세'라는 대통령 측근 몇 명이 국정을 농단했다는 의혹이 제기된 후 나라는 발칵 뒤집혔고 대통령의 지지도는 바닥으로 떨어진 상태였다. 이때 뭐가 등장할지는 뻔한 일이었다. 북한에 대해서 오직 혐오만 인정되는 사회에서 '종북' 딱지가 붙은 정당을 동정하는 이는 없었고, 이렇게 '비선 실세' 이야기도 사라져갔다. 맹목적 증오가 이성적 판단을 덮는 사회만큼 정치하기 쉬운 곳도 없다. 정치인이 아무리 나쁜 짓을 해도 항상 그 위에 존재하는 '더 나쁜 놈'이 나타나 지켜주기 때문이다. 이쯤 되면 북한이 '주적'인지 '구세주'인지 헷갈린다.

새누리당은 신이 났다. '민주주의'를 전매특허라도 낸 듯 의기양양하게 목소리 높이기 시작했다. 하지만 진보당이 해체해야 마땅할 '종북 숙주'였다면 새누리당도 책임을 면할 수 없게 된다. 모두가 알듯 진보당은 지난 정부에서 대선 후보까지 낸 정당이다. 그 후보는 전임 정부에 의해 대통령이 될 자격을 인정받았다는 것이고, 이론적으로 대통령 선출 가능성이 있던 사람이기도 하다. 당시 여당이었던 지금의 새누리당, 국정원, 검찰은 대체 무슨 생각으로 그 위험한 '종북 숙주'의 우두머리가 박근혜 후보와 나란히 앉아 토론까지 하게 내버려 두었단 말인가?

근거 없고 억지만 있는 판결문

국정원은 이미 2010년부터 이석기 전 의원과 주변 인물들에 대해 내사를 벌여왔다고 밝힌 바 있다. 얼마 전까지도 한가롭게 내버려 두었던 정당이 왜 당장 해산시키지 않으면 큰일이 날 만큼 급속도로 위험해졌는가. 헌재는 진보당에 대해서 '정당 해산결정 말고는 대안이 없다'며 이렇게 주장한다.

위법 행위가 확인된 개개인에 대한 형사처벌이 가능하지만 그것만으로 정당 자체의 위헌성이 제거되지는 않으며, 피청구인 주도세력은 언제든 그들의 위헌적 목적을 정당의 정책으로 내걸어 곧바로 실현할 수 있는 상황에 있다. 따라서 합법정당을 가장하여 국민의 세금으로 상당한 액수의 정당보조금을 받아 활동하면서 민주적 기본질서를 파괴하려는 피청구인의 고유한 위험성을 제거하기 위해서는 정당해산결정 외에 다른 대안이 없다. —〈통합진보당 해산결정문〉 중

불법 선거자금을 트럭으로 받던 정당은 해산되지 않고 '새누리당'으로 이름만 바꾸어 살아남았다. 검은 돈으로 선거 결과를 떡 주무르듯 하는 일은 민주적 질서와 상관이 없을까? 게다가 진보당의 경선 부정 의혹이 터져나왔을 당시 새누리당도 선거인 명부 유출을 통한 경선 부정 혐의를 받았다. 그 가망 없던 '차떼기당'이 하루아침에 '민주주의의 화신'으로 돌변할 수 있다면, 진보당이 변화해서 유권자에게 선택받거나 변화를 거부함으로써 몰락하도록 내버려 두지 못할 까닭이 무엇인가?

헌재는 진보당이 "민주적 기본질서에 실질적 해악을 끼치"기 때문에 해산해야 한다고 주장한다. 그러나 판결문은 그 "실질적 해악"이 무엇인지 제시하기는커녕 "가능성이 크다" "~으로 보인다" 등 지극히 주관적인 짐작과 추측만을 되풀이하고 있다. 진보당의 활동이 위험해서 내버려 둘 수가 없다면 근거를 제시해야 한다. 하지만 판결문은 회합 등 과거 활동 자체가 "구체적 위험성이 발현된 것"이라고 주장한다. 이 주장은 다시 논리적 근거 없이 "구체적 위험성을 배

가한 것"으로 확대되고, 이는 다시 "민주적 기본질서에 대해 실질적 해악을 끼칠 수 있는 구체적 위험성을 초래하였다"라는 동어반복의 결론으로 이어진다.

피청구인이 북한식 사회주의를 실현한다는 숨은 목적을 가지고 내란을 논의하는 회합을 개최하고 비례대표 부정경선 사건이나 중앙위원회 폭력 사건을 일으키는 등 활동을 하여 왔는데 이러한 활동은 유사 상황에서 반복될 가능성이 크다. 더구나 피청구인 주도세력의 북한 추종성에 비추어 피청구인의 여러 활동들은 민주적 기본질서에 대해 실질적 해악을 끼칠 구체적 위험성이 발현된 것으로 보인다. 특히 내란 관련 사건에서 피청구인 구성원들이 북한에 동조하여 대한민국의 존립에 위해를 가할 수 있는 방안을 구체적으로 논의한 것은 피청구인의 진정한 목적을 단적으로 드러낸 것으로서 표현의 자유의 한계를 넘어 민주적 기본질서에 대한 구체적 위험성을 배가한 것이다.
이상을 종합하면, 피청구인의 위와 같은 진정한 목적이나 그에 기초한 활동은 우리 사회의 민주적 기본질서에 대해 실질적 해악을 끼칠 수 있는 구체적 위험성을 초래하였다고 판단되므로, 우리 헌법상 민주적 기본질서에 위배된다.　　　　　　　－〈통합진보당 해산결정문〉 중

헌재는 '민주적 기본질서'라는 말을 되풀이해서 쓰고 있지만 민주적 기본질서의 핵심은 국민의 의사와 선택이지 소수 법률가의 판단일 수 없다. 게다가 헌재의 구성과 판결 방식은 내부에서조차 합리

"대한민국의 주권은 국민에게 있고 모든 권력은 국민에게서 나온다"라는 말이
완전히 옳은 것 같지는 않다. 권력은 국민에게서 저절로 '나오는' 게 아니라
요구하고 되찾고 행사할 때 나오는 것이기 때문이다.

성과 객관성을 의심받고 있다. 9명 가운데 최소 7명이 집권 정당의 입김에서 자유로울 수 없는 구조이기 때문이다. 이종수 연세대 법학 전문대학원 교수는 〈한겨레〉와 한 인터뷰에서 "전 세계 어느 곳에도 이렇게 편향적으로 재판관을 구성하는 나라는 없다"고 말했다.

게다가 한국 헌재는 다른 나라와 달리 오직 법조인만으로 구성된 탓에 사회의 다양한 가치를 담아내지 못한다. 이강국 전 헌재 소장조차 헌재 재판관들을 뽑을 때 여러 직업군에서 다양하게 구성할 필요가 있다고 지적했다. 실제로 JTBC가 헌법학자들에게 정당 해산에 대한 의견을 물은 결과는 헌재의 판단과 매우 달랐다. 16명 가운데 6명만 찬성했고 더 많은 7명이 반대했으며 3명은 응답하지 않았다.

헌재의 친재벌, 친권력, 친보수 성향

민주화 이후 가장 주목받은 판결 가운데 하나는 2004년 '행정수도 이전' 위헌 심판이었을 것이다. 당시 헌재는 '신행정수도의 건설을 위한 특별조치법'이 위헌이라고 판결하며 기상천외한 부연 설명을 달았다. '서울은 수도'라는 내용이 헌법에는 명시되어 있지 않지만 헌법과 같은 효력을 갖는 '관습법'에 속하기 때문에 행정수도 이전을 위해서는 헌법부터 개정해야 한다는 것이다. 헌재 재판관들이 지배세력의 이익을 대변할 뿐 아니라 스스로도 집값 떨어지는 일을 두려워할 줄 아는 '범인'임을 깨닫게 해준 사건이었다.

2013년 헌법재판소장 후보자로 지명되었다가 특정 업무 경비 유용 의혹 등 '비리백화점'으로 불리며 낙마한 이동흡 전 재판관은 위장전입, 양도세 탈루, 저작권법 위반, 정치자금 불법 공여, 업무추진비 유용 등 개인 비리뿐 아니라 정치적 편향성도 비판받아 헌재의 추상같은 이미지에 '인간적 친근감'을 더해주었다.

헌재의 성향을 짐작하게 해주는 판결은 최근에도 있었다. 건설산업기본법 중 건설사 임원이 금고 이상의 형을 받을 경우 그 업체의 등록을 말소한다는 조항이 있는데, 헌재는 2014년 4월 이 조항을 위헌이라고 판단했다. 헌재는 "법인의 임원이 건설업과 관련이 없는 범죄로 금고 이상의 형을 선고받은 경우에도 법인의 건설업 등록을 필요적으로 말소하도록 하는 것이 심판대상조항이 추구하는 공익 달성에 얼마나 기여할 수 있을지 의문스럽다"라고 그 이유를 밝혔다. "건설업자인 법인으로부터 그와 같은 (결격) 사유가 발생한 임원을 배제하는 것으로 충분하고 (…) 이에 따르지 않을 경우 당해 임원 및 건설업자에게 형벌 또는 등록말소 이외의 행정상 제재를 가하는 방법도 충분히 효과적"이라는 것이다. 그리고 "가장 강력한 수단인 필요적 등록말소라는 제재를 가하는 것은 최소침해성 원칙에도 위배된다"라고 결론지었다.

헌재는 기업에 적용한 '최소침해성 원칙'을 진보당의 해산결정에는 적용하지 않았다. 헌재는 '민주주의 기본질서'가 파괴되기에 정당을 해산하고 의원 자격을 취소해야 한다고 주장했지만 이 판결이야말로 민주적 기본질서인 대의제를 정면으로 부정하는 것이다. 아무리 소수 견해를 견지한다 해도 국회의원은 유권자들에게 선택을 받아 그들을 대변하는 사람들이다. 소속 의원 다섯 명만의 문제가 아니다. 진보당을 해체하고 의원직을 박탈한 것은 10만 명 이상의 당원과 200만 명이 넘는 유권자의 권리를 빼앗은 것이다.

권력은 정말 국민에게서 나오나

> 정당해산결정으로 민주적 기본질서를 수호함으로써 얻을 수 있는 법익은 정당해산결정으로 초래되는 피청구인의 정당활동 자유의 근본적 제약이나 민주주의에 대한 일부 제한이라는 불이익에 비하여 월등히 크고 중요하다. — 〈통합진보당 해산결정문〉 중

'국가 안보'의 '숨은 뜻'을 찾고 잠시 숨을 돌리던 나는 다시 고민한다. 국민을 빼놓고 '민주주의'를 말하는 모양새를 보니 재판관들 다수가 민주주의가 무엇인지도 모르는 것 같기 때문이다. 박근혜 대통령은 진보당 해산결정에 대해 "민주주의를 지킨 역사적 결정"이라고 말했다. 그가 "역사"라는 말을 쓸 때마다 나는 몹시 혼란스러워진다.

2005년 8월 〈국민일보〉가 박 대통령을 인터뷰하면서 국가정보원 과거사건 진실규명을 통한 발전위원회의 발표 내용을 언급했다. 박정희 정권이 인혁당 사건과 민청학련 사건 등을 조작하고 과장했다는 것이다. 박 대통령은 "발표하는 내용들은 한마디로 가치가 없고

모함"이라며 불쾌감을 표했다. 얼마 후 인혁당 사건으로 처형된 사람들이 재심에서 무죄판결을 받았지만 박 대통령의 '역사관'은 바뀌지 않았다.

"대한민국의 주권은 국민에게 있고 모든 권력은 국민에게서 나온다"라는 말이 완전히 옳은 것 같지는 않다. 권력은 국민에게서 저절로 '나오는' 게 아니라 요구하고 되찾고 행사할 때 나오는 것이기 때문이다. 지금은 정치권력이 무소불위의 힘을 행사하는 듯하지만 이들조차 제 목소리를 내는 국민만은 두려워한다. 이는 2004년 노무현 대통령 탄핵 당시 우리 모두가 경험한 일이다. 국민들이 거리로 나와 대통령 복권을 외쳤을 때 아무도 그 목소리를 외면하지 못했다. 그 뻔뻔한 헌재조차.

사람이 죽어도 경제가
어려워도 굳건한 지지율

지지율
백분율로 표시한 국민들의 지지 비율.
높은 지지율은 '지금까지 해온 대로 밀고 나가라'는 뜻으로, 낮은 지지율은 '여론에
일희일비하지 말고 의연히 밀고 나가라'는 뜻으로 해석된다.

우리는 좋아하는 것을 말할 때 '최고'나 '제일'이라는 단어를 쉽게 붙인다. 하지만 이 주관적 평가어는 대상의 실체를 보여주기보다 말하는 이의 편견이나 취향을 드러내는 경우가 많은 것 같다.

여기서 내 편견을 하나 드러내자면 나는 모스크바를 가장 아름다운 도시로 꼽는다. 동의하지 않을 이가 많을지 모르나 자신의 애인이나 배우자가 '가장 예쁜 사람'이나 '가장 멋진 사람'이 되는 상황을 납득한다면 큰 반발 없이 이해해주리라 믿는다.

'가장 아름다운 사람'이 인구수만큼 많을 수 있다면 '가장 아름다운 도시' 또한 도시 수만큼 많을 수 있을 것이다. 다만 도시는 아무리 예쁘다고 말해도 얻어지는 게 없다는 차이가 있을 것이다. '모스크바 콩깍지'를 합리화하기 위해 꽤 많은 이유를 댈 수 있지만 그것은 다음 기회로 미루기로 하자. 나는 그 도시에서 일어난 '전혀 아름답지 않은' 사건을 다루려 하기 때문이다.

2015년 2월 27일 밤 남녀 한 쌍이 모스크바 시내를 나란히 걷고 있었다. 그들은 함께 저녁을 먹고 붉은 광장을 지나 남자네 집 방향으로 가는 중이었다. 연인은 크렘린궁의 붉은 벽돌담을 지나 모스크바 강을 가로지르는 다리 위로 접어들었다. 늦은 시간이었지만 그들이 산책하던 길은 그리 으슥한 장소가 아니었다. 환한 오렌지색 가로등 불빛이 다리 위를 비추고 있었고, 가로등 사이로 치렁치렁 드리워진 (러시아를 상징하는) 흰색, 파란색, 빨간색 조명은 거의 축제 분위기를 자아내고 있었다.

자정 무렵인 11시 40분쯤 정체불명의 사내가 이들 뒤에 따라붙었다. 그는 총을 겨눈 후 방아쇠를 당겼고 일고여덟 번의 총성이 밤의 적막을 깨뜨렸다. 남자는 등과 머리에 네 발을 맞고는 그 자리에서 고꾸라져 죽었다. 총알은 뇌, 심장, 간, 위를 관통했다. 범인은 뒤에서 기다리고 있던 차를 타고 도망쳤다.

이 사건은 전 세계를 경악하게 했다. 살해당한 남자는 보리스 넴초프(Boris Nemtsov)로 지금의 러시아 정부를 공공연히 비판해온 야권 지도자였다. 그런 탓에 그의 죽음 뒤에 블라디미르 푸틴 대통령이 있을 거라고 단언하는 이들이 적지 않았다. 하지만 러시아 상황에 밝은 사람들이 보기에는 그리 단순한 문제가 아니었다.

누가 왜 넴초프를 죽였나

넴초프가 저격당한 곳은 말 그대로 대로변이었다. 이들이 걷던 인도 옆으로는 왕복 6차선의 도로가 있어 늦은 시간에도 꽤 많은 차가 다닌다. 범인은 목격되기 쉬운 곳을 범행 장소로 택한 것이다. 더구나 다리 앞쪽에는 러시아의 상징인 붉은 광장과 바실 대성당이 자리 잡고 있어 관광객들이 시도 때도 없이 찾아든다. 무엇보다 사건 현장은 크렘린궁을 지척에서 마주보는 곳이다. 설사 정부가 그를 제거하기로 마음먹는다 해도 그런 장소를 택하지는 않을 것이다. 대통령 궁 앞에서 사건이 일어나면 눈이 어디로 쏠리겠는가? 게다가 세계적인 관광 명소에서 반대파를 제거하는 일은 그 잔혹한 행위를 전 세계로 생중계하는 것이나 다름없다.

당시 러시아의 대외관계는 냉전 이래 최악의 상태였다. 러시아가 우크라이나 사태에 무력 개입한 후 유럽과 미국 모두 등을 돌렸고 갖가지 경제제재로 러시아를 옥죄어왔다. 여기에 주요 수출품인 원유 가격이 폭락하면서 러시아는 심각한 경제난을 겪고 있었다. 2014년 루블화 가치는 1년 전에 비해 반 토막이 났고 그로 인해 치솟는 물가로 러시아 국민들은 몸살을 앓았다.

2015년 2~4월 러시아의 물가상승률은 평균 16.7퍼센트에 달했다. 식료품 가격도 가파르게 올랐다. 2014년 10월부터 이듬해 4월까지 당근 가격은 78퍼센트 올랐고 양파는 85퍼센트 올랐으며 러시아인의 주요 식량인 양배추는 무려 166퍼센트나 치솟았다. 이런 살인적 인플레이션이 지속되면 국민들의 불만이 터져 나올 것이고 푸틴의 군건한 지지율에도 서서히 균열이 일기 시작할 터였다.

변함없는 푸틴의 강력한 지지율

러시아 정부는 그동안 대외관계 개선에 꽤 공을 들였다. 푸틴은 이미 2014년 7월 미국 독립기념일에 오바마 대통령에게 축전을 보내 관계 회복을 원한다는 메시지를 전했다. 이런 상황에서 다른 나라 지도자들과 우호적 관계를 맺고 있는 정적을 잔인한 방법으로 살해하는 일은 자해 행위에 가까울 것이다.

실제로 넴초프가 사망했다는 소식이 전해지기 무섭게 미국과 유럽 지도자들은 푸틴 정부를 직간접적으로 비난했다. 오바마는 2009년 모스크바 방문 당시 그를 만난 사실을 언급하며 "이 시점에서 사건의 정확한 실체는 알 수 없지만 분명한 것은 러시아 내에서 표현의 자유, 집회의 자유, 정보 교환의 자유 등 국민이 누려야 할 기본권과 자유가 과거보다 훨씬 악화되었다는 사실"이라고 말했다.

넴초프 암살 이후 많은 러시아 국민들이 슬퍼하고 분노하고 있다. 그가 살해된 자리에는 꽃 무덤이 솟아올랐다. 그의 죽음을 애도하는 사람들이 한 송이 두 송이 가져다 놓은 꽃이 어른 키만큼 쌓인 것이다. 그가 쓰러진 곳만이 아니다. 다리 전체에 긴 꽃길이 생겨났고 그를 기리는 촛불도 다리 난간을 따라 끝없이 늘어섰다. 사건이 일어난 후 몇 달이 지나도록 추도의 행렬은 끊이지 않았다.

하지만 이 사건을 이유로 정부를 비난하거나 푸틴에 대한 지지를 철회하는 사람들은 거의 없었다. 영미 언론들은 사건 이후 추모 인파와 시위, 비판의 목소리에 초점을 맞췄지만 이는 러시아의 지배적 정서와 거리가 멀었다. 사건 직후 현장에 가본 사람들은 적막에 가까울 정도로 평온한 모스크바 모습에 놀랐을 것이다.

모스크바의 평화로움은 푸틴에 대한 강력한 지지를 반영한다. 사건 직후인 2015년 3월 말 푸틴의 지지율은 80퍼센트를 넘어섰다. '콘크리트 지지율'을 가졌다는 박근혜 대통령이 같은 시기에 '회복'했다는 지지율이 40퍼센트 수준임을 생각하면 러시아에서 푸틴이 누리는 엄청난 인기를 짐작할 수 있다. 그것도 박 대통령처럼 '해외 순방' 같은 반짝 호재에 힘입은 것도 아니고, 깊어지는 경제난과 넴초프 사건 같은 대형 악재가 터지는 가운데 얻어낸 지지도다.

이 기이한 현상을 어떻게 설명할 수 있을까? 넴초프 사태 직전까지 푸틴의 지지율은 더 높은 86퍼센트였다. 그의 인기는 놀랍다 못해 경이로울 정도다. 박근혜 대통령의 지지율이 재임 기간에 60퍼센트를 넘긴 것은 2013년 7월과 9월 단 두 차례뿐이었다(한국갤럽 기준). 반면에 푸틴은 2008년부터 지금까지 수상으로서든 대통령으로서든 지지율이 단 한 번도 60퍼센트 밑으로 떨어져본 적이 없다.

이 가공할 지지율은 넴초프 암살의 '푸틴 배후설'을 반박하는 결정적 근거가 되었다. 한마디로 '그럴 필요가 없었다'는 분석이다. 넴초프가 멀쩡히 살아 정부를 비판해도 푸틴에 대한 국민의 성원이 하늘을 찌르는데 무엇 때문에 위험하고 골치 아픈 일을 벌이겠냐는 것이다.

실제로 러시아 정부를 의심하는 목소리들이 들려오자 대통령의 공보비서인 드미트리 페스코프는 성명을 발표했다. "넴초프는 결코 푸틴 정부를 위협하는 사람이 아니었다"라는 것이다. 여기에 이런 말까지 덧붙였다. "푸틴 대통령의 인기에 비하면 보리스 넴초프의 영향력은 보통 시민과 크게 다르지 않았다."

영국 〈가디언(The Guardian)〉의 숀 워커(Shaun Walker) 모스크바 특파원은 이를 언급하며 "정부 관계자가 (망자에 대해) 그런 이야기를 하는 게 놀랍기는 하지만 적어도 틀린 말은 아니다"라고 썼다. 넴초프가 푸틴 정부를 신랄하게 비판해온 일은 사실이나 그의 영향권은 소수 진보진영 밖을 벗어나지 못했다는 것이다. 워커는 비판자를 공공연히 살해하는 일이 "푸틴 정부가 정적을 다뤄온 방식이 아니"라고 말했다. 오히려 고소·고발 남발, 가택 연금, 구금 등으로 괴롭혀 힘을 빼는 쪽이 훨씬 러시아 정부답다는 것이다. 다시 말해 한국 정부와 비슷한 방식으로 비판세력을 억눌러온 셈이다.

러시아 전문가로 미 정부 정책자문 역을 지낸 폴 스트론스키(Paul Stronski) 역시 〈로스앤젤레스 타임스(Los Angeles Times)〉 기고문에서 비슷한 주장을 했다. 협박하거나 가두거나 완력으로 괴롭히거나 '간첩' 딱지를 붙여서 나라를 떠나게 만드는 게 푸틴 정부가 비판자를 다루는 일반적 방식이라는 것이다. 그렇다면 넴초프는 누가 왜 죽였을까?

발밑에 시신이 나오는 땅에서의 '애국'

사건의 진상은 해가 지나도 드러나지 않았다. 앞으로 밝혀지리라 기대하기도 어렵다. 권력의 실세가 개입했을 가능성은 거의 없으나 범인의 정체나 살해 동기가 드러나는 것 자체가 정부에 악재가 될 가능성이 크기 때문이다.

이는 암살 사건 후 벌어진 일을 통해서도 짐작할 수 있다. 한 달 넘게 추모가 이어지고 있을 때 누군가 넴초프 기념물을 훼손하기 시작했다. 추모객이 설치한 '넴초프 다리' 표지판에 검은 스프레이를 뿌린 것이다. 그것만으로 부족했는지 표지판을 부숴 꽃 위에 던지고, 영정 사진 위에는 "러시아의 이익을 좀먹는 반역자"라고 써놓기까지 했다.

더 놀라운 일은 이런 일을 몰래 하기는커녕 사진을 찍어 인터넷에 올려놓기까지 했다는 사실이다. '넴초프 다리' 안내판은 다시 설치됐지만 이제 조화가 봉변을 당하기 시작했다. 쓰레기봉투를 든 사람이 몰려와 꽃과 사진을 치우기 시작했다.

어디서 많이 본 장면 같지 않은가? 세월호 유족 모욕, 추모 리본과 현수막 훼손, 신은미 〈오마이뉴스〉 시민기자 폭탄 테러, 주한 미국 대사 피격으로 드러난 폭력적 민족주의, 경제난 속에서도 여전히 견고한 대통령의 지지율……. 러시아와 한국을 면밀히 관찰하면 다른 역사, 문화, 경제적 배경을 지닌 두 나라 사이에 놀랄 만한 공통점이 드러난다. 러시아는 우리의 현재와 미래에 어떤 시사점을 줄까?

미국인들이 즐겨 쓰는 표현 가운데 '옷장 속 해골(skeleton in the closet)'이라는 말이 있다. 남에게 드러내고 싶지 않은 수치스러운 비밀을 이르는 말이다. 영국인들은 같은 뜻으로 '찬장 속 해골(skeleton in the cupboard)'이라는 표현도 쓴다.

이 관용구의 기원은 어렵잖게 짐작할 수 있다. 누군가를 살해한 뒤 시신을 옷장이나 찬장 속에 감춰놓은 것이다. 안방이나 부엌의 일상적이고 친밀한 공간을 끔찍한 범죄 현장으로 설정한 것이 다분히 '히치콕'스럽지만 이 표현에서 느껴지는 정말 흥미로운 영화적 요소는 따로 있다. 그것은 은폐 장소가 매우 허술하다는 사실이다. 옷장이나 찬장은 누구든 쉽게 접근할 수 있기 때문에 언제든 범죄 사실이 발각될 수 있다. 당신이라면 이런 곳에 시신을 감춰놓고 발 쭉 뻗고 잘 수 있겠는가?

대개의 속담이나 관용어가 그렇듯 '옷장 속 해골'이나 '찬장 속 해골'은 우리와 다르게 사고하는 문화권의 특징을 보여준다. 이 영어 표현에 상응하는 한국 속담을 찾기는 쉽지 않다. 한국인이 대개 '시체'나 '죽음' 같은 말을 입에 담기 꺼리기 때문일지도 모르겠다.

우리가 덜 잔인해서일까? 하지만 한국에서는 '해골'을 찾기 위해 옷장이나 찬장을 뒤질 필요가 없다. 바로 당신의 발밑에 있기 때문이다.

농담이 아니다. 땅만 파면 해골이 수두룩하게 쏟아져나오는 곳, 그곳이 한국이다. 2014년 한 해만 해도 경남 진주, 전북 익산, 충북

보은에서 수십에서 수백 구의 민간인 유골이 새로이 혹은 추가로 발견되었다. 매장지 다수에서 당시 한국 경찰과 군인이 사용한 소총과 탄피도 발견되었다. 가해세력이 정부였음을 보여주는 증거들이다. 진실화해를 위한 과거사정리위원회는 군경뿐 아니라 정부의 사주를 받은 우익 단체들도 민간인 학살에 적극 가담했다는 사실을 밝혀냈다.

이런 식의 유해 발굴은 너무 흔히 듣는 이야기라서 우리에게 아무런 충격도 주지 않는다. 많은 이들이 정부가 그 유해를 어떻게 처리했는지 알지 못하며 또 어떻게 처리해야 옳은지에 대해서도 별 생각을 갖고 있지 않다. 한마디로 우리는 타인의 억울한 죽음 앞에 무감각해졌다. 우리는 어쩌다가 이토록 잔인해진 것일까?

이런 나라에서 '애국'이란 무엇일까? 이 비통한 죽음의 실체를 드러내는 것인가, 아니면 가리고 감추는 것인가. 이 학살이 서슬 퍼런 권력의 실세와 핏줄로, 연줄로, 이해관계로 연결되어 있는데도 반성하지 않을 때 이를 비판하는 일이 애국일까, 아니면 가해자를 옹호하면서 진실을 요구하는 이에게 '종북' 딱지를 붙이고 폭력을 휘두르는 일이 애국일까?

만일 뒤의 것이 애국이라면 '애국'은 '비겁'이나 '공모'와 어떻게 구분될 수 있을까? 러시아의 야권 지도자 보리스 넴초프가 살해당했을 때 많은 한국인이 충격을 받았다. 마크 리퍼트 주한 미국 대사가 피습 당했을 때는 온 사회가 경악했다. 만일 이 가해자들을 '장하다'고 칭찬하면서 그를 돕기 위해 모금까지 벌인다면 어떨까?

놀랍게도 그런 일이 한국 사회에서 벌어지고 있다. 더욱 놀라운 점은 이런 일을 벌이는 사람들이 스스로를 '애국자'로 칭한다는 사실이고, 더 많은 사람들이 이를 지켜보면서도 별로 놀라지 않는다는 사실이다. 우리가 발밑의 시신에 무감각하듯 말이다.

폭력과 살인을 조장하는 세력

주한 미국 대사에 흉기를 휘두른 가해자는 범행 동기로 "전쟁 반대"를 말했다. '평화'를 말하면서 흉기를 휘두르는 어처구니없는 짓을 한 것이다. 이 사건이 터진 후 정부와 보수정치인들은 비난의 칼을 진보세력에 돌렸다. 하지만 '평화'를 말하며 폭력을 행사한 가해자의 모순적 행동은 오히려 '전쟁을 결심해야 전쟁을 막을 수 있다'는 보수세력의 논리와 쌍둥이처럼 닮았다.

피습사건 후 박근혜 대통령은 "배후가 있는지 등 모든 것을 철저히 밝혀서 다시는 이런 일이 재발하지 않도록 해야 할 것"이라고 말했다. 지당한 말이다. 살인과 폭력을 조장하는 세력이 있다면 준엄하게 법의 심판을 내려야 한다. 사람 목숨은 소중하며 이 사실은 국적, 인종, 종교, 이념이 다르다고 해서 달라지지 않기 때문이다.

정부와 여당은 '종북세력', 즉 자신들에게 비판적인 국민들을 '배후'로 지목했지만 보수와 진보를 막론하고 범인을 감싸거나 '잘했다'고 칭찬하는 사람은 보이지 않았다. 칭찬은커녕 죄송하다며 고개를 조아리는 사람들이 줄을 이었다. 자신이 '배후'가 아닌데도 '사과'

를 하는 모습이 기이해 보이기는 했으나 적어도 범인을 치켜세우는 사람만큼은 찾아볼 수 없었다. 정말 '배후세력'은 다른 곳에 있었다.

〈오마이뉴스〉신은미 시민기자는 귀한 시간과 돈을 들여 남북을 오가면서 양쪽의 이야기를 들려주던 좋은 이야기꾼이자 귀한 민간외교관이었다. 그의 '민간외교'는 남북관계가 파탄난 이래로 '정부외교'가 아예 존재하지 않았기에 더욱 특별했다. 나는 신은미 씨가 기고한 글을 하나도 빼놓지 않고 꼼꼼히 그리고 즐겁게 읽었다. 그의 여행기를 읽는 동안 단 한 번도 그가 북한 체제를 옹호한다거나 '지상낙원'으로 그리고 있다고 생각해본 적이 없다. 아주 온건한 내용들이었다.

나는 북한 전문가가 아니지만 그렇다고 문외한도 아니다. 미국의 대학에서 2년간 남북문제를 연구하고 강의했으며 방북 경험이 많은 공무원이나 연구자를 초청해 강연을 듣고 대화를 나눴다. 신은미 씨가 북한에 대해 밝힌 견해는 미국의 북한 전문가들에게도 들을 수 있는 내용이었다. 다만 더 섬세하고 구체적이고 생동감 있고 아름다운 한국어로 되어 있다는 점이 다를 뿐이다. 나는 그가 비난은커녕 상을 받아야 한다고 생각했고, 실제로 상을 받았다. 2014년 10월에 통일언론상 특별상을 수상한 것이다. 한국기자협회, 한국PD연합회, 전국언론노동조합이 공동으로 시상하는 영예로운 상이었다. 2015년 7월에는 한겨레통일문화상을 받았다. 박창식 한겨레 통일문화재단 상임이사는 만장일치로 수상을 결정한 이유에 대해 "남북 사이에 민족 동질성의 존재를 일깨웠다"라고 설명했다.

신은미 씨의 글이 지닌 가치를 가장 먼저 깨달은 것은 박근혜 정부였다. 문화체육관광부는 그의 책을 우수문학도서로 선정하면서 "북한에 대해 선입견을 갖고 있는 사람들에게 감동을 준다"라고 호평했다. 정확히 나와 같은 견해였다. 통일부도 나서서 그를 홍보 영상에 출연시켰다.

그러나 ('조선'이라는 북한식 표기를 고집하는) 종편이 그런 그를 '종북'이라고 부르자 (1998년 김정일에게 '보천보전투' 호외 순금판을 선물한) 신문사의 다른 종편 방송이 함께 '종북'을 노래했다. 곧 일베나 '수컷닷컴' 등의 극우 사이트는 입에 담을 수 없는 욕설과 비난으로 도배되었고, 그곳에 드나들던 한 고등학생은 신은미 씨의 강연장에 찾아와 사제폭탄을 던졌다.

목숨보다 중요한 이념은 없다

더욱 놀라운 일은 사건 이후 벌어졌다. 우익 매체 〈독립신문〉 대표와 일베 회원 등이 폭탄을 던진 가해자를 '애국 소년' '투사'로 부르며 그를 돕는 모금 운동을 벌인 것이다. 한 개인의 강연에 '종북' 딱지를 붙여 폭력 행위를 부추긴 종편은 "장하지만 표현 방법이 조금 잘못됐다"라는 패널의 논평을 내보냈다. 인터넷 게시판에는 "남산 지하실에서 고문으로 죽여버려" "죽창으로 난도질해야" "저 빨갱이 ×들 토크쇼에 참석한 빨갱이들도 다 쳐죽여" 같은 끔찍한 댓글이 줄줄이 달렸다.

남북문제를 가르치던 시절, 북한에 다녀온 한 미국 음악대학 교

*
"나라를 망가뜨리는 정권을 지지하는 사람들은 나라를 망가뜨리는 데 공모하는 것이고,
결국 나라를 혐오하는 행위입니다. 정부가 나라를 잘못 이끌 때 이를 비판하고
맞서 싸우는 사람들이 진정한 애국자입니다."

수와 이야기를 나눈 일이 있다. 그는 '북한의 클래식 공연 수준이 꽤 높다'고 운을 뗐다. '대동강 물이 푸르다'는 신은미 씨의 말이 폭탄 세례감이라면 이 대학교수의 말에는 대체 어떤 피의 보복으로 응징해야 마땅할까? 하지만 나는 '그러냐'고 대꾸했을 뿐 폭탄을 조립하거나 죽창을 다듬을 생각을 하지는 않았다.

듣기 싫으면 안 들으면 된다. 그게 다른 사람들을 다 죽이겠다고 말하면서까지 그들이 지키겠다는 '자유민주주의'의 기초다. 누구 말이 거슬린다고 증오를 부추기고 사제 폭탄을 던지는 일은 마음에 안 드는 사람에게 흉기를 휘둘러도 좋다고 말하는 것과 마찬가지다. 미국 대사 폭행 사건의 '배후'에는 이처럼 폭력을 정당화하고 부추겨온 세력이 있다.

만일 지금의 주한 미국 대사가 신은미 씨와 같은 이야기를 했다면 보수세력은 어떻게 반응했을까? '냉전의 틀을 벗어난 유연한 사고'라고 극찬하며 부채춤을 추지 않았을까? 또 한 가지 궁금한 점은 신은미 씨 활동의 '배후'였던 문화체육관광부, 통일부, 박근혜 정부에 대해서는 왜 '애국 행위'로 맞서지 않느냐는 것이다. 결국 사건의 기저에 자리 잡은 것은 자기모멸적 인종주의, 권력에 대한 비굴한 복종뿐이다.

보수세력은 '애국'을 말하지만 이들이 사랑하는 것은 집권세력의 품이고, 이들은 '집권세력'과 '나라'를 구분하지 못한다. 폭력적 권력에 저항할 용기가 없을 때 택할 수 있는 유일한 길은 힘 있는 자와 자신을 동일시하는 것이다. 이때 힘은 옳고 그름의 문제가 아니라 그 자체로 선이 된다. 이들은 험악한 말과 거친 행동 때문에 강해 보일지 모르나 사실은 매우 나약하고 소심한 사람들이다. 이런 그들이 남을 협박하고 조롱하고 심지어 폭력까지 행사하는 '용기'를 보이는 것은 단 하나의 이유, 즉 무슨 짓을 해도 권력이 자기를 지켜줄 것이라는 믿음 때문이다.

그리고 권력은 실제로 그렇게 해왔다. 산, 들판, 도로, 운동장, 아파트 단지 그 어디에 묻혀 있을지 모르는 수많은 유골이 그 사실을 입증한다. 인정하고 싶지 않지만 한국의 현대사는 증오와 학살 위에 세워진 불행한 나라의 역사다. 이제 우리가 선택할 수 있는 것은 이 불우하고 잔인한 폭력의 역사를 되풀이할지 말지의 여부다.

신은미 테러 사건은 러시아의 넴초프 암살 사건과 여러모로 유사하다. 정부는 자신의 뜻을 거스르기만 하면 무조건 '국익을 해치는 행위'로 규정해 탄압하고, 정부와 유착한 언론은 '종북'이나 '반역자' 같은 딱지를 붙여 대중들의 증오를 불러일으키고, 정권 추종을 '애국'으로 착각하는 우익 단체는 물리적 행동에 나서는 것이다.

러시아 국영언론은 푸틴의 긍정적 이미지를 한껏 강조하는 한편 그에 반대하는 사람들을 '역적'이나 '이적 행위자'로 비난해왔다. 넴초프는 그런 '역적' 가운데 한 명이었다. 박 대통령 지지자들과 유사하게, 푸틴을 맹목적으로 지지하는 사람들 역시 집권세력을 비판하는 일은 '국가에 반하는 것'이라고 믿는다. 넴초프 살해는 이런 사람들이 저질렀을 가능성이 크다. 자신들은 '애국'을 하고 있다고 생각했을지 모르나 사실은 용납될 수 없는 범죄였을 뿐 아니라 국가를 과거로 되돌려 놓은 '해국' 행위였다. 미 대사 피격과 신은미 테러 사건도 마찬가지다. 넴초프가 생전에 했던 말은 한국과 러시아 국민 모두 새겨들을 만하다.

"나라를 망가뜨리는 정권을 지지하는 사람들은 나라를 망가뜨리는 데 공모하는 것이고, 결국 나라를 혐오하는 행위입니다. 정부가 나라를 잘못 이끌 때 이를 비판하고 맞서 싸우는 사람들이 진정한 애국자입니다."

목숨보다 중요한 이념은 없다. 이념은 사람을 위한 도구이지만 사람은 이념을 위한 도구가 아니다. 당신의 신념이 중요한 만큼 다른 사람들의 신념도 중요하며, 다른 사람들의 신념이 틀릴 수 있듯 당신의 신념도 틀릴 수 있다. 당신의 신념이 틀렸다고 해서 당신의 목숨이 무가치해지지는 않는다. 다른 사람도 마찬가지다.

3장

국민,
당연한 권리를 팽개치다

복지 ⋯ '국민행복' 저버린 대통령의 이중배신

민영화 ⋯ 영리화는 하지만 민영화는 아니다?

귀족 노조 ⋯ 급전 필요한 대통령의 '공짜 점심'

주민등록번호 ⋯ '호구' 신세로 전락한 위태한 개인정보

참사 ⋯ 진노와 질책에 숨은 무능과 비겁함

불감증 ⋯ 비인간적 유전자와 권력의 악습

적폐 ⋯ 한국 공권력의 수치스러운 역사

메르스 ⋯ 무능·무지·무책임도 공기로 전파되나

'국민행복' 저버린
대통령의 이중배신

복지

국민들이 안락하고 행복한 삶을 누리는 상태.
선거 때 자주 등장하는 용어로 시기에 따라 다른 의미로 사용된다.

연관어 (선거 전) 북유럽, 국가 부담, 내수 활성화, 비증세, 동반성장, 선친이 꿈꾸던 나라
(선거 후) 남미, 국민 부담, 모럴해저드, 세금 폭탄, 경제 파탄, 종북

박근혜 대통령이 대선 후보였던 시절, 그의 선거캠프 이름은 '국민행복캠프'였다. 2012년 겨울, 당선된 박근혜 대통령은 환하게 웃으며 "국민행복시대를 열어나가겠다"라고 말했다. 설레는 마음으로 손을 비비며 기다렸다. 야속하게도, 계절이 네 번 바뀌는 사이에도 "행복시대"는 열리지 않았다.

박 대통령은 2014년 대국민 신년인사에서 "국민행복"을 다시 한번 힘주어 강조했다. "국민행복을 위한 일 외에는 다 번뇌"라는 것이

다. 사슴 눈을 한 채 생각했다. '그럼 그렇지. 대통령이 빈말을 했을 리 없잖아?' 그리고 다시 기다렸다. 이렇게 또 1년이 흘렀다.

하지만 해가 바뀌었어도 "행복시대"는 좀처럼 열릴 기미를 보이지 않았다. 뾰로통해서 신년사를 들었다. 대통령 임기 절반이 다 됐는데 대체 언제쯤 행복시대를 열어나갈 생각인지.

"존경하는 국민 여러분, 2015년 희망찬 새해가 밝았습니다. 국민 여러분 가정 모두에 행복과 평안이 가득하기를 기원합니다."

이게 끝이었다. 신년사에 "국민행복시대"가 언급되지 않았음은 물론, 인사를 빼고는 "행복"이라는 말도 더 이상 나오지 않았다. 열린다던 '행복시대'는 이를 악문 채 틈을 드러내지 않고 있는데 '행복이 가득'하라니. 밥 사준다던 이모가 연락도 끊고 있다가 갑자기 전화를 해 '배부르지?' 하는 것 같았다. 독사눈을 한 채 텔레비전을 껐다. 별생각이 다 들었다. "나만 빼고 다 행복해진 건 아닐까." "내가 '국민'이 아닌 건 아닐까……."

마음을 추스르고 있는데 김무성 새누리당 대표가 다시 속을 긁었다. "복지 과잉으로 가면 국민이 나태해진다"라는 것이다. 밥 사준다는 약속 믿고 끼니도 거른 채 기다리고 있는데, 이모가 '소화제 줘?' 하더니, 이제 삼촌이 전화를 바꿔 받고는 '너 배 나왔어' 하는 꼴이었다. 차이가 있다면 그 사람들이 내 이모와 삼촌이 아니라는 점이다. 그들은 우리가 낸 세금에서 꽤 많은 월급을 타가는 일꾼들이고, 정치는 조카와의 실없는 장난이 아니다.

밥 먹어야 행복할 힘도 생긴다

박근혜 대통령은 당선 인사를 하면서 여러 가지를 약속했다. "찬반을 떠나 다양한 의견을 수렴하겠다" "분열과 갈등을 빚어왔던 역사의 고리를 화해와 대탕평책으로 끊겠다" "지역, 성별, 세대 구분없이 골고루 인사를 등용하겠다" 등 모두 듣기 아름다운 말이었다.

내가 특별히 귀 기울여 들었던 말은 국민의 생활고를 해결한다는 약속이었다. 박 대통령은 "국민 모두가 먹고사는 것을 걱정하지 않는 나라를 만들겠다. 희망을 잃지 말고 일어서 달라"며 용기를 북돋웠다. 대통령 말대로 "먹고사는 것을 걱정하지 않는 나라를 만드는 것"은 "국민행복시대"의 기본 조건이다. 배고프고 몸 아프면서 행복한 사람을 보았는가?

대통령은 그런 나라를 만들겠다며 '무상보육' '고교 무상교육' '반값등록금' '기초노령연금' 등의 공약을 제시했다. '생애주기별 맞춤형 복지'라는 이름에 걸맞게 이 공약들이 실현된다면 유아기부터 노년기까지 큰 시름을 덜게 될 터였다. 하지만 이 중 제대로 지켜진 공약은 하나도 없으며 누리과정(만 3~5세 보육료 지원)과 고교 무상교육은 아예 예산 반영조차 되지 않았다.

박근혜 대통령이 내놓은 공약의 핵심은 '증세 없는 복지'였지만 이제 그의 입에서 '복지'라는 말조차 잘 나오지 않는다. 가끔 '증세 불가론'을 언급할 뿐이다. 최근에도 그는 '증세는 국민에 대한 배신'이라고 말했다.

경제에 대한 최소한의 이해가 있는 사람이라면 '증세 없는 복지'라는 말에 현실성이 없다는 사실을 알 것이다. 이 말은 '손에 물 한 방울 묻히지 않고 행복하게 살게 해주겠다'는 구애의 말에 가깝기 때문이다. 하지만 결혼하고 나서 배신감을 느낄 때는 자신의 손에 물이 묻어 있다는 냉혹한 현실을 깨달을 때가 아니라 자신의 삶이 행복하지 않다고 느낄 때다.

그렇다고 박근혜 대통령이 '증세 배신'을 안 한 것도 아니다. 통계청이 발표한 〈2014년 가계금융·복지조사〉를 보자. 세 부담 증가율을 2012년 통계 자료와 비교하면 최하위 소득층에서 최고 소득층에 이르기까지 모든 계층을 대상으로 세금을 올렸다는 사실을 알 수 있다. 문제는 저소득층부터 중위층까지의 세 부담 상승률이 고소득층보다 훨씬 높았다는 점이다. 예컨대 상위 20퍼센트 소득자의 세금 증가율은 3.4퍼센트였던 반면 하위 20퍼센트는 두 배가 넘는 7.7퍼센트였다. 중간 소득자의 세금 증가율은 무려 20퍼센트가 넘어 최상위 계층 증가율의 6배가 넘었다. 세금을 더 걷었다고 항의하는 게 아니다. 잔뜩 올려놓고도 '증세는 국민에 대한 배신'이라고 말하는 솔직하지 못한 태도를 지적하는 것이다.

세금을 더 걷어야 한다는 점은 명백하다. 2014년 세수 결손이 약 11조 원에 달해 사상 최고를 기록했기 때문이다. 대통령은 세금을 올리지 않고 '지하경제 양성화'와 정부지출 축소로 복지 재원을 마련할 수 있다고 장담했지만, 임기 중반이 되자 여당 원내대표까지 나서서 '증세 없는 복지는 불가능하다'는 사실을 인정했다.

정부는 이제 '세금 더 내고 복지를 늘릴까' 아니면 '덜 내고 복지를 줄일까'를 묻는다. 얼핏 보면 의견을 구하는 것 같지만 결론은 정해져 있다. 증세에 대한 반감을 이용해 복지 공약을 파기하려는 것이다. 이 점은 김무성 새누리당 대표의 '복지 과잉=국민 나태론'에서 잘 드러난다.

나는 깊은 배신감을 느낀다. 물 흠뻑 젖은 손을 빤히 바라보면서도 '손에 물 안 묻히고 불행해질래?' '손에 물 묻히면서까지 행복을 고집할래?'라고 묻고 있기 때문이다.

선별적 복지론의 허구

일부는 복지 축소나 '선별 복지'를 주장하며 '이건희 손자'를 들먹이기도 한다. 이건희 손자에게 왜 '공짜 밥'을 먹이냐는 것이다. 그렇다면 이건희 손자가 공립 초등학교와 중학교에 다닌다고 하면 그것도 막아야 할까? 누구든 자식을 학비가 비싼 학교에 보내는 일은 자유지만 그렇다고 해서 무상 의무교육 혜택을 빼앗을 수는 없다.

재벌가 사람들이 지하철이나 버스를 이용할 때 교통카드에서 같은 금액이 빠져나가는 것으로 안다. 이건희 회장이 애용하는 마이바흐도 고속도로 톨게이트에서 같은 요금을 낼 것이다. 현대중공업 대주주인 정몽준 전 의원은 2조 원대 재산가이지만 국회의원 재직 당시 세비를 꼬박꼬박 타간 것으로 알고 있고 이것을 비난해서는 안 된다고 생각한다. 물론 월급을 반납하거나 자선에 쓰는 일은 그의 자유다.

이건희 손자가 군대에 간다고 생각해보자. 잘 모르겠지만 '이건희 손자'라는 이유만으로 그에게 '무상 짬밥' 혜택을 빼앗으며 '도련님은 매점에서 사 드세요' 하지는 않을 것 같다. 물론 그가 군대에 가게 될지는 별개의 문제다. 삼성가의 군 면제율이 73퍼센트에 이르기 때문이다.

나는 군 생활이 '꼭 해봐야 하는' 경험이라고 생각하지 않는다. '군대에 갔다 와야 사람 된다'는 생각은 곰이 마늘을 먹고 사람이 되는 이야기만큼 신화적이다. 도리어 군에서 '비인간적'으로 변하는 사람들을 많이 보았다. 맹목적인 복종과 물리적 폭력, 비민주적 효율, 정의 대신 힘에 순응하는 비굴함을 체화하기 쉬운 곳이 군대이기 때문이다.

나는 한국 사회에 퍼져 있는 폭력성과 비민주적 소통 구조의 원인 중 하나가 사회 곳곳에 스며든 '군대 문화'라고 믿는다. 따라서 군을 이상화하고 낭만화하는 보도와 예능프로그램에 대해 크게 우려하고 있다. 군대가 무의미하거나 쓸모없다는 말이 아니다. 사회가 집이라면 군대는 울타리 위의 가시철망 같은 존재다. 철조망은 고마운 존재지만 담 위에 머물러 있어야 한다. 철조망을 거실과 아이들 공부방에 치는 것은 학대이며 아름다움을 흠모해 몸에 두르고 다닌다면 '변태'다. 어쨌든 군 생활은 사회적으로 필요한 의무이기에 복무, 보상, 면제의 절차는 합리적이고 공정해야 한다.

박근혜 대통령은 복지를 '그냥 준다'고 약속했지만 기적은 필요 없다.
한 나라의 1인당 국민소득이 3만 달러라면
모두에게 돌아갈 충분한 음식이 있다는 이야기이기 때문이다.
문제는 숨겨져 있다는 것이고 숨긴 사람들이 부끄러움을 모른다는 것이다.

복지에 '기적'은 필요 없다

예수는 부자가 천국에 가는 것이 낙타가 바늘귀를 통과하는 일보다 어렵다고 말했다. 그가 '종북'이나 '좌빨'이어서 그렇다기보다는 (물론 그런 면이 아주 없는 건 아니다) 이익을 추구하다보면 '사람'이 보이지 않기 때문일 것이다. 시대가 바뀌고 문화가 달라져도 비인간적 탐욕을 버리기는 쉽지 않다.

예컨대 《마태복음》에는 예수를 흠모하는 젊은 부자 이야기가 나온다. 그는 예수에게 와서 구원을 얻는 방법을 알려달라고 부탁한다. 답변은 간단했다. "네가 가진 것을 팔아 가난한 사람들에게 주면 하늘의 축복을 받게 된다"라는 것이다. 예수는 "그리고 와서 나를 따르라"라고 말한다.

부자 청년은 낯빛이 어두워져 돌아갔다. 예수를 흠모하는 사람조차 자기 재산은 '하늘의 축복+예수를 따르는 일'과도 맞바꾸기 어려운 것이다. 예수의 가르침은 '사람에게 베푸는 것'과 '신에게 바치는 것'을 구분하지 않는다. "지극히 작은 자 하나에게 한 것이 곧 내게 한 것이다"라는 말씀이 이 점을 잘 보여준다. 예수가 오늘 한국 사회에 살았다면 어떤 욕을 먹었을지 충분히 짐작 가능하다.

예수는 그저 "남을 도우라"라고 말만 하지 않았다. 고통을 호소하는 환자들에게 수시로 '무상의료'를 베풀었고, 배고픈 사람들에게는 대규모 '무상급식'을 펼치기도 했다. 떡 다섯 개와 물고기 두 마리로 5000명을 먹였다는 '오병이어의 기적' 말이다. 처음에는 예수의 제자들도 '무상급식'에 반대했다('무상급식 반대'의 원조는 새누리당이 아니었다). 제자들은 '사람들에게 각자 사 먹으라고 하자'고 제안했다. 예수가 '그냥 주라'고 하자 제자들은 '이 많은 사람들을 다 어떻게 먹이냐'고 항의했다.

이 사건에서 주목할 부분은 '모두'에게 먹였다는 사실이다. 마른 사람이나 통통한 사람, 배가 들어간 사람이나 나온 사람, 아침을 거르고 나온 사람이나 배 터지게 먹고 나온 사람을 가리지 않았다는 말이다.

국가 정책은 종교적 기적과 다르다고 말할 사람이 있을 것이다. 옳은 말이다. '오병이어의 기적'에 대해서는 성서학자마다 의견이 갈린다. 문자 그대로 믿어야 한다는 주장, 문학적 비유라는 주장, 잘못된 번역 때문에 오해가 생긴 것이라는 주장, 사실이지만 '기적'은 아니었다는 주장 등 여러 견해가 있다.

특히 재미있는 것은 마지막의 '사실이지만 기적은 아니다'라는 주장이다. 예수는 맨손으로 기적을 베풀지 않았다. 우선 제자들에게 사람들이 갖고 있는 음식이 얼마나 되는지 알아보게 했다. 그때 나온 것이 소년이 싸 온 떡과 생선이었다. 예수는 이것을 들고 무리들 앞에 섰다. 이 학설에 따르면 소년이 용감하게 도시락을 나누자 부끄러워진 어른들이 감춰놓았던 음식을 슬그머니 풀기 시작했다는 것이다. 이렇게 해서 모든 사람이 먹고도 열두 광주리의 음식이 남았다.

박근혜 대통령은 복지를 '그냥 준다'고 약속했지만 나는 그가 기적을 펼칠 것이라 기대하지 않는다. 기적은 필요 없다. 한 나라의 1인당 국민소득이 3만 달러라면 모두에게 돌아갈 충분한 음식이 있다는 이야기이기 때문이다. 문제는 숨겨져 있다는 것이고 숨긴 사람들이 부끄러움을 모른다는 것이다.

예나 지금이나 그리고 앞으로도 탐욕스러운 부자들이 존재한다는 사실은 어쩔 수 없다. 그렇기에 정부의 역할이 필요하다. 예수처럼 대통령이 나서야 한다. 평균 소득 3만 달러의 나라에서 부지런히 일하는데도 한 사람당 3000만 원의 연소득이 보장되지 않는다면 뭔가 크게 잘못된 것이다. 누진세 강화는 베풀지 못하는 강팍한 부자들에게 '행복'이 무엇인지를 알게 해주는 선행인 동시에 '바늘귀'를 넓혀주는 일이다.

부자와 가난한 자 가리지 말고 밥을 먹여라. 더 낼 수 있는 사람에게는 더 내게 하라. 그때 모두가 행복해지는 '국민행복시대'가 열린다.

영리화는 하지만
민영화는 아니다?

민영화

국가가 공공서비스로 운영하던 사업을 민간에 매각해
이윤 추구 수단으로 바꿔주는 일. 둘 이상의 이윤 사업자가 경쟁하면
최저 가격과 최고 서비스가 보장된다는 논리.
택시나 버스가 공공 지하철보다 친절할 수밖에 없고,
SKT, KT, LG 등 경쟁 중인 통신사가 소비자를 '호갱' 취급하는 것은
애초에 불가능하다는 견해.

동의어 선진화, 경쟁 체제 도입

크리스마스 선물 치고는 고약했다. 드물게 포근했던 2013년 성탄 새벽, 경찰 중대 병력과 형사기동대 대원들은 서울의 한 유서 깊은 사찰을 철통같이 에워쌌다. 철도 파업을 이끈 노조원들이 조계사에 피신해 있다는 이야기를 듣고 체포하러 온 것이다.

경찰이 조계사를 포위한 채 검문검색을 강화하고 있을 때 프란치스코 교황은 전 세계에 성탄 메시지를 전했다. "예수는 위대하지만 스스로 작아졌고, 부유하지만 스스로 가난해졌으며, 강하지만 스스

로 약해지셨다." 그러고는 예수의 탄생 소식이 목동들에게 가장 먼저 전해졌다는 사실을 상기시켰다. 그 시절 목동은 가장 무시당하고 소외된 계층이었다.

늘 천대받는 자들과 함께하다가 인류의 구원과 평화를 위해 목숨을 바친 예수를 기념하는 날에 '시민의 파수꾼'은 '시민의 발'을 포위하고 있었다. 이들은 왜 휴일에 가족이나 친구, 동료와 웃음꽃을 피우는 대신 뜻밖의 장소에서 서로 대치해야 했을까? 파업 주도자들은 성탄 하루조차 말미를 받을 수 없는 흉악한 범죄자들이었을까?

정부는 그렇다고 말할 것이다. '불법 파업'을 지휘한 '범법자'들에게는 관용의 여지가 있을 수 없다고 말이다. 박근혜 대통령은 성탄 이틀 전에 "원칙 없이 적당히 타협하고 넘어간다면 우리 경제·사회의 미래를 기약할 수 없을 것"이라는 말로 '성탄 포위 작전'을 사실상 지시했다. 만일 철도 파업이 그토록 끔찍한 범죄라면 이들을 한시라도 빨리 잡아들이는 일이 대통령이 말하는 '원칙'에 부합하는 일일 터이다. 경찰도 그런 이유에서 크리스마스 새벽에 조계사로 몰려갔을 것이다.

하지만 좀 이상하다. 왜 경찰은 당장 피신처에 들이닥쳐 범인을 끌어내지 않았을까? 사흘 전 경찰은 철도 노조 지도부를 체포한다면서 경향신문사 사옥에 있는 전국민주노동조합총연맹(민주노총) 사무실 유리를 깨면서까지 5000여 명의 체포조를 투입했다. 그곳에 혐의자는 없었고 경찰은 오히려 커피믹스 두 상자를 훔쳐 나가다가 시민에게 들켜 항의를 받았다.

하지만 사흘 후인 12월 25일 경찰은 1개 중대 100여 명을 투입해 사찰을 둘러싸기만 했을 뿐 체포조를 들여보내지 않았다. 20세기 중반에 지은 극락전 창호문이 민주노총의 강화유리문보다 강할 리 없고, 그곳에 커피믹스는 몰라도 한방차 정도는 충분히 있을 텐데 말이다.

조계종 측은 조계사에 피신한 노조원들을 '사회적 약자'로 규정하고 보호하겠다며 나섰다. 이래서는 곤란하다. 원칙 없이 적당히 타협하고 넘어가면 어떻게 한국의 미래를 기약할 수 있겠는가. 한시라도 빨리 노조원들을 잡아들이는 것은 물론 대한민국 형법 151조에 의거, 범법자를 숨겨준 조계사 스님들까지 범인은닉죄로 처벌했어야 했다.

합법 파업, 그 비결이 알고 싶다

추상같은 법 집행과 더불어 정부가 해야 할 일이 또 있다. 틈만 나면 '불법 파업'을 일삼는 자들에게 '합법 파업'이 어떤 것인지 일러주는 것이다. 안타깝게도 '합법 파업' 비결을 모르는 것은 파업 당사자들만이 아닌 것 같다.

예컨대 새누리당 조현룡 의원은 "근로 조건이 아닌 수서발 한국고속철도(KTX) 자회사 설립 때문에 파업을 하는 것은 불법"이라고 주장했다(그는 1년 뒤 철도부품업체로부터 억대 뇌물과 불법 정치자금을 받은 혐의로 기소되어 징역 5년을 선고받았다). 하지만 같은 당 정책위원회 의장이었던 김기현 당시 의원은 그에 앞서 "국민이 이번 파업의 본질을 알면 분통을 터트릴 것이다. 철도 노조는 이번 파업에서 호봉 승급 포함 8.1퍼센트 임금 인상을 요구하고 있다"라고 비난했다. 심재철 의원 역시 이 철도 파업에 대해 사실상 "임금을 올려달라는 파업"이라고 주장했다.

파업이 '근로 조건'과 무관하면 '불법'이 될까? 철도 노조의 '민영화 반대'는 근로 조건과 무관한 요구일까? '민영화'로 대표되는 시장 논리가 만성적 저임금과 고용 불안정의 주범이라는 사실은 1997년 외환위기 이래 지속적으로 경험한 바다. 한국철도공사 코레일 노조는 수서발 KTX를 자회사로 만들어 분리하는 일을 민영화를 위한 사전 단계로 보고 대책을 요구해왔다.

이에 대해 정부와 사 측은 '민영화와 무관한 경쟁력 강화 방안일 뿐'이라고 주장했다. 정부는 민영화 방지 입법을 요구하는 목소리에 대해서는 '시간을 끌기 위한 꼼수'라며 거부하고, 대화 요청에 대해서는 '이미 설득할 만큼 했다'며 공권력을 투입했다. 당시 정홍원 국무총리는 "민영화 안 한다고 내가 세 번 말했다. 그런 말은 직을 건 얘기"라고 발언의 진정성을 강조했다. 당시 총리의 답답한 마음은 이해하지만 그의 말에 설득되지 않은 사람들은 비단 노조원들만이 아닐 것이다.

그 이유는 한국 사회에서 살아오면서 '자리를 걸고' 한 약속일수록 더 빨리 깨지는 경험을 했기 때문만도, 과거 한나라당 집권 정부에서 총리의 평균 임기가 고작 1년 반이어서도 아니다(이완구 총리의 사퇴 이후 평균 임기는 더 낮아졌을 것이다). 시민들이 경제적 부담 없이 이동할 수 있도록 보장하는 일은 한 개인이 총리를 하느냐 마느냐 따위의 문제보다 훨씬 중요하다.

문제는 '영리화'다

문제의 발단은 이렇다. 수서발 KTX 사업의 일환인 수서-평택 간 공사는 2016년 완료돼 개통되고, 이어서 오송-목포 간 호남선 KTX 공사도 마무리될 예정이다. 두 구간의 공사가 끝나면 막대한 운영 수익이 보장된다. 그런데 이상하게도 코레일은 이 '황금 노선'인 수서발 KTX를 별도의 주식회사로 분리해 지분의 59퍼센트를 매각한다는 계획을 세운다. 코레일은 기존의 용산발 KTX를 수서발 KTX 운영회사와 경쟁시켜 경영 정상화를 이루겠다고 말한다.

노사가 첨예하게 대립하는 지점은 바로 수서발 KTX의 분리다. 노조 측은 이를 '민영화 사전 작업'으로 간주하고, 사 측은 '민영화와 무관한 경쟁 체제 도입'이라고 말한다. 흥미로운 점은 경쟁하게 된다는 두 회사가 수서-평택의 짧은 구간을 제외하고는 같은 노선(경부선과 오송-목포 구간)을 운영하게 된다는 점이다. 이 계획에 반대하는 사람들은 동일 노선에 둘 이상의 철도 사업자를 두는 것이 '경쟁' 자체가 될 수 없을 뿐 아니라 대단히 위험하고 비효율적이라고 지적한다.

같은 노선을 달리는 기차는 추월이 불가능하므로 순서대로 달려야 한다. 같은 시간대에 기차가 둘 이상 있어야 승객이 선택할 여지가 있고, 그래야만 경쟁이 가능해진다. 승객들은 출발 시간과 도착 시간을 기준으로 기차를 이용하기 때문이다. 게다가 수서발 KTX는 코레일에서 차량을 임대해 운행하기 때문에 기차의 성능으로도 경쟁할 수 없다. 결국 같은 노선에서의 '분리'는 '경쟁'이 아니라 '시간대별 나눠먹기'가 될 수밖에 없다.

당연한 말이지만 같은 철로를 달리는 기차들은 끊임없이 연락을 주고받아야 한다. 앞선 기차가 멈추거나 속도를 늦추면 뒤따라오는 기차도 멈추거나 속도를 늦춰야 한다. 운영권이 분리되면 철도회사 간 정보 교환 오류 위험이 증가해 충돌 사고의 위험이 높아질 수밖에 없다. 이는 코레일이 과거에 스스로 주장했던 내용이기도 하다. 다수의 철도 운영자가 참여할 경우 "시설 관리자, 유지 보수 수행 주체가 각각 달라져, 기관 간 정보 교환 및 의사소통이 원활히 이루어지지 않아 관제의 영역이 복잡해지고 사고 발생 가능성은 더욱 커지게 된다"라는 것이다.

게다가 철도회사를 분리하면 중복투자의 문제도 발생한다. 코레일 내부 보고서조차 이 문제를 지적하고 있다. 운영사를 분리할 경우 연간 460억 원에 달하는 인력과 시설의 중복투자가 발생해 "철도 산업의 비효율과 국가적 낭비를 초래한다"라는 것이다. 비용이 증가하면 승차 요금도 따라 오르므로 당연히 국민들의 부담도 늘어난다.

정부는 지분 59퍼센트를 넘기더라도 민간이 아닌 공적 기금이나 지방자치단체에만 매각할 것이므로 민영화가 아니라고 주장한다.

하지만 민간에 팔든 공공기관에 넘기든 공공서비스를 이윤추구의 불 속으로 던져넣는다는 점은 다를 바 없다. 사람들이 민영화를 염려하는 까닭이 무엇인가. 민간이 사악한 존재여서가 아니라 이익 극대화를 위해 투자하는 경제 주체이기 때문이다.

철도와 아무런 상관없는 연기금 등 공적 기금이 무엇 때문에 코레일에 투자할까. 이윤을 얻기 위해서다. 현재 철도는 공익을 위해 운영하는 특수한 서비스이기 때문에 손해를 보면서도 요금을 함부로 올리지 않고 적자 노선조차 쉽게 없애지 않는다. 공공서비스가 적자로 운영된다고 비난해서는 안 되는 까닭이 여기에 있다.

하지만 투자자들은 다르다. 이들은 공공기관이든 민간 사업체든 결코 손해 보는 장사를 하지 않는다. 따라서 이들이 철도 운영에 개입하면 요금을 올리고, 적자 노선을 폐지하고, 인력을 대폭 줄이거나 직원들의 임금을 깎고, 하청업체를 통한 비정규직 고용으로 이익을 극대화하려 들 것이다. '민영화'라 부르든 '경쟁 체제'라 부르든 이윤 추구로 공공서비스가 황폐해진다는 점은 똑같다. 따라서 코레일의 자회사 설립은 '영리화', 즉 넓은 의미의 민영화일 수밖에 없다.

강경파의 선두에 선 최연혜 코레일 사장조차 '민영화'를 '영리화'의 의미로 쓴다. 최연혜 사장은 자신의 웹사이트에 이와 관련한 기고문을 올려놓았다. 그는 2001년 〈월간교통〉에 기고한 '독일연방철도청의 철도 구조개혁'이라는 글에서 독일의 연방철도 개혁을 분석하면서, 정부가 주식을 100퍼센트 보유한 채 철도 사업을 상하분리한 형태를 '민영화'라고 불렀다. 정부가 모든 주식을 보유한 주식회사도 민영화인데, 자회사로 분리해 주식 절반 이상을 팔아버리는 일이 어떻게 민영화가 아니란 말인가.

파업은 누가 선동했나

야당은 정부 측에 '철도 민영화 금지 법제화'를 요구했다. 수서발 KTX 지분을 민간에게 팔지 않도록 법적 방안을 마련해달라는 것이다. 이 입장은 여러모로 문제가 있다. 앞서 말했듯이 투자자가 민간인지 공공기관인지는 중요치 않다. 중요한 것은 민간 매각 방지가 아니라 '공공서비스의 영리화'를 막는 법적 장치다.

박근혜 대통령은 대화를 '타협'으로, 양보를 '패배'로 보는 그릇된 인식을 지니고 있다. 1970년대 권위주의 정부의 리더십을 체화한 그는 인내와 설득을 비효율적 낭비로 치부한다. '복고풍'의 위계적 정부 밑에서 오직 대통령 입만 바라보던 코레일 사장과 총리는 마치 분신처럼 '비타협'과 '무관용'을 되뇌며 문제를 키웠다. 그들이 이해하지 못하는 것은 민주주의가 본래 느리고 비효율적인 체제라는 사실이다.

최연혜 사장조차 자신의 글에서 독일의 연방철도 개혁이 "실행 기간만도 10년이 넘게 걸리는 장기계획"이었다고 썼다. 2016년에 겨우 수서-평택 구간의 공사만 완료되는 수서발 KTX를 2013년에 분리하지 못해 안달한 이유가 무엇인가? 게다가 정부는 종교계가 어렵게 마련한 대화의 장마저 스스로 뒤집어엎었다. 12월 26일 조계종이 중재해 코레일 노사 실무 교섭 합의를 이끌어내자마자 당시 부총리였던 현오석이 불쑥 나서서 "투쟁에 밀려 국민 혈세를 낭비하는 협상은 결코 하지 않을 것"이라고 말해 또 다시 대치 국면을 만들었다. 그는 여기서 멈추지 않고 코레일 노조를 향해 '17조 적자' 책임을 져야 할 '철밥통'이라는 비난을 늘어놓음으로써 코레일 사태에 얼마나 무지한지를 입증했다.

최소한 노조 측은 자신들이 왜 '자회사 설립이 민영화 사전 작업'이라고 믿는지 그 이유를 밝히고 이해시키려고 노력했다. 정부 주장대로 적자를 줄이고 효율성을 높이는 일이 목적이라면 KTX '황금노선'을 자회사로 분리해 운영권을 넘길 이유가 없다는 말이다. 상식적으로 생각해보자. 회사에서 유일하게 흑자를 기록하는 사업부를 떼어내어 지분의 절반 이상을 팔아버리면 회사의 경쟁력에 어떤 도움을 줄까?

아니나 다를까, 수서발 KTX를 자회사로 분리할 경우 경쟁력이 높아지기는커녕 코레일에 연간 수천억 원의 추가 적자를 안길 거라는 보고서가 공개됐다. 지극히 상식적인 이야기다. 하나밖에 없는 수익원을 매각할 때 적자가 늘겠는가, 줄겠는가? 그것도 노조 측 보고서가 아니라 코레일이 이사회에 제출한 내부 보고서의 내용이었다. 사 측은 뒤늦게 '재검증이 필요하다'며 변명했지만 스스로 작성한 보고서까지 부인하는 그들의 '진정성'을 어떻게 믿겠는가.

인내심이 부족했는지 설득할 근거가 부족했는지 모르겠으나 사 측은 노조 측의 대화 제의를 무시한 채 법인 출자를 결의하는 임시 이사회를 열겠노라고 일방적으로 통보했다. 철도 노조의 파업은 이렇게 시작되었다. 사 측이 파업을 유도한 셈이다. 충분한 시간을 두고 대화하고 설득하려는 시도조차 하지 않았다는 점에서 철도 파업의 가장 큰 책임은 정부와 코레일 사 측에 있다.

2013년 성탄 아침. 정작 책임을 져야 할 사 측 관계자들은 평온하고 안락한 잠에 빠져 있었지만 철도를 몸으로 움직여온 노동자들은 낯선 사찰에서 뜬눈으로 새벽을 맞았다. '노조'와 '파업'을 무조건 불온시하는 국민들이 있지만 이런 고정관념의 피해는 결국 국민 자신에게 돌아간다. 정치인과 경영자가 늘 국민의 이익만을 생각하지 않듯이 노조도 늘 자신의 이익만 생각하지는 않는다는 사실을 기억할 필요가 있다.

급전 필요한 대통령의
'공짜 점심'

귀족 노조

혈통·신분이 고귀하고 높은 사회적 특권을 가진 계층과
품을 팔아 하루하루 먹고사는 사람들의 교집합.

연관어 소리 없는 아우성, 찬란한 슬픔, 친서민 보수, 증세 없는 복지

많은 국민들이 '불타는 금요일'을 보내고 있던 2013년 12월 27일 밤 국토교통부(국토부)는 뜬금없이 '긴급 발표'를 했다. 밤 10시에 장관이 기자들 앞에 나와 수서발 KTX의 운송사업 면허를 발급했노라고 선언했다. 뭐가 그리 급했는지 평상시라면 오래전 퇴근해 '불금'에 동참했을 공무원들이 한밤까지 남아 철도회사 인가 건을 처리했다고 한다.

국토부의 심야 '긴급 발표'는 여러모로 1년 전 경찰의 '긴급 발표'

를 떠올리게 했다. 국정원 직원의 대선 여론조작 혐의를 조사하던 수서경찰서는 선거를 3일 앞둔 2012년 12월 16일 일요일 밤 11시 '중간 수사 결과' 발표를 통해 댓글 활동 증거를 찾을 수 없었노라고 선언했다. 공교롭게도 이 사건을 맡은 곳도 '수서'경찰서였다. 닮은 점은 지역만이 아니었다.

당시 국정원 직원이 사용한 컴퓨터 하드디스크의 분석을 맡았던 서울지방경찰청은 본청의 디지털증거분석팀에서 분석하는 데만 일주일이 걸릴 것이라고 말했었다. 하지만 수사를 맡은 수서경찰서는 무슨 이유에서인지 사흘 만에 중간 수사 결과를 내놓았다.

코레일의 수서발KTX 허가에 1년을 끌었던 정부가 수서고속철도 주식회사의 면허를 내주는 데 걸린 시간은 고작 네 시간이었다. 그러고는 그 내용을 밤 10시에 기습적으로 발표했다. '최단기 철도면허 신기록'이라도 수립하고 싶었던 것일까.

이들이 금요일 밤 야근을 마다하지 않은 이유는 국민에 대한 사랑 때문이라고 믿고 싶다. '기습 면허 발급'과 '긴급 발표'를 주도한 국토부에 표창장이라도 줘야 할까? 하지만 수서발 KTX 분리의 '이론적 아버지'라 할 이재훈 한국교통연구원 본부장은 이미 이명박 정부 말기에 철탑산업훈장을 받았다. 그가 속한 연구원 또한 역대 최초로 3년 연속 '최우수연구기관'에 선정되는 영예를 안았다. 하지만 코레일 자회사 설립을 밀어붙인 정부 인사들이 국민에게 칭찬받기는 어려울 듯하다. 그들이 내세웠던 '경영 정상화'나 '경쟁 체제 도입'의 합리화 근거가 매우 부실하기 때문이다.

뒤에서 자세히 살피겠지만 '철도 개혁'을 주도한 국토부와 이 기관으로부터 용역을 받아 연구를 수행한 교통연구원은 남에게 '개혁'을 주문하기에는 지은 죄가 너무 많다. 코레일 사태를 명확히 이해하는 것은 철도가 제대로 된 '시민의 발'로 기능하게 만드는 길인 동시에 온갖 실정과 비리로 얼룩진 정부기관들이 책임 있게 행동하도록 만드는 길이기도 하다. 코레일을 망쳐놓은 장본인들을 정상화의 주체로 세울 수는 없기 때문이다.

수서발 KTX 분리는 국토부발 '먹튀'

정부는 '경쟁 체제의 도입을 통한 경영 정상화'만이 살길이라며 자회사 설립을 통한 수서발 KTX의 분리를 강행했다. 이 결정에 반발한 철도 노조가 파업을 시작하자 방만 경영으로 누적된 '17조 원' 부채의 책임을 져야 할 '6000만 원' 연봉의 '귀족 노조'가 '철밥통'을 지키려 한다며 공권력을 투입했다.

현오석 당시 부총리는 크리스마스 다음 날 발표한 담화문에서 "방만 경영으로 눈덩이처럼 불어나는 적자를 국민의 혈세로 매년 메워넣어야 하겠느냐"라고 주장했다. 물론 방만 경영의 책임을 국민에게 전가해서는 안 될 일이다. 하지만 책임이 국토부와 국무총리실에 있어도 이런 말을 할 수 있을까? 정부의 '방만 정책'으로 발생한 적자를 국민의 혈세로 메워넣는 일은 괜찮단 말인가? 더구나 이들이 억대 연봉까지 받고 있다면?

우선 코레일의 적자 내용을 제대로 파악해보자. 정부는 2004년 철도청을 해체하고 이듬해 코레일을 공기업 형태로 출범시키면서 5조 8000억 원의 부채를 떠넘겼다. 그 가운데 4조 5000억 원은 고속철도 건설 부채였다. 당연히 이 부채는 코레일이 KTX의 수익을 통해 장기적으로 해결해야 할 빚이었다.

흔히 코레일에서 KTX만이 흑자를 낸다고 알려져 있지만 KTX 누적 흑자로 건설 부채를 모두 갚기 전까지는 결코 '흑자'라는 말을 쓸 수 없다. 〈동아일보〉조차 개통을 알리는 2004년 3월 2일 기사 '[고속철 개통 D-29] 저속구간 축소-요금할인 개선 과제로'에서 "건설 기간에 빌린 부채상환은 개통 27년 뒤인 2031년에 가능"이라고 분석했다. 따라서 KTX 황금 노선을 분리해 매각하는 일은 '재주는 코레일이 부리고 돈은 자회사가 챙기는' 꼴이 된다.

코레일이 이사회에 보고한 내부 문건에 따르면 수서발 KTX를 분리할 경우 연간 5000억 원의 적자가 예상된다고 한다. 적자가 가중될 때 일반철도를 정상적으로 운영할 수 없는 것은 당연하다. 새마을호나 무궁화호는 원가의 절반 수준에서 요금이 정해지기 때문이다. 2010년 기준으로 새마을호는 원가의 56.8퍼센트, 무궁화호는 48.6퍼센트다. 오직 KTX만이 106.7퍼센트로 원가 이상을 받는다. 애초부터 KTX를 제외하고는 적자를 내도록 설계된 것이다. 시민들이 부담 없이 이용할 수 있게 하는 것이 공공서비스의 목적이기 때문이다.

'KTX 흑자'와 '일반철도 적자'의 교차 보조는 매우 훌륭한 시스템이다. 싼 요금을 원하는 시민은 느리더라도 값싼 일반철도를 이용하고, 금전적 여유가 있는 사람은 조금 더 내고 고속철도를 이용하면 되기 때문이다. 코레일 사 측도 "국민 편의 증진 및 철도의 공익적 기능 유지를 위해 고속철도 수익으로 결손을 충당하여 운영하고 있다"라고 설명한다. 이런 점에 비추어볼 때 건설 부채도 해결되지 않은 상태에서 KTX 자회사를 분리한 일은 철도의 공공성 포기를 넘어 국토부발 '먹튀'라는 비난을 받아 마땅하다.

"영업적자 줄었다"더니 왜?

왜 박근혜 대통령은 그 시기에 수서발 KTX 분리를 강행했을까? 정부는 '경영 비효율이 심각하기 때문에 그대로 둘 수 없다'고 주장한다. 하지만 이상하다. 코레일 사 측은 분명히 "전년대비 1383억 원의 영업 적자를 (2012년에) 줄였다"라고 2013년 초에 자랑했기 때문이다. "철도 선진화 추진"을 통해 "2008년의 7374억 원에 비해 3990억 원의 적자를 줄였으며, 매출액 영업이익률을 2008년 -20.3퍼센트에서 2012년 -7.9퍼센트로 대폭 개선했다"는 게 그들 주장이었다.

심지어 철도 노조를 비난하던 〈조선일보〉조차 2013년 12월 기사에서 "영업적자가 줄어드는 추세"를 인정했었다. 하지만 국토부의 '긴급 발표'가 있던 날 박근혜 대통령은 이렇게 선언한다.

"'경제학에 공짜 점심은 없다'는 말이 있듯이 철도 방만 경영에 따른 적자는 국민의 부담으로 귀착된다."

박 대통령이 탁월한 언어 감각의 소유자라고 믿는 사람은 많지 않을 것이다. 하지만 그 사실을 감안해도 그의 '공짜 점심' 이야기는 너무나 생뚱맞다. '공짜 점심'은 대통령이 말한 맥락과 아무 관련이 없는 말이기 때문이다. '공짜 점심'은 겉보기 그럴 듯한 미끼로 뭘 뜯어내려 하거나, 원하는 두 가지를 동시에 가질 수 없다는 '기회비용'을 설명할 때 쓰는 표현이다. 별로 친하지도 않은 사람이 갑자기 '점심 살 테니 만나자'고 한다면 그의 속셈을 의심해야 한다는 말이다.

'공짜 점심'은 오히려 이명박-박근혜 정부의 정책을 설명하기에 적합하다. '민자 사업'이 무슨 보약이라도 되는 양 무차별적으로 사업을 전개하다 국가와 공기업에 막대한 빚을 안긴 이명박 정부, 그리고 '공기업 개혁'을 내세워 공공서비스를 시장에 내다 판 박근혜 정부의 '반공공-친시장' 정책에 어울린다는 말이다. 민간 자본이 '공짜로' 공공서비스에 돈을 댈 것이라고 생각하는가?

박근혜 정부는 취임 이래 막대한 재정 적자에 허덕였다. 이명박 대통령의 무분별한 재정 운용과 감세 정책을 물려받은 탓이다. 덕분에 국가 부채는 박근혜 정부 출범 첫해인 2013년에 사상 처음으로 1000조 원을 넘어섰다. 이는 국내총생산(GDP)의 약 80퍼센트에 달하는 막대한 액수로 2007년 571조 2000억 원이던 국가 부채가 이명박, 박근혜 정부 6년 사이에 두 배로 불어난 것이다.

2013년 10월 세종청사에서 처음 열린 국정감사에서 기획재정부는 국회의원들로부터 뭇매를 맞았다. 당시 기획재정부 장관인 현오

국민의 삶에 핵심적 역할을 하는 공공서비스는 하나하나 무너져갈 것이다.
이미 박근혜 정부는 철도뿐 아니라 의료, 도시가스, 방송 분야의 '경쟁 체제 도입'까지
기정사실화했다. 물론 정부는 '민영화'가 아니며 '창조경제'의 과제일 뿐이라고 변명한다.

석은 "방만 경영으로 눈덩이처럼 불어나는 (코레일의) 적자를 국민의 혈세로 매년 메워넣어야 하겠느냐"라는 불호령에 "파티는 끝났다"라는 말로 구조조정의 피바람을 예고한 사람 아닌가? 그는 자신의 "방만 경영으로 눈덩이처럼 불어난 적자를 국민의 혈세로 메워넣어야 하는" 사태에 어떤 책임을 졌을까?

〈중앙일보〉보도에 따르면 "부총리 겸 기획재정부 장관은 '최선을 다해 철저히 관리하겠다'는 원론적인 답변만 되풀이"했으며, "국회의원들도 뻔한 답변에 지친 듯 호통만 치고 끝나는 경우가 많았다"고 한다. 이들은 수당이나 특별활동비 등을 뺀 연봉만으로 1억 원을 훌쩍 넘겨 받는 사람들이다. 보수언론에서 이들을 '귀족' 어쩌고저쩌고하며 비난하지 않는 이유는 이들이 노동자와 달리 정말 귀족이기 때문일까?

코레일 적자는 정부의 방만 탓

정부는 코레일 부채의 책임을 애꿎은 직원들에게 돌리며 '개혁'을 요구하지만 가장 큰 책임은 정부 스스로에 있다. 한국조세재정연구원의 2014년 12월 보고서인 〈공공기관의 부채 감축 방안〉에 따르면 코레일이 2005년 떠안은 5조 8000억 원의 부채는 2008년까지 거의 늘지 않았다. 그러다가 이명박 대통령 집권기에 폭발적으로 증가한다. 국토부가 민자 사업으로 인천공항철도를 건설해놓고 매년 1000억 원대의 적자를 내자 이를 억지로 코레일에 떠넘긴 탓이다.

정부가 현대건설 컨소시엄과 민자 협약을 맺고 인천공항-김포-서울역을 잇는 철도를 건설하기로 한 사업이 문제의 시작이었다. 민간이 지어 30년 동안 운영한 뒤 정부에 이관하게 되어 있었지만 거의 모든 민자 사업이 그렇듯 인천공항철도 역시 '혈세 빠는 흡혈귀'로 전락한다. 인천공항철도가 개통한 2007년부터 2010년 사이 정부가 민자 업자에게 지급한 보조금은 연평균 1300억 원에 달한다. 여기에 김포공항-서울역 구간이 개통되면서 보조금 지급액은 두 배 이상 늘었다.

늘어나는 재정 부담을 감당할 수 없게 되자 국토부는 현대 측 지분을 코레일에 넘기면서 보조금을 대폭 삭감한다. 인천공항철도 인수로 늘어난 코레일의 부채만 1조 2000억 원이며, 줄어든 운영 보조금 역시 고스란히 코레일의 부담으로 남았다. 왜 이런 일이 일어났을까? 총리실 산하단체인 한국교통연구원이 수행한 타당성 조사의 수요 예측이 엉터리였기 때문이다. 인천공항철도 민자 사업은 예측 수요를 기준으로 예상운임수입의 90퍼센트를 보전해주는 방식으로 운영됐다. 하지만 운영 결과는 운임수입 예측치의 7퍼센트에 지나지 않았다. 그 결과 세금으로 민자 업체에 지불한 보조금이 2008년부터 6년간 1조 904억 원에 달했다(이런 경우 정부는 '혈세'라는 말을 쓰지 않는다).

국토부가 무리하게 추진한 용산 개발이 수포로 돌아가면서 발생한 코레일의 적자 역시 2조 4000억 원에 달한다. 역시 국토부가 ('녹색성장' 정책의 일환으로) 친환경적 교통수단인 철도 경쟁력을 강화

한다며 경부고속철도와 호남고속철도에 수조 원대의 시설 투자를 한 것도 코레일 적자 폭을 크게 늘려놓았다. 거기에 코레일은 2010년 이후 연간 6000억 원 이상을 철도시설공단에 '철로 사용료'로 지급하고 있다.

정부는 코레일의 적자를 공익서비스의무(PSO) 보상금으로 보전해주게 되어 있다. 일반철도 요금을 원가 이하로 규제하고 부족분의 일부를 정부가 채워주는 것이다. 만일 이 규제가 서민을 위한 복지 차원이라면 정부가 지급 의무를 성실히 이행해야 마땅하다. 하지만 정부는 코레일 출범 이후 단 한 해도 보상금을 제대로 지급하지 않았다. 이 미지급액은 2005년 814억 원에서 2010년 1500억 원 이상으로 두 배 가까이 늘었다. 철로 사용료는 꼬박꼬박 받고 빚은 안 갚으면서 '방만 경영'이 어쩌니 '혈세로 적자를 메워'서야 되겠느니 하는 엉뚱한 소리를 늘어놓은 것이다.

수서발 KTX의 지분을 매각하는 대상이 지자체든 공공기관이든 민간이든 정부로서는 '급전'을 마련해 빚을 갚을 수 있게 된다. 이는 정부에게 '꿩 먹고 알 먹는' 효과를 가져다줄 것이다. 알짜배기 노선을 팔아버린 코레일의 적자 폭은 더욱 커질 테고, 경영 상황의 악화는 일반철도 요금을 인상하거나 노선 자체를 폐지할 구실을 마련해줄 것이기 때문이다. 정부는 공공서비스를 포기함으로써 눈엣가시로 여기는 공익서비스의무 보상금 지출을 줄일 수 있게 될 것이다.

결국 자회사 지분을 누구에게 팔든 철도의 공공성은 막대한 타격을 입게 된다. 수서발 KTX 분리 문제를 철도 노조에게만 맡겨둘 수 없는 이유이기도 하다. 시민사회가 철도 영리화를 받아들이고 나면 국민의 삶에 핵심적 역할을 하는 공공서비스는 하나하나 무너져갈 것이다. 이미 박근혜 정부는 철도뿐 아니라 의료, 도시가스, 방송 분야의 '경쟁 체제 도입'까지 기정사실화했다. 그리고 2015년 12월 제주도에 건강보험이 적용되지 않는 첫 영리병원을 허용했다.

이후 어떤 일이 일어날지는 불을 보듯 뻔하다. 우선 전국 8개 경제자유구역에서 영리병원 설립 신청이 잇따를 것이다. 자본, 우수 의료진, 부유층 환자가 영리병원으로 몰려들면서 '돈만 내고 혜택도 못 받는 건강보험료를 왜 내야 하느냐'며 공공보험과 공공의료를 무력화하려는 시도가 진행될 것이다. 물론 정부는 '민영화'가 아니며 '창조경제'의 과제일 뿐이라고 변명한다. 여기서 박근혜 대통령의 말을 다시 한번 떠올리면 도움이 될 것이다.

"공짜 점심은 없다."

'호구' 신세로 전락한
위태한 개인정보

주민등록번호
대한민국 정부가 국민에게 부여하고, 덕분에 '세계인이 사용하는' 개인 식별 수단.

동의어 아이핀(i-pin)

너털웃음이 난다. 2014년 1월, 1억 건 이상의 개인정보가 유출됐다. 겨우 5000만 명이 사는 나라에서 말이다. 처음도 아니다. 롯데카드·KB국민카드·NH농협카드 개인정보 유출 사태가 아니어도 그 전까지 5년간 도난당한 개인정보 역시 1억 건에 달한다. 알려진 사건만 그렇고, 덮이거나 모른 채 넘어간 경우를 포함하면 그 수는 훨씬 많을 것이다.

카드 3사의 대형 개인정보 유출 사태가 있기 불과 2년 전 KT에서는 870만 건의 개인정보가 유출됐고, 2011년 네이트·싸이월드에서는 3500만 건의 개인정보가 새어 나갔다. 또 2008년에는 옥션 해킹으로 1000만 건이 넘는 개인정보가 빠져나갔다.

정부는 '대책을 마련하겠다'며 부산스레 움직였다. 지난 5년간 가공할 정보 유출 사태가 빈번히 일어났어도 누구 한 명 제대로 처벌한 적이 없었으니 꽤 생소한 모습이라고 할 만했다. 정부가 갑자기 개인정보의 중요성을 깨닫기라도 한 것일까.

그렇다면 반가운 일이지만 국민 노릇을 한두 해 한 게 아닌 탓에 당시 코앞으로 다가왔던 지방선거가 주효했다는 사실을 쉽게 짐작할 수 있다. 정보통신의 발전 속도를 고려할 때 보안 문제 해결은 매우 시급하다. 기업이 개인정보를 무제한 축적해 활용하는 '클라우드'와 '빅데이터' 환경 때문이다.

더욱이 한국이 주민등록번호라는 세계적으로도 희귀한 통합정보 체계를 지녔다는 점에서 상황은 더욱 심각하다. 결론부터 말하면 주민등록번호를 유지한 채 미래의 정보통신 환경으로 가는 것은 머리를 밖으로 내놓고 로켓을 타는 일처럼 어리석고 위험하다. 문제는 한국의 관료 가운데 이런 인식을 공유하고 있는 이들이 많지 않다는 점이다.

한국인으로 사는 것은 눈 감고 롤러코스터 타기와 같다. 한 치 앞을 내다볼 수 없을 만큼 '다채로운' 사건들이 터져나오는 것도 그렇고, 사태를 해결하겠다고 나섰다가 오히려 문제를 키우는 책임 당사자들을 볼 때도 그렇다. 이들이 관리하는 롤러코스터에 오르는 일은 꽤 큰 담력을 요구한다.

비극적인 것은 우리가 원해서 그 롤러코스터에 올라탄 게 아니라는 점이다. 얼마 전 카드사에서 유출된 개인정보가 유통되고 있다는 보도가 나왔다. 그러자 정부와 카드사는 '유출된 개인정보의 원본과 복사본을 검찰이 모두 회수했다'고 주장했다. 그리고 입을 모아 "2차 피해는 없을 것"이라고 목소리를 높였다.

원시적인 제도로 인터넷 강국을?

이쯤 되면 웃어야 할지 울어야 할지 모르겠다. '또 하나의 원본'이라는 옛날 복사기 광고를 기억하는 분들이 있을 것이다. 디지털 정보의 가장 큰 특징은 '원본'과 '복사본'의 구분이 무의미하며 무제한 복제가 가능하다는 점이다. 게다가 텍스트 파일은 편집과 가공이 간편하고 용량까지 작아서 이메일에 첨부해 쉽게 전송할 수 있다. 나는 '복사본을 모두 회수했다'는 당국자 말에 웃음을 터뜨릴 수밖에 없었다. 그 말이 미디어 학자의 귀에는 '메르스 바이러스를 모두 생포했다'는 말처럼 들렸기 때문이다.

당시 정찬우 금융위원회 부위원장은 이렇게 말했다. "기사에 보도된 유출 정보는 엑셀 파일로 돼 있지만 카드사에서 유출된 정보는 텍스트 파일 형태였다. 법무부에서 확인한 바에 따르면 텍스트 파일은 엑셀 파일로 변환이 안 되는 것으로 안다." 정보 유출의 책임 당사자인 금융위원회나 수사를 담당한 법무부 모두 디지털 기술에 무지하다는 사실을 스스로 드러낸 꼴이다.

교육 차원에서 덧붙이자면 텍스트 문서는 '변환'할 필요도 없이 엑셀에서 그냥 열면 된다. 엑셀 문서 하나에 가로 1만 6384줄, 세로 104만 8576줄까지 옮겨올 수 있다. 이 둘을 곱해보면 문서 하나로 얼마나 방대한 정보를 빼돌릴 수 있는지 알 수 있게 된다.

금융위원회나 법무부의 무지가 한심하기는 하나 정보 유출로 가장 큰 욕을 먹어야 할 조직은 안전행정부와 과거 정보통신부다. 이들이 기업들의 정보 수집을 보장하고 더 나아가 강제하기까지 하면서도 관리 책임은 뒷전으로 미뤄왔기 때문이다. 이들이 국민 정보에 보인 무지와 무책임한 태도에 입이 다물어지지 않는다.

국정감사 자료에 따르면 행정안전부(지금의 행정자치부)는 2008년부터 2011년 8월까지 국가행정전산망에서 주민등록번호 등의 개인정보를 빼내 채권추심회사와 금융회사 등 민간 기업 52곳에 돈을 받고 팔았다. 정보 한 건에 30원씩, 무려 17억 8000만 원을 받았으니 얼마나 많은 정보를 넘겼는지 알 수 있다. 이렇게 매각된 정보가 5935만 건이 넘으니 사실상 전 국민의 정보를 팔아치운 셈이다.

'현재 유통되고 있는 개인정보는 최근 카드사 정보 유출 사건과는 상관없는 것'이라는 금융위원회의 해명은 옳을지 모른다. 그 정보는 정부가 과거에 팔아먹은 것일 수도 있으니 말이다. 정부가 이런 무지와 무책임한 태도로 지금까지 원시적인 주민등록번호를 유지해왔고, 그런 이유로 불편하고 위험한 '공인인증제도'를 강제해온 것이다.

주민등록번호를 토대로 '본인 확인'을 요구하는 정부 공인인증제는 오히려 유출을 돕는 역할을 해왔다. 게다가 주민등록번호가 어떤 번호인가. 나이와 성별은 물론 본적지의 읍·면·동까지 기록되며 심지어 출생신고 순서까지 뻔히 드러나는 원시적인 부호다. '인터 넷'은 고사하고 컴퓨터조차 생소했던 1962년 '간첩 잡는다'며 도입한 신분 확인 수단을 지금까지 유지한 정부의 나태와 둔감함을 어떻게 이해해야 할까?

빅데이터가 주민등록번호와 만나면

한국의 주민등록번호는 세계적으로 희귀한 사례다. 개인의 출생 정보까지 한눈에 보여주는 '무식함'만이 아니다. 주민등록번호는 개인 식별과 본인 확인의 용도뿐 아니라 그 사람의 신원 기록을 검색하는 '열쇠' 기능도 수행한다. 이처럼 한 개인의 모든 정보를 통합한 사례는 그 유례를 찾기 어렵다.

국민에게 고유 식별 번호를 부여하는 일은 사람 몸에 바코드를 찍는 일만큼이나 반민주적이다. 그 목적이 감시와 통제에 있기 때문이다. 게다가 이 식별 번호가 한국처럼 키·혈액형·질병 등 생물학적 정보나 가족·혼인·경제활동 등의 사회학적 정보의 열쇠가 된다면 위험성은 커질 수밖에 없다. 그런 이유에서 영국·독일·미국·캐나다·호주·뉴질랜드·포르투갈 등은 아예 고유 식별 번호 자체를 부여하지 않는다.

미국에는 '사회보장번호(social security number)'가 있지만 이 번호에는 개인에 대한 아무런 정보도 담겨 있지 않다. 필요하면 번호를 바꿀 수도 있다. 미국에서 운전 중 위반을 하면 경찰이 운전면허증을 요구하는데, 여기에 사회보장번호 같은 것은 적혀 있지 않다. 운전자의 벌점 등은 운전면허번호로 완전히 분리해 관리된다. 반면 한국은 주민등록증은 물론 운전면허증과 여권에도 주민등록번호가 적혀 있다.

'빅데이터'로 표현되는 소비자 정보의 수집과 활용 기술은 통합된 국민 식별 체계가 없는 나라들에도 큰 불안감을 주고 있다. 개인의 행동 패턴을 파악하는 일만으로도 상당한 정보를 얻어낼 수 있기 때문이다. 이런 상황에서 '빅데이터'가 주민등록번호와 결합하면 아주 끔찍한 결과를 초래할 것이다.

이처럼 낙후한 한국의 개인정보 관리체계는 첨단 정보통신 환경에서 '호구' 신세로 전락할 것이다. 한 가지 위안이 되는 사실은 이미 털릴 대로 털려 더 이상 털릴 게 없다는 것이다. 하지만 그 때문에라도 더 이상 주민등록 번호를 유지할 필요가 없다.

주민등록번호 '대체' 수단 찾지 말아야

2014년 카드사 개인정보 유출 사건 후 정부는 '2차 피해가 없을 것'이라는 막연한 희망을 늘어놓았다. 하지만 디지털 정보가 무서운 것은 '누적 효과' 때문이다. 이제까지 몇 년 동안 유출된 정보들은 누군가에 의해 (물론 엑셀을 이용해서) 차곡차곡 쌓이고 정리되었을 것이다.

그 결과가 당장 드러나지는 않을 것이다. 정부가 눈에 불을 켜고 있는 상황에서 눈에 보이는 범죄를 일으킬 바보들은 없으니 말이다. 이들은 잠잠해질 때까지 기다렸다가 소액을 노릴 가능성이 크다. 금융 정보만 유출되면 금전적 피해로 끝나지만 주민등록번호가 유출되면 금전적 피해는 물론 더 흉악한 범죄의 수단이 된다는 점에서 훨씬 위험하다.

(비록 이후 감감무소식이지만) 박근혜 대통령이 주민등록번호를 대체할 수단을 검토하라고 지시한 일은 바람직하다. 하지만 주민등록번호를 '대체'하는 수단을 개발해서는 곤란하다. 통합된 식별 체계는 결국 똑같은 문제를 가져올 것이기 때문이다. 오히려 사회보장·운전면허·건강보험 등 용도에 따라 정보를 분리하는 작업부터 시작해야 한다.

2015년 12월, 헌법재판소는 주민등록번호 변경을 허용하지 않는 주민등록법 7조에 대해 '헌법불합치' 결정을 내렸다. 반가운 일이지만 주민등록번호를 바꿀 수 있게 허용하는 것이 대안이 될 수는 없다. 아무리 법으로 금지해도 개인정보를 악용하려는 탐욕을 막을 수는 없기 때문이다. 국민을 보호하려면 모든 정보가 통합된 주민등록번호 자체를 없애야 한다.

국민들이 권리를 지키기 위해 할 일은 '까다롭게 구는 것'이다. 정부와 기업이 개인정보를 요구할 때마다 '그걸 왜 묻느냐'며 따지고 항의하는 것이다. 정보 유출 책임이 있는 카드사에 대해서는 '재발급'보다 '탈퇴'가 버릇을 고치는 데 도움이 될 것이다.

정부의 버릇은 어떻게 고칠 수 있을까? 까다로운 유권자가 되면 된다. 하지만 적잖은 국민이 '까다로운 유권자'는 고사하고, '유권자'가 되기를 포기한다. 탄식과 불평만으로 현실을 바꿀 수는 없다. 아무리 디지털 세상이 도래했어도 더 나은 세상을 만드는 일은 투표소를 찾아 종이에 도장을 찍는 귀찮은 '아날로그적 노력'을 필요로 한다.

진노와 질책에 숨은
무능과 비겁함

참사
국민 다수가 목숨과 재산을 잃는 비극적 재난 중 정부 책임과 상관없는 사건들.

동의어 교통사고

"남을 탓할 생각은 없습니다. 오히려 실수에서 교훈을 얻어 문제를 바로잡고, 그로써 우리가 사는 곳을 더 안전한 곳으로 만들어가려고 합니다. 제가 남 탓을 할 수 없는 까닭은, 제가 최종 책임자이기 때문입니다. 저는 대통령으로서 나라와 국민을 안전하게 지켜야 할 막중한 책임을 지고 있습니다. 안전 시스템이 작동하지 않는다면, 책임은 제게 있습니다."

우리는 본능으로 안다. 적어도 지금의 대한민국 대통령이 한 말은 아니라는 사실을 말이다. 우리 대통령은 '진노'하고 '질책'할 뿐 책임을 지는 사람은 아니기 때문이다.

앞의 말을 한 사람은 미국 대통령 버락 오바마다. 그는 대통령 취임 1년여 만에 큰 정치적 위기에 빠진다. 2009년에 발생한 '성탄절 테러 미수 사건' 때문이다.

테러 용의자는 네덜란드 암스테르담을 출발해 미국 디드로이트로 들어오는 비행기를 타고 있었다. 문제의 노스웨스트 항공편이 착륙하기 직전, 그는 정체불명의 폭발물에 불을 붙이려고 했다. 비록 실패에 그쳤으나 비행기 안에는 278명의 승객이 타고 있어 위험천만한 상황이었다.

책임지는 오바마, 책임 묻는 박근혜

미국의 테러 미수 사건과 한국의 세월호 참사는 크나큰 차이를 보여준다. '미수' 사건이었음에도 불구하고 오바마는 그 사건 때문에 심각한 정치적 위기를 맞았다. 반면 박근혜 대통령이 처한 상황은 '위기'와는 거리가 있어 보였다. 미국 노스웨스트 탑승객을 모두 합한 것보다 많은 사람이 죽거나 실종된 상황에서도 말이다. 미흡한 사고 대처로 지지도가 '폭락'했다고 하나 여론조사 결과는 여전히 3분의 1 이상의 국민이 지지를 보내고 있음을 보여주었다.

두 사건을 둘러싸고 드러난 한국과 미국의 가장 큰 차이는 지도자가 사고에 대처하는 방식이었다. 앞의 발언에서 보듯 오바마는 사

*
'파도를 피하는 것'과 '파도 속으로 들어가는 것' 중 어떤 쪽이 현명한 위기 대처법일까.
한 가지 사실은 분명하다. 대통령이 한국 사회를 덮친 풍랑에 당당히 맞서기는커녕
국민의 입김조차 마주할 자신이 없다는 사실 말이다.

건의 책임이 자신에게 있음을 분명히 했다. 그리고 "한 개인이나 조직의 잘못보다는 시스템이 제대로 작동하지 않은 것"을 문제점으로 지적했다. 덧붙여 이에 대한 대책으로 혁명적인 시스템 정비를 약속했다.

당시 미국 보수 정치권과 언론은 책임자 문책을 요구하고 있었고, 공무원 몇 명을 잘라내는 일은 자신의 책임을 벗고 여론을 잠재우는 효과적인 방법이기도 했다. 그러나 오바마는 "책임 전가보다 문제 해결이 더 중요하다"며 미봉적 선택을 거부했다. 대신에 그는 한국 돈으로 1조 원 이상을 들여 국내 공항은 물론 미국과 연결되는 전 세계 주요 공항에 전자 장비를 설치하는 구체적 해결책을 내놓았다.

박근혜 대통령은 달랐다. 그는 사건에 대해 '진노'하면서 '질책'과 '문책'으로 일관했다. 그는 "책임 있는 모든 사람들에 대해 지위고하를 막론하고 민형사상 책임을 물어야 할 것"이라고 목소리를 높였다. 하지만 "책임 있는 모든 사람들" 속에 자신은 들어가지 않았으며, 사고 재발을 막을 그 어떠한 현실적인 방안이나 대책을 내놓지 않았다. 그저 막연히 "안전사고의 재발 방지"를 지시했을 따름이다.

대형 사건이 터질 때마다 한국의 신문은 '대통령 진노' 또는 '대통령 질책'이라는 표제어를 즐겨 싣는다. 그리고 기사에는 '관계 당국자들은 침통한 표정이었다'는 내용이 단골로 따라 나온다. 다른 나라의 언론 보도를 주의 깊게 살펴온 사람이라면 이런 보도 행태가 얼마나 특이하고 '한국적'인지 알고 있을 것이다. 가을이면 모든 사회적 이슈를 제쳐놓고 텔레비전 뉴스 첫머리에 등장하는 단풍 소식처럼 말이다.

물론 메시지는 분명하다. '대통령은 현 사태를 심각하게 여기고 있다.' 정부와 언론 모두 이 말이 하고 싶은 것이다. 그래서? 국가적 재앙을 심각하게 여기지 않는 사람이 있단 말인가?

'진노'와 '질타' 보도에는 정부와 언론의 무능과 비겁함이 뒤섞여 있다. 제대로 된 언론이라면 문제의 본질을 지적하고 체계적인 방안을 요구해야 한다. '진노'는 '분개'에 왕조적 전통의 경외감을 섞은 말이다. 대통령의 분노와 측근의 '침통한 표정'이 무엇을 바꿀 수 있다는 말인가?

이처럼 구체성이 결여된 감성적 언어는 성난 여론을 누그러뜨리는 일시적 효과가 있을지 모르나 결과적으로 대책 마련을 회피하게 만드는 결과를 낳는다. 정부는 언론을 이용해 '대책이 나올 것 같은 분위기'를 연출한 뒤 국민들이 잊기를 기다리고, 같은 사고는 잠시 과거가 되었다가 현재와 미래로 다시 되풀이된다.

'질책'만 하는 '대책 없는' 대통령

세월호 참사가 일어나기 1년 전인 2013년 3월, 전남 진도 앞에서 대형 화물선이 어선을 들이받고 도주한 사건이 있었다. 이 사고로 고깃배는 두 동강이 난 채 침몰했고, 타고 있던 선원 7명 전원이 실종되었다. 당시 박근혜 대통령은 직접 나서서 관련자들에 대한 '문책'과 '재발 방지 대책'을 요구했다.

같은 해 여름, 배수지 수몰 사고와 사설 해병대 캠프 참사가 일어났을 때도 박 대통령은 "관리 감독 소홀로 국민 안전에 문제가 생겼을 시에는 엄중 문책" 하겠다고 경고하며 "안전사고의 재발 방지"를 촉구했다. 한 해 뒤인 2014년 2월, 경주 리조트 참사가 일어났을 때도 대통령은 "근원적 재발 방지를 위한 개선책"을 주문했다.

2014년 4월 세월호 때도 대통령은 마치 재방송을 하듯 똑같은 경고와 주문을 되뇌었다. 특별히 강력했다는 대통령의 그 '진노'는 얼마나 효과가 있었을까? 〈경향신문〉 보도가 답해준다. 대통령의 질책에 혼비백산한 해양수산부가 해경 등 관계 기관과 합동으로 현재 운항 중인 연안 여객선에 대한 긴급 안전 점검에 들어갔으나 그마저 형식적 절차에 지나지 않는 "부실투성이"였다는 것이다.

박 대통령은 "자리 보전을 위해 눈치만 보는 공무원들은 반드시 퇴출시킬 것"이라고 경고했지만 대통령의 '진노'가 뉴스거리가 되는 것은 권력자 눈치를 보는 사회에서나 가능한 일이다. '진노'는 머잖아 잊히고 '침통'은 언제 그랬냐는 듯 누그러진다. '진노'와 '질책'이 물처럼 아래로 흐르기만 할 뿐 유의미한 변화를 이끌어내지 못한다.

경주 리조트 참사 후 대통령이 "철저 조사"와 "재발 방지"를 주문했을 때 정홍원 당시 국무총리는 어떤 조치를 취했을까? 그는 이틀 뒤 "사고 원인을 명확하게 밝혀 책임자를 엄정 조치하라"라는 또 다른 지시를 내렸을 뿐이다. 곧이어 경찰청장은 "책임자에게 엄한 책임을 물 수 있도록 최선을 다하라"라고 지시했다. 같은 지시는 표현만 바꾸어 '더 낮은 곳을 향해' 흘러갔을 것이다. 그리고 두 달 뒤 국민 수백 명이 수몰되거나 실종되는 비극이 일어났다.

책임 없이 권리만 갖는 지도자

영국 신문 〈가디언〉은 세월호 보도에서 박근혜 대통령의 대처 방식을 문제 삼았다. 절차나 제도상의 허점을 지적하고 개선하기보다 개인(선장과 선원들)을 비난하는 모습이 기이해 보인다는 것이다. 또한 한국 대통령의 이해할 수 없는 태도가 '문화적 차이'에서 온 게 아닌가 반문한다. 적어도 "서구 사회였다면 국가적 재앙에 그처럼 늑장 대응을 한 지도자가 무사하기 어려웠으리라"는 것이다. 더 나아가 "지지도는 말할 것도 없고 대통령 자리마저 위태로운 상황이 됐을 것"이라고 덧붙였다.

나는 이 글이 몹시 불쾌했다. 한국의 '절대존엄'을 모욕해서가 아니다. 지도자의 무능과 무책임에 눈을 감는 것이 '한국적 가치'라도 되는 양 써놓았기 때문이다. 도대체 언제부터 대한민국의 대통령 자리는 무제한의 권리와 권력을 누리면서 책임은 지지 않는 희한한 자리가 되었을까? 두 가지 가능성이 있을 것 같다. 하나는 본래 한국인이 대통령에게 아무런 기대가 없고, 그저 이따금씩 그의 '용안'을 텔레비전 화면으로 보는 것만도 황송하게 여길 가능성이다. 다른 가능성은 대통령이 일을 제대로 하고 있는지를 합리적으로 판단할 정보가 없기 때문이다.

첫 번째 경우에 해당하는 사람이 전혀 없는 것은 아니겠지만 나는 두 번째가 더 큰 이유라고 생각한다. 어떤 국민도 대통령이 하는 일을 직접 볼 수 없다. 언제나 방송 카메라로, 신문 기사의 글로 간접적으로 만나게 된다. 언론이 권력을 비판적으로 파헤치지 않는 한 권력의 무능과 부패는 모습을 드러내지 않는다. 정부에 대한 언론의 역할이 '감시견'에 비유되는 이유다.

박근혜 대통령이 대선후보였던 시절, '위기에 강한 글로벌 리더십'이라는 광고가 텔레비전에서 방송되었다. 공교롭게도 여기에는 풍랑 속 배가 등장한다. 천둥 번개가 치고, 배가 맹렬한 바람과 파도 속에서 위태롭게 나아갈 때 다음의 글귀가 화면에 새겨진다.

경험 없는 선장은 파도를 피해 가지만
경험 많은 선장은 파도 속으로 들어간다.
그것만이 파도를 이기는 방법임을 알기에……
지금 대한민국엔 위기에 강한 대통령이 필요합니다.
앞으로의 5년이 대한민국의 미래를 좌우합니다.
준비된 여성대통령 기호 1 박근혜

나는 알지 못한다. '파도를 피하는 것'과 '파도 속으로 들어가는 것' 중 어떤 쪽이 현명한 위기 대처법인지 말이다. 하지만 한 가지 사실은 분명하다. 대통령이 한국 사회를 덮친 풍랑에 당당히 맞서기는커녕 국민의 입김조차 마주할 자신이 없다는 사실 말이다.

또 한 가지 분명한 사실이 있다. 지도자가 그저 면피하며 시간을 보내고 국민이 이에 침묵할 때 한국 사회는 한 치 앞을 모르는 재난 속에서 침몰하게 될 것이라는 사실이다.

비인간적 유전자와
권력의 악습

불감증

감정을 느끼지 못하는 상태. 타인의 감정 상태를 자신의 것처럼 느끼는 것을
공감(empathy)이라고 부른다. 타인에 대한 공감 능력은 침팬지, 보노보 등의
영장류(primates)뿐 아니라 들개, 늑대 등의 개과(canidae)에도 폭넓게 발견된다.
설치류(rodentia)나 가금류(fowl)의 공감 능력에 대해서는
학자들 사이에 다양한 견해가 존재한다.

"대한민국이 이것밖에 안 돼? 국민 300명이 저기 있다는데!"

자신의 아이를 가둔 채 거꾸로 가라앉는 배를 바라보며 어머니는
절망스럽게 외쳤다. 그렇다. 그곳에 갇힌 건 '국민'이었다. 일을 하고
세금을 내고 정치인들에게 표를 주고 무엇보다 나라를 나라로 만들
어주는 사람들 말이다. 정치인 없는 나라는 존재할 수 있지만 국민
없는 나라는 존재할 수 없다.

선거가 다가오면 정치인들은 '국민은 위대하다'고 칭송한다. 하지

만 우리의 현실은 무기력하기만 하다. 세월호를 탔다면 글을 쓰는 나도, 읽는 당신도 피해자들과 똑같은 운명이 되었을 것이다. 하지만 살아남았다고 안도할 수 없는 까닭이 있다. 한국 사회에서는 생사를 가르는 위험이 언제 찾아올지 모르기 때문이다.

그리고 그 절체절명의 순간에 정부는 희망이 되지 못할 것이다. 당신이 평범한 국민이라면 말이다. 이는 세월호 참사 이전과 이후 모두가 지켜본 바다. 여기서 '평범한' 국민이란 '힘없는 국민'을 말한다. 정계나 재계에서 힘깨나 쓰는 사람과 핏줄로 연결되지 않은 사람들 말이다.

딸의 생사를 모르는 아버지는 먹지도 자지도 못한 채 통곡했다. 배가 침몰한 지 일주일이 지났는데도 정부가 딸을 구하기는커녕 시신조차 수습하지 못하자 그는 이렇게 절규했다.

"내가 참 못난 부모구나, 자식을 죽인 부모구나. 이 나라에서는 나 정도 부모여서는 안 돼요. 대한민국에서 내 자식 지키려면 최소한 해양수산부 장관이나 국회의원 정도는 돼야 해요. 이 사회는 나 같은 사람은 자식을 죽일 수밖에 없는 사회예요." ─〈노컷뉴스〉, 2014. 4. 23.

'복지부동'과 '안전 불감증'이 문제라고?

사고 후 대통령은 '복지부동'을 질타했고 언론은 한국 사회에 만연한 '안전 불감증'을 비판했다. 너무나 상식적이고 타당하게 들리

*
한 사람의 목숨을 빼앗는 일은 하나의 세상을 파괴하는 일과 같다.
한국의 권위주의적 권력이 깨닫지 못하는 점이 바로 생명체로서의 국민이고
인격체로서의 국민이다.

는 평가이자 국가적 재난 후 어김없이 되풀이되는 말이기도 하다. 하지만 정말 문제의 원인이 '복지부동'에 있었을까?

한국 공무원들은 '복지부동'은커녕 시키지도 않은 일까지 알아서 하는 사람들이다. 권력자의 비위를 맞추는 일이라면 말이다. 사고 현장을 찾았던 대통령이 떠나고 나서 구조 작업이 진척되지 않자 실종자 가족들은 대통령을 만나겠다며 길을 나섰다. 경찰은 혼비백산해서 이들의 행진을 막았다. 청와대와 천 리 넘게 떨어진 곳에서 말이다.

한국 사회는 결코 '안전 불감증' 사회가 아니다. 힘 있는 사람들은 신체의 안전은 물론 '심기'의 안전까지도 완벽히 보장된다. 예컨대 세월호 구조 상황을 지켜본 윤부한 목포시 특전예비군중대 중대장은 믿기 어려운 말을 했다. 사고 첫날인 16일, 1분 1초가 급한 상황에서 장관이 민간 구조단의 출항을 지체시켰다는 것이다.

〈미디어오늘〉은 윤 중대장이 지목한 사람이 강병규 당시 안전행정부 장관이라는 사실을 확인했다. 강병규 장관이 구조 현장을 방문했고 "격려를 한다고 급박한 시간에 장관이 배를 멈춰 세우고 악수하는 과정에서 시간이 지연됐다"는 것이다. 수백 명의 목숨이 사라져가는 순간에도 장관이 나타나 손을 내밀면 구조대도 달려 나가던 것을 멈추고 경의를 표해야 하는 나라가 한국이다.

그뿐 아니다. JTBC 보도에 따르면 구조업체 '언딘 마린 인더스트리'는 다른 민간 잠수부가 발견한 시신을 자기들에게 '양보'하라고 요구했다. 인터뷰에 응한 민간 잠수사는 그 과정에서 구조가 지연되어 생존자를 구출할 기회를 놓쳤다며 안타까워했다. 그런데도 언딘 측 관계자는 이렇게 말했다고 한다.

"이런 일을 다른 업체에 뺏기게 되면 내가 회사 사장으로부터 굉장히 실망을 얻는다. 당신도 회사생활을 해봤는지 몰라도 이런 경우 내가 뺏기게 되면 얼마나 큰 손실이 있겠느냐."

위계적 권력과 탐욕이 얼마나 잔인하고 비인간적인 결과를 낳는지를 보여주는 예가 아닐 수 없다.

국민을 천대하는 사악한 전통

무소불위의 권력과 탐욕. 한국 사회가 이처럼 처참하게 망가진 이유일 것이다. 이 둘 앞에서 국민의 목숨은 그저 하찮을 뿐이다. 세월호 사건은 '복지부동'이나 '안전 불감증'보다는 권력이 국민을 천대하고 국민의 목숨을 가벼이 여기는 전통 속에서 침몰했고 외면당했다. 불행히도 국민의 목숨을 함부로 다루는 이 사악한 전통은 초대 정부에서 박근혜 정부까지 그대로 이어지고 있다.

이승만 정부는 '공산주의 확산을 막는다'며 수십만 명의 국민을 학살했고(보도연맹 사건), 박정희 정부는 유신에 반대하는 국민을 간첩으로 몰아 18시간 만에 처형했으며(인혁당 사건), 전두환 정부는 자신의 집권 반대 운동을 막기 위해 수천 명을 살해했다(광주민주화운동). 정권은 모두 '안보'를 내세웠으나 정작 지키려 했던 것은 국민의 안위가 아니라 권력의 안위였다.

권력만 지킬 수 있다면 국민 목숨쯤은 간단히 저버릴 수 있다고 여겨온 것이 한국의 정치권력이었다. 그리고 이 야만적 행위에 정부부처, 국정원(안기부), 검찰, 법원, 경찰, 군대, 언론, 관변단체 등이 수족이 되어 거들었다. 한국의 통치세력, 공무원, 친정부 언론에는 과거로부터 이어져온 '국민 목숨 경시 유전자'가 남아 있는 것이다.

민주화 운동 이후 정부가 저지른 학살과 사법 사건의 실체가 드러나고 정부의 '체질'이 바뀌는 듯했다. 하지만 이명박 대통령 집권 이후 '어두운 과거의 복권'이 시작되었다. 대선 여론조작 사건에서 보듯 정부와 국정원, 군대, 경찰, 법원의 음습한 거래가 다시 시작되었고 언론은 정부의 입장을 대변하는 선전 매체로 전락했으며 정부는 교과서까지 손보기 시작했다.

박근혜 정부의 탄생은 '과거 복원 작업'이 성공적으로 완료되었음을 의미한다. 과거의 권위주의적 국가로 회귀한 것이다. 박 대통령은 세월호 참사 이후 공무원들의 '눈치 보기'를 비판했지만 공무원의 눈치 보기가 가장 심해진 때가 이명박-박근혜 정부 출범 이후였다. 한때 대통령과 '맞짱토론'까지 하며 으르렁대던 검찰이 정부 지시를 묵묵히 따르는 '순한 강아지'가 된 게 언제인가.

국민은 생명이고 인격이다

권력과 탐욕에 집착하는 정부의 '비인간적 유전자'가 어떻게 국민의 목숨을 위협하는지 살펴보자. 인명을 경시하는 권력은 국민의 목

*
'개조'가 필요한 곳이 있다면,
국민의 목숨을 함부로 여기는 권력자의 사고 구조와 이를 두둔하기 위해
수단과 방법을 가리지 않는 권력기관 그리고 무비판적 언론의 몰양심뿐이다.

숨을 기껏 '비용'의 차원으로 다룬다. 이명박 정부에서 해운업체 부담을 줄여주겠다며 선령 제한을 30년으로 연장해 낡은 배를 대폭 늘려놓은 예가 대표적이다.

박근혜 정부도 만만치 않다. 2014년 4월 〈한겨레〉 보도에 따르면 지금의 정부가 출범한 이후 '기업 부담 완화'를 이유로 이미 완료했거나 진행 중인 안전 규제 완화는 선박·해운 관련해서만도 20건을 넘어선다. 박근혜 대통령은 "불필요한 규제는 (우리가 처부술) 원수이자 암덩어리"라고 주장하며 철도교통, 공산품 위험 관리, 위험시설물 관리 등 광범위한 분야에서 안전 규제를 느슨하게 풀어주었다.

최근에도 정부는 제품안전기본법을 개정하여 위해 제품에 대한 '자발적 수거(리콜)' 규제를 대폭 완화했다. 〈연합뉴스〉에 따르면 "정부가 소비자에게 피해가 우려되는 제품에 대한 업체의 자발적 수거 부담을 덜어주기로 했다. (…) 개정안에 따르면 자발적 수거 기준이 '중대한 결함'에서 '결함으로 인한 중대한 사고'로 바뀐다"라는 것이다. 다시 말해 사업자가 제품에 중대한 결함이 있다는 사실을 알고 있어도 실제 사고가 발생하기 전까지는 수거할 의무가 없는 것이다.

그뿐만 아니라 정부는 수명이 다한 핵발전소들을 계속 연장 가동하고 있다. 예컨대 원자력안전위원회는 설계수명 30년이 끝나 이미 2012년에 가동이 중단된 핵발전소 월성 1호기를 2022년까지 연장 운전하도록 했다. 그 또한 '비용' 때문이다. 이미 수많은 고장과 오작동, 사고 은폐, 비리로 누더기가 된 불안한 핵발전소를 '돈' 때문에 계속 가동하고 있는 것이다.

물론 정부는 '안전하다'고 주장한다. 사고가 날 가능성은 통계적으로 희박하다는 말이다. 통계적으로 여객선은 항공기와 더불어 가장 안전한 교통수단으로 꼽힌다. 세월호 같은 참사가 날 것이라고 누가 예상했는가. 정부는 뻔히 보이는 배에서조차 국민 한 명 제대로 구하지 못했다. 과연 이들이 눈에 보이지도 않고, 피해 가능 범위가 전국에 이르는 방사능 사고로부터 국민을 지켜낼 것이라 믿는가?

국민은 '인적자원'이자 '표'이기 이전에 소중한 생명이다. 목숨이 존재하지 않는다면 세상을 인식할 주체도 없기 때문에 한 사람의 목숨을 빼앗는 일은 하나의 세상을 파괴하는 일과 같다. 한국의 권위주의적 권력이 깨닫지 못하는 점이 바로 생명체로서의 국민이고 인격체로서의 국민이다.

세월호 사고가 터진 후 박근혜 대통령은 '국민안전처'를 설치하라고 지시했다. 하지만 국민 목숨을 하찮게 여기는 정부의 고질적 병폐를 뜯어고치지 않는 한 국민안전처를 청와대 안방에 들여놔도 국민들을 지킬 수 없을 것이다. 우선 대통령 자신부터 권위주의적 '보스형' 리더십을 청산해야 한다. 스스로 독단적으로 행동하면서 공무원들이 국민을 존중하기를 기대하는가.

박 대통령은 '국가 개조'를 말한다. 하지만 이 말은 권력이 국민과 나라를 마음대로 주무를 수 있다는 또 다른 폭력적 발상일 뿐이다. '개조'가 필요한 곳이 있다면, 국민의 목숨을 함부로 여기는 권력자의 사고 구조와 이를 두둔하기 위해 수단과 방법을 가리지 않는 권력기관 그리고 무비판적 언론의 몰양심뿐이다.

한국 공권력의
수치스러운 역사

적폐
내 영역에서 지금 말썽이 되고 있으나 욕은 조상이 먹어야 하는 문제들.
내가 책임져야 할 시기 직전까지 쌓여온 폐단.

1990년대 초, 그러니까 한국에서 '민주화'가 꽤 이뤄졌다고 자부하던 때의 일이다. 광화문 교보문고에 들러 책을 사서 나오는데 길거리 사방을 경찰이 둘러싸고 있었다. 날짜를 따져보니 그날은 5월 18일 광주민주화운동 기념일이었다.

근처에서 집회가 예정되어 있었는지 경찰은 행인의 신분을 일일이 확인하고 가방을 뒤졌다. 별일 없겠거니 하며 지하철역을 향해 걸었다. 하지만 얼마 못 가 정복 입은 나이 지긋한 경찰관이 나를 멈춰 세우더니 신분증을 보여달라고 했다. 학생증을 내밀자 그는 잠시 심각한 표정을 짓더니 어디 가느냐고 물었다. 학교에 간다고 하자, 이대로 가면 잡힐지 모르니 돌아서 가라며 다른 길을 알려줬다.

고맙다고 인사한 후 일러준 방향으로 걸음을 돌렸다. 하지만 그쪽에는 '닭장차'가 줄지어 서 있었다. 아니나 다를까, 길목에 들어서자마자 무릎 보호대를 하고 헬멧을 든 경찰이 신분증을 내놓으라고 했다. 학생증을 다시 꺼내 들자 그는 경찰차 문 쪽으로 고갯짓을 하며 말했다. "타."

나는 당황해서 집회에 나온 게 아니며 곧 수업이 있으니 지금 빨리 학교에 가야 한다고 말했다. 경찰이 반쯤 웃는 표정으로 말했다. "타라니까, 새끼야."

내가 다시 입을 열려고 하자 그는 손에 들고 있던 헬멧을 들어 머리를 내리치는 시늉을 하며 소리쳤다. "이 씨×놈이, 대가리를 부숴버릴까."

인간의 존엄성이 얼마나 허술한 토대에 서 있는지를 절감하는 순간이었다. 나는 이 사실을 경찰에게서 배웠다. 내가 태어난 나라의 경찰, 내가 낸 세금으로 월급을 주는 경찰에게서 말이다.

"입 닥치고 시키는 대로 해"

사람들은 묻는다. 세상에 어떻게 이런 일이 있을 수 있냐고 말이다. 어떻게 해경이 물에 빠진 국민을 바라만 보고 있을 수 있고, 어떻게 공무원들이 '높으신 분'을 위한 의전 행사를 챙기느라 시민들 구조 작업을 내팽개칠 수 있으며, 어떻게 경찰이 사건의 책임자인 권력자는 감싸면서 피해자인 국민은 감시하고 미행하고 잡아 가두고 폭행할 수 있느냐고.

나는 이렇게 답한다. 정말 이해되지 않는다면 한국 사회를 잘 모르고 있는 거라고. 애초부터 한국의 공권력은 국민을 보호하기 위해 있는 게 아니며, 오히려 '국민들로부터' 정권을 지키기 위해 만들어진 조직이라고. 이 사실을 직시해야만 비로소 이해의 실마리가 풀린다. 어떻게 '국민의 경찰'이라는 사람들이 '국민 위'에 군림할 수 있는지 말이다.

한 여성은 세월호 희생자 추모 집회에 참여했다가 경찰에게 성추행을 당했다. 그는 이순신 장군 동상 앞에서 피켓과 국화꽃을 들고 있다는 이유만으로 경찰에 강제 연행됐다. 그 과정에서 남자 경찰이 팔꿈치로 가슴을 건드렸다. 처음에는 실수로 여겼지만 경찰관은 계속 같은 행동을 했다.

"두어 번 더 반복됐습니다. 그래서 '하지 말라'고 했습니다. 그러나 돌아온 것은, 제 가슴 위에 있는 남자 경찰관의 손이었습니다. 너무 놀랐습니다. 성추행을 당한 건 처음이었습니다. 그래서 '이거 성추행이다!'라고 소리쳤습니다. 그러나 그 경찰관은 저를 힐끔 쳐다보더니 당당하게 다른 경찰관 무리 속으로 숨었습니다." -〈오마이뉴스〉, 2014. 5. 25.

피해 여성은 조사를 받던 중 다른 경찰관에게 성추행 사실을 이야기했지만 "그런 건 변호사한테나 이야기하라"라는 답을 들었다. 그는 이후 추가 조사에서 다시 문제 제기를 했지만 경찰관의 반응은 "그런 건 지금 중요하지 않다"였다. 평화롭게 의사 표현을 하는 국민을 연행해 이 잡듯 조사하는 경찰이 성범죄를 당했다고 고발하는 국민에게 '중요하지 않다'고 말한 것이다. 당사자는 이 어처구니없는 상황을 이렇게 말했다. "대체 국민이 당한 범죄 사실을 경찰관이 아니면 누구에게 이야기해야 합니까."

〈한국일보〉에도 세월호 추모 집회에 참석했다가 성동경찰서 유치장에 입감된 또 다른 여성의 이야기가 실렸다. 그가 여자화장실을 쓰고 싶다고 말하자 경찰은 남녀공용화장실에 가라고 했다. 하지만 그는 화장실이 상체가 드러나는 구조로 되어 있고 문을 잠글 수도 없어 '수치심이 든다'며 여자화장실을 쓰게 해달라고 거듭 부탁했다. 경찰은 대뜸 이렇게 말했다. "×까는 소리하네."

목격자들에 따르면 경찰은 줄곧 고압적인 태도를 취하며 반말로 일관했다. 피해자가 문제의 경위에게 관등성명을 밝히라고 하자 그는 이름표를 가렸다. 피해 학생이 "지금 한 말은 욕설에 성추행"이라고 항의하자 그는 이렇게 응수했다고 한다. "우리나라가 참 좋아졌다."

이런 경찰의 모습이 생소하지 않고 심지어 놀랍지도 않다는 데 문제의 심각성이 있다. 앞의 기사를 읽는 동안 과거 경찰이 이를 드러내며 내게 내뱉은 말이 생생히 들려왔다. "이 씨×놈이, 대가리를 부숴버릴까."

그 말을 듣던 당시의 나는 본능적으로 알았다. 그의 말이 허튼소리가 아니라는 사실을 말이다. 결코 경찰 한 명이 엉겁결에 내뱉은 '개인적 일탈'이 아니었다. 그의 협박에는 역사의 무게가 담겨 있었다. '너 한 명 두들겨 패는 건 일도 아니니, 입 닥치고 시키는 대로 해.' 불행히도 한국 공권력의 역사는 국민 한두 명을 희생시키는 일로 끝나지 않았고 두들겨 패는 것만으로도 끝나지 않았다.

한국 공권력의 수치스러운 역사

보수세력이 '국부'라 부르는 이승만 정부는 국가기관, 군대와 경찰, 우익 조직을 동원해 국민 수십만 명을 학살했다. 1948년 '여수·순천 사건'과 1950년 '보도연맹 사건' 등 국가가 저지른 이 잔혹한 범죄는 계속 은폐되어오다가 각기 반 세기가 지난 1990년대 말과 2000년대 말이 되어서야 진상 조사가 시작되었다. 이후 진실화해를 위한 과거사정리위원회가 짧은 기간 동안 확인한 희생자만 해도 수천 명에 달한다.

그 전에는 1960년 4·19 혁명 직후 학살당한 희생자 가족들의 요구로 조사가 진행되기도 했지만 박정희가 쿠데타로 집권하면서 이 모든 시도가 수포로 돌아갔다. 박정희 정권은 오히려 유족들을 빨갱이로 몰았고 연좌제를 적용해 괴롭혔다. 박정희 대통령이 과거 정부의 만행을 감추는 일만 한 것은 아니다. 그 스스로 유신에 반대하는

*
한국 공권력이 과거로부터 지속해온 야만적 전통을 버리지 않는다면
무슨 조직을 세우고 무슨 법을 내놔도 소용없다. 박근혜 대통령이 담화에서 '대안'이라고
내놓은 게 아무런 해결책이 될 수 없는 이유가 여기 있다.

국민들을 '인민혁명을 획책하고 있다'며 잡아들이고는 판결 후 하루도 채 지나지 않아 사형시켰다.

자신에게 반대하는 국민을 가족 면회 한 번 허용하지 않은 채 '즉결처분'한 것이다. 심지어 고문과 증거 조작 의혹이 드러나자 시신을 탈취하기까지 했다. 검찰, 법원, 중앙정보부(지금의 국정원)는 이 범죄를 집행하고 합리화하는 역할을 맡았다. 전두환 정권은 아예 군대를 동원해 국민들을 학살하며 집권했다. 한국에서 국민들을 가두고 고문하고 죽이는 데 동원되지 않은 정부기관은 찾기 어려울 정도다. 하지만 이로 인해 처벌받은 사람도, 그 만행을 참회한 이도 찾기 어렵다. 오히려 국민을 때려잡은 '업적'을 인정받아 출세가도를 달린 사람은 너무 많아 수를 헤아리기 어렵다.

결코 옛날의 '어두운 역사' 이야기가 아니다. 예컨대 김석기 한국공항공사 사장을 보자. 서울지방경찰청장 시절이던 2009년, 그는 무자비한 농성 진압으로 2009년 용산참사를 일으켰다. 한겨울, 생존권을 요구하며 항의하던 철거민들을 안전 대책 없이 무리하게 진압하는 과정에서 경찰 한 명을 포함해 6명이 죽임을 당했다. 그는 무모한 작전에 대해 처벌받기는커녕 자신의 식견과 전혀 무관한 분야의 공기업 사장으로 '영전'하는 포상을 받았다.

한국의 권력은 '국민의 피'를 손에 묻히고도 반성한 일이 없다. 이런 정부와 공권력이 국민의 생명을 지켜주길 기대하는가? 이건 '해경'이냐 '육경'이냐의 문제도 아니고, '안전행정부'냐 '국민안전처'냐의 문제도 아니다.

정부와 공권력이 국민 앞에서 눈이라도 깜짝하게 만들려면 최소한 두 가지를 해야 한다. 하나는 공권력의 추악한 과거를 낱낱이 드러내는 것이다. 과거를 인정하지 않으면서 뉘우칠 수 없고, 뉘우치지 않으면서 변할 수는 없다. 제 손으로 저지른 천인공노할 범죄를 인정하는 일이 수치스러워 보일지 모르지만 그것을 은폐하는 일만큼 수치스럽지는 않다.

둘째는 공권력이 유지해온 정치권력과의 부끄러운 관계를 단절하는 것이다. 한국 공권력이 과거로부터 지속해온 야만적 전통을 버리지 않는다면 무슨 조직을 세우고 무슨 법을 내놔도 소용없다. 박근혜 대통령이 담화에서 '대안'이라고 내놓은 게 아무런 해결책이 될 수 없는 이유가 여기에 있다.

우선 대통령이 검찰청장과 경찰청장의 임면권부터 포기해야 한다. 그래야만 공권력이 권력의 눈치만 살펴온 '적폐'를 없앨 수 있다. 그리고 국민들이 직접 뽑을 수 있도록 직선제로 바꿔야 한다. 이는 공권력을 진정한 주인인 국민에게 돌려주기 위한 최소한의 조치다.

무능·무지·무책임도
공기로 전파되나

메르스
짧은 시간에 수많은 사람을 감염시키는, 높은 치사율의 '평범한 독감'.

한 해 전 악몽 그대로였다. 허둥대고 감추고 책임을 전가하고 거짓말하는 모습까지 재방송 보듯 똑같았다. '괴담 유포자를 엄벌하겠다'는 협박도 여전했다. 관계 당국의 모습에서는 정부가 곤혹스러운 상황에 처하는 일을 막기 위한 몸부림, 이것 하나밖에 볼 수 없었다. 늘 그랬듯 국민의 생명과 안녕은 뒷전이었다. 보건 당국이 질병의 확산보다 '괴담 확산'을 더 두려워하고 있으니 놀랄 일도 아니다.

이제 공권력이 등장할 차례였다. 아니나 다를까, 경찰이 흑기사처럼 나타나 '괴담 유포자 수사에 나섰다'며 힘을 보탰다. 정부가 중동호흡기증후군(메르스)에 대처하는 방식을 보면 세월호 이후에도 바뀐 게 없음을 알 수 있다.

정부의 첫 번째 대책은 '함구'였다. 어느 지역에서 환자가 발생했는지, 어느 병원이 이들을 돌보고 있는지를 전혀 밝히지 않았다. 〈연합뉴스〉와 인터뷰한 보건 당국자는 "지역과 병원을 밝히면 주민들 사이에서 공포와 걱정을 키울 수 있고, 해당 병원에 불필요한 '낙인'이 찍히면서 환자들이 내원을 꺼리는 등 피해"를 볼 수 있기 때문에 공개할 수 없다고 했다.

다시 말해 병의 확산보다는 '공포와 걱정'으로 인한 혼란, 그리고 병원 매출이 떨어질 염려 때문에 정보를 공개할 수 없다는 것이다. 앞의 '보건 당국 관계자'라는 사람은 "병원들이 경영상 피해 때문에 환자 입원·내원 사실을 숨겨 방역망에 구멍이 생길" 우려도 아울러 전했다.

나는 이 발언에서 두 가지를 깨달을 수 있었다. 하나는 '이렇게 멍청한 생각을 할 수도 있구나' 하는 것이었고, 두 번째는 국민 보건이 이윤 추구의 장으로 변질될 때 얼마나 끔찍한 일이 일어나는가였다. 진주의료원 강제 폐업에서 보듯 박근혜 정부에서 추진되는 공공의료 축소와 영리 병원 도입을 통한 의료 민영화는 한국 사회의 미래에 커다란 재앙을 불러올 것이다.

사실 '미래'를 말할 필요도 없다. 우려는 이미 현실이 됐기 때문이다. 2013년 한국보건사회연구원 발표에 따르면 2011년 기준 한국 공공의료기관의 수는 전체 의료기관의 5.8퍼센트에 불과하다. 병상

수를 기준으로 봐도 공공 부문의 비율은 11퍼센트에 지나지 않는다. 공공병원 병상 수가 전체의 90퍼센트를 넘어서는 스웨덴, 영국, 체코는 말할 것도 없고 65퍼센트인 멕시코와도 비교할 수 없는 수준이다. 다큐멘터리 〈식코(Sicko)〉의 배경이 된 '의료복지 후진국' 미국조차 공공병원 비율이 25퍼센트가 넘어 한국의 다섯 배에 달한다.

치명적 전염병이 전국으로 퍼져가는 상황인데도 보건 당국이 병원의 '경영상 피해'를 먼저 우려한다는 점에서 재앙은 이미 현실이 된 셈이다. 이들의 모습은 세월호 사건 당시 민간 인양회사 이익을 챙겨주기 바빴던 해경의 모습과 정확히 겹친다. 이 둘은 우리 사회가 어느 지경까지 왔는지 보여주는 상징적 사건이다.

누구의 이익을 염려하는가

발병 지역과 병원을 공개하면 시민들의 '불안과 공포가 늘어날 것'이라는 정부의 주장을 어떻게 받아들여야 할까? 불확실성이 공포감을 가장 크게 자극한다는 사실을 정말 모르는 것일까? 국민들이 메르스 치료 병원이 어디인지 알고 싶어 하는 것은 당연하다. 그곳이 어딘지 알아야만 병원을 찾는 고객이 조심할 수 있을 뿐 아니라 스스로 감염이 의심되는 상황에서 어느 의료기관과 상의해야 할지 알 수 있기 때문이다.

보건 당국은 정보를 은폐하는 과정에서 어처구니없는 무지를 드러냈다. 예컨대 권준욱 중앙메르스관리대책본부 기획총괄반장은

"미국 같은 선진국에서도 전염병 확산 시 일부 예외를 제외하고 (지역이나 병원명을) 구체적으로 밝히는 경우가 많지 않은 것으로 안다"라고 말했다. 잘못 알고 있는 것이다.

미국에서는 2014년 에볼라 환자 네 명이 발생해 보건 당국을 잔뜩 긴장시켰다. 에볼라는 메르스보다 치사율이 더 높은 전염병이다. 하지만 미국 보건 당국은 에볼라 치료 시설로 선정된 병원을 모두 공개했을 뿐 아니라 환자 발생 지역과 감염자들이 이동한 경로까지 조목조목 밝혔다. 미국 질병통제예방센터(CDC)가 인터넷에 공개한 정보를 보자.

2014년 10월 15일, 텍사스 프레스비테리언 병원에서 환자를 돌보던 의료진 한 명이 에볼라 양성으로 판정되었다. 의료진이 에볼라에 감염된 두 번째 사례로, 이 환자는 조지아 주 애틀랜타에 위치한 에모리 병원으로 이송되었다. 이 환자는 10월 10일 텍사스 주 댈러스에서 항공편으로 오하이오 주 클리블랜드로 이동했다가, 10월 13일 다시 댈러스로 되돌아왔다. 질병통제예방센터는 그가 이용한 두 대의 비행기에 탑승했던 모든 승객과 승무원들에게 연락을 취해 공중보건 전문가들과 접촉해 질의에 답하도록 했고, 필요한 경우 후속 연락을 취하도록 조치했다.

미국 보건 당국은 발생 환자에 대해 이처럼 자세한 정보를 공개했다. 환자가 언제 어디서 얼마나 발생해 어느 병원에서 치료를 받고 있는지 전혀 모르는 것과 미국처럼 환자 발생 상황을 투명하게 공개하는 것 가운데 어느 쪽이 국민의 불안과 공포를 자극할까?

메르스 환자 가운데 다수가 의료진이다. 적절한 보호 장구와 조치 없이 환자를 돌보다가 감염되는 경우가 많기 때문이다. 치료 병원을 공개하지 않는 것은 병원 이용객들을 불안하게 할 뿐만 아니라 의료진까지 위험에 빠뜨리는 결과를 낳는다. 메르스 의심 환자가 어느 의료기관과 상의해야 할지 모르는 상태에서 준비도 시설도 전혀 갖추지 못한 병원에 불쑥불쑥 찾아갈 수 있기 때문이다. 정부는 병원을 공개하는 정도가 아니라 아예 전문병원을 지정해 환자의 격리와 치료를 맡긴 뒤 물적, 인적 지원을 집중해야 한다.

메르스 '공기 전파'가 과연 괴담?

한국 정부의 무능과 무지는 이것으로 끝나지 않는다. 13번째 환자가 발생했던 5월 30일, 권준욱 기획총괄반장은 언론에 나와 "현재까지 추세나 추가적인 검사 진행 상황으로 볼 때 앞으로 더 많이 발생할 것으로 판단하고 있지는 않으나, 만전을 기하도록 하겠다"라고 말했다. 그리고 사흘 만에 환자 수는 30명으로 두 배 넘게 늘었다.

보건 당국은 메르스의 공기 전파 가능성에 대해서도 '불가능하다'고 단언했다. "공기 전파는 현재까지 전혀 생각할 수 없다"라는 게 권 총괄반장의 주장이었다. 하지만 메르스의 공기 전파 가능성은 오래전부터 세계 학계와 언론에서 제기되어 왔다.

예컨대 2014년 사우디아라비아의 킹파드왕립병원(KFMC)은 메르스에 걸린 환자와 그의 낙타로부터 시료를 채취해 연구했다. 둘 다 메르스에 감염된 상태였고 얼마 후 낙타 주인은 숨을 거뒀다. 연구팀은 낙타 사육장 공기 속에 메르스 아르엔에이(RNA)가 떠다니는 것을 발견했고, 그것이 사망 환자에게서 발견된 바이러스와 일치한다는 사실을 밝혀냈다.

이 소식은 전 세계 언론에 대서특필되었다. 물론 공기 중에 바이러스 아르엔에이가 떠다닌다고 해서 반드시 감염으로 이어지는 것은 아니지만 그렇다고 위험성을 완전히 무시할 수도 없다. 밴더빌트 의과대학의 마크 데니슨 박사는 CNN과의 인터뷰에서 "메르스의 공기 전파 위험성을 고려해야 하느냐고? 당연히 그렇다"라고 말했다.

미국의 질병통제예방센터 역시 메르스 환자로 확진되었거나 의심되는 사람을 관리할 때 '접촉에 의한 감염'과 '공기를 통한 감염' 모두에 대비하도록 권하고 있다. 이에 따른 환자 관리법도 구체적으로 소개하고 있다. 환자를 '공기주의격리실(AIIR)'에 유치하기를 권장하며, 시설이 마련되어 있지 않은 경우 독실에서 문을 닫은 상태로 관리해야 한다고 말이다. 매뉴얼은 병실의 내부 공기를 '고효율 미립자 에어필터(HEPA)'로 걸러내야 한다고 지적한다.

이런데도 한국의 보건 당국은 "공기를 통한 전파는 불가능하다"라거나 "전혀 생각할 수 없다"라는 식의 무책임한 발언을 계속했다. 그러는 사이에 환자는 계속 늘었고 국민들의 불안도 함께 커졌다. 정부의 이런 무능은 정권이 바뀔 때마다 경제, 외교, 교육, 문화, 보

*

국민들이 메르스와 싸우며 깨닫게 된 사실이 있다.

그것은 비윤리적인 정부가 결코 유능할 수 없다는 사실이다.

건 정책 부서까지 싹 갈아치우는 악습과도 무관하지 않다. 국민의 안녕과 이익보다 '제 사람 심기'에 혈안이 되어 있기 때문이다.

아무리 지난 정부가 밉더라도 사스를 성공적으로 막아냈던 인물과 경험을 활용했더라면 나라가 어제 세워진 듯 허둥대지 않았을 것이고, 국민의 고통 또한 최소화할 수 있었을 것이다. 우리는 언제 정치적 타산보다 국민의 목숨을 먼저 생각하는 정부를 갖게 될까?

차라리 '메르스 로또'를 만들어라

2015년 6월 14일, 박근혜 대통령은 동대문 패션 상점가를 찾아가 머리핀을 사는 '안심 이벤트'를 벌였다. 그 자리에서 대통령은 중국 여행자에게 "메르스 대응을 철저하게 하고 있으니 안심하고 오셔도 된다"면서 "중국에 가시면 안심하고 와도 된다고 말해달라"는 당부까지 했다.

대통령이 이 말을 한 시기는 메르스가 가장 빠르게 확산되고 있을 때였다. 불과 한 주 사이에 확진환자가 81명이나 발견되었고, 대통령 발언 전날까지 발생한 총 사망자 14명 가운데 무려 9명이 바로 그 한 주 동안 발생했기 때문이다. 하지만 우리나라 대통령에게 그런 사실은 중요하지 않았고, 오직 관광객이 계속 들어와 돈을 쓰게 만드는 것만이 중요했다.

제 나라 국민 목숨도 제대로 보살피지 못하는 정부가 외국인 목숨을 소중히 여길 리 만무하다. 어떻게 이들은 제 나라 국민이 안전한 나라를 만들어야 외국 관광객도 안심하고 온다는 당연한 사실을 모르는 것일까? 당장 숨기고 호도하면 한 줌의 관광객을 끌어들일지 몰라도 결국은 나라 전체의 신뢰와 매력을 바닥으로 떨어뜨리는 결과를 낳을 것이다.

부적절하고 부끄러운 발언이었으나 대통령 말이 그저 말로 끝났다면 단순한 해프닝으로 끝났을 것이다. 하지만 우리의 충성스런 관료들이 '추상같은 대통령 말씀'을 듣고만 있을 리 만무했다.

대통령이 문제의 발언을 한 다음날, 문화체육관광부는 '메르스 관련 관광업계 지원 및 대응 방안 마련·행안'을 발표했다. 관광객의 불안감을 해소하기 위해 한국에 머무는 동안 메르스에 걸릴 경우 '치료비 전액과 여행경비 및 기타 보상금을 지원하겠다'는 것이다. 이 정책에 대해 수없이 많은 조롱과 야유가 쏟아졌으나 문체부는 아랑곳하지 않고 강행했다.

문체부는 "외신에서도 메르스 보험에 대한 긍정적 보도가 나오고 있다"라고 주장했다. '메르스 안심보험' 계획이 발표되고 실행된 일주일 사이에 외신의 어떤 "긍정적인 보도"가 있었는지 보자. 대통령이 '안심'시킨 바로 그 관광객의 나라에서 발행된 일간지가 가장 먼저 반응했다. "메르스 곧 끝난다는 박 대통령 발언의 근거가 뭐냐"라는 질타였다. 〈중앙일보〉가 인용한 보도 내용을 보자.

홍콩 대공보의 스쥔위 칼럼니스트는 17일자 23면에 실린 기명 칼럼에서 "신(新)SARS(메르스의 중화권 별칭)가 창궐하고 있는 한국 당국의 경솔한 발언에 어이가 없다"며 "한국 정부가 관광업을 촉진하겠다고 내놓은 조치의 타당성과 쥐꼬리만한 보상으로 외국 관광객의 생명과 건강을 사겠다는 발상의 적합성은 차치하고라도, 만일 다른 나라로 '수퍼 전파자'를 내보냈을 경우 닥칠 엄중한 후폭풍을 한국 문화관광부가 책임질 수 있단 말인가"라고 비난했다. ―〈중앙일보〉, 2015. 6. 17.

한 나라의 국민으로서, 제 나라 정부보다 다른 나라의 언론이 상황을 더 현명하게 인식하고 있다는 사실을 깨닫는 것은 한심하고 답답한 일이다. 우리 현실이 이중으로 암울한 까닭은 사람 목숨을 도박판 판돈쯤으로 여기는 정부를 꾸짖은 언론이 드물었다는 사실이다. 세월호 참사와 메르스 재앙 모두 '돈에 환장'한 탓에 발생한 일이었는데도 정부는 아무 뉘우침 없이 돈타령을 계속했다.

어차피 수치를 모르는 정부니 아예 화끈하게 '메르스 로또'를 만드는 건 어떨까? '판돈'을 수십억 단위로 늘리고, "어차피 '한 방' 인생인데 죽기 아니면 돈벼락 맞기!"라며 대대적으로 홍보하는 것이다. '코리안 룰렛(Korean Roulette)' 같은 이름을 붙이면 꽤 관심을 모을 수 있을 것이다.

현 정부가 '미래성장 동력'으로 육성하겠다는 또 다른 사업은 '의료관광'이라는 성형수술 권장 정책이다. 오래 전 돈벌이 수단으로 전락해버린 한국 의료계는 자국인의 얼굴을 뜯어고치게 만드는 것만으로 부족해서 이제 외국인까지 먹잇감으로 삼으려 하고 있다. 그 결과가 공공의료 황폐화였다는 사실을 메르스 창궐이 잘 말해주었다.

삼성서울병원은 정부가 '수출산업'으로 키우겠다는 의료산업의 상징이었다. 삼성병원에 메르스 환자를 제대로 유치하고 치료할 음압병동이 단 하나도 없었다는 사실은 도덕, 윤리, 철학 모두 사라진 한국 사회의 몰골을 보여준다. 하지만 메르스로 난리가 난 와중에도 복지부는 삼성병원에 원격진료를 발 빠르게 허용했다.

국민들이 메르스와 싸우며 깨닫게 된 사실이 있다. 그것은 비윤리적인 정부가 결코 유능할 수 없다는 사실이다. 사람 목숨을 경시하는 것만큼 비윤리적인 것은 없다. 정부가 국민의 안전을 책임질 의무를 진다는 점에서 메르스 사태를 통해 드러난 한국 정부의 무지와 무책임은 '무능'보다 '범죄'에 가깝다.

<u>4장</u>

분노,
방향을 잃다

'철면피금지법'이
필요하다

복면금지법

얼굴이 두꺼워서 가면을 쓸 필요가 없는 정치인들이
국민들에게 요구하는 민낯 강제법.

새벽에 잠이 덜 깬 채 머리맡의 전화기를 집었다. 습관처럼 뉴스 사이트를 열자 대통령의 발언이 뜬다. 눈동자가 커지면서 잠이 확 달아난다. 입에서는 한숨 섞인 탄식이 흘러나온다. "또 시작했구나……."

2015년 11월 24일, 박근혜 대통령은 예정에도 없던 국무회의를 자청했다. 그리고 이 자리에서 11·14 민중총궐기 대회를 "불법 폭력 사태"라고 비난하며 "복면 시위는 못 하도록 해야 한다"라고 힘주어 말했다. 그는 더 나아가 "IS(이슬람국가)도 지금 얼굴을 감추고 그렇게 하고 있지 않느냐"라고 말했다.

박 대통령은 형식과 내용이 따로 노는 아주 독특한 어법을 구사한다. 말투는 피를 토하는 듯 강경하지만 정작 내용은 애매하고 모호하기 짝이 없다. "얼굴을 감추고 그렇게 하고 있지 않느냐"의 '그렇게'는 대체 무엇을 지칭하는 것일까? 그 테러단체가 권위주의 정부의 반서민 정책에 항의하는 집회를 열고 있다는 말인가? 아니면 대통령 눈에는 자신을 반대하는 국민이 '테러리스트'로 보이는 것일까? 그것도 최근 프랑스에서 130여 명을 살해하고 300여 명을 다치게 한 그 잔혹한 테러집단 말이다.

대통령이 이해할지 모르겠지만 테러집단은 얼굴을 가리든 드러내든 테러집단이고, 시위대는 얼굴을 가리든 드러내든 시위 중인 국민이다. 테러는 형법과 도덕이 금하는 극악무도한 범죄고, 시위는 헌법이 보장하는 국민의 기본적인 권리다. 이 차이가 이해 안 되시는가?

누가 역사 앞에 더 떳떳한가

물론 이렇게 주장할 것이다. '시위'가 문제가 아니라 '폭력시위'가 문제이며 떳떳하다면 얼굴을 가릴 필요가 있느냐고 말이다. 이런 말을 하는 사람은 시위 현장에 가보지 않은 사람일 것이다.

인터넷에서 1980년대 민주화운동 사진을 검색해보라. 전투경찰과 맞서는 젊은이들 다수가 손수건으로 코와 입을 가리고 있다. 이들이 떳떳하지 못한 일을 벌이고 있었을까? 이들이 폭력적인 테러 집단이었는가? 80년대 시위대가 얼굴을 가린 첫 번째 이유는 마구잡이로 쏴 대는 최루탄과 '지랄탄' 때문이었다.

폭력시위? '과격함'으로 말하면 1970~1980년대의 운동은 오늘날의 시위와 비교조차 되지 않았다. 그 당시에도 정부와 보수언론은 시위 참여자들을 '폭도'로 매도하곤 했지만 감히 누구도 이들을 '테러집단'이라고 부르지 않았다. 문제는 박근혜 대통령의 이 발언이 용기에서 나온 게 아니라 무지에서 나왔다는 사실이다. 민주국가의 지도자로서 상상할 수 없는 심각한 무지 말이다.

오늘날 우리는 모두 안다. 당시 거리에서 민주주의를 외치던 사람과 이들을 진압하던 공권력 가운데 누가 역사 앞에 더 떳떳한지 말이다. 소위 '민주화'되었다는 1980년대 후반 이후 30년이 지났는데도, 이 나라의 시위대는 왜 여전히 코와 입을 가리는 것일까? 시위를 대하는 정부와 공권력의 사고 방식이 80년대와 같기 때문이다.

이들은 과거 독재 시절에 그랬듯 시위를 무조건 봉쇄하고 '액체 최루탄'인 물대포와 캡사이신을 마구잡이로 쏴댄다. 게다가 현재의 한국 경찰은 80년대에는 존재하지 않았던 새로운 무기로 시위대를 위협하고 있다. 고성능 디지털카메라로 무장한 경찰의 무차별적 채증과 반인권적으로 활용되는 첨단 안면인식 소프트웨어가 그것이다.

이 두 가지 기술이 권력에 의해 악용될 때 국민의 기본권은 직사 물대포 앞에 놓인 촛불 신세가 되고 만다. 경찰에 의해 실시간으로 감시되고 영구 기록된다는 사실 자체가 표현의 자유를 심각히 위축

시키는 '겁주기 효과(chilling effect)'를 발생시키기 때문이다. 이런 부작용은 막연한 우려가 아닌 현실로 나타나고 있다.

'짐이 곧 법'인 이상한 민주국가

2015년 말 경찰은 '2016년 노후 채증장비 교체 사업계획'에 사용한다며 국회에 22억 5800만 원의 예산을 요구했다. 여기에는 렌즈를 뺀 카메라 본체만 700만 원이 넘고 초당 11장 촬영과 선명한 야간촬영이 가능한 니콘 D4S 수십 대와 300만 원에 가까운 고성능 망원렌즈 수백 개가 포함되어 있다. 이 '창조경제'의 나라에서는 작가들도 구매하기 어려운 고가의 카메라가 공권력에 무상으로 공급된다.

불행히도 이명박-박근혜 정부 들어 채증을 통한 보복수사와 기소가 경찰과 검찰의 일상적 업무가 되었다. 경찰은 공공연히 '채증을 통해 상습 시위꾼을 검거하겠다'고 으름장을 놓고, 실제로 그렇게 해왔다. 구체적 범법행위를 처벌하는 게 아니라 그저 '시위에 자주 나온다'는 이유로 시민들을 처벌하는 것이다.

오늘날 한국은 제 몸 하나 건사하기도 힘든 곳이다. 이런 각박한 곳에서 사회의 공적 문제에 관심을 가지고 참여하기란 보통 어려운 일이 아니다. 사회 참여는 정부 (특히 한국처럼 권위주의적인 정부) 입장에서는 귀찮은 일이지만, 권력의 횡포를 막고 국민의 삶을 더 낫게 만드는 고마운 일이다. 민주국가에서 집회와 시위를 법적으로 보호하는 까닭이 여기에 있다.

최근 보수 종편과 일간지는 '민중총궐기가 전문 시위꾼들이 주도하는 폭동으로 변질되었다'고 보도했다. 보수언론이야 독재 시절부터 모든 시위를 '폭동'이라 주장해왔으니 그렇다 치자. 국민의 목숨과 권리를 지켜야 할 경찰이 '상습 시위꾼' 운운하며 국민 목숨을 도리어 위협하는 것은 심각히 우려스러운 일이다.

아니나 다를까. 대통령께서 '복면 시위는 못 하게 해야 한다'고 말한 다음 날, 그 주문은 즉각 시행되었다. 정갑윤 의원을 포함해 32명의 새누리당 의원이 '복면방지법'을 발의했다. 그다지 놀랄 일도 아니다. 이 정부에서는 쭉 '짐이 곧 법'이었으니 말이다. 교사와 역사학자들이 평생을 고민해야 하는 역사 해석 문제를 대통령의 아집 하나로 '국정화'로 몰고 갔고, 이제는 법학자와 언론학자들이 심사숙고해야 하는 '익명성과 표현의 자유'라는 어려운 주제인 '복면 금지'를 밀어붙이고 있다.

'복면금지법' 발의자인 정갑윤 의원은 독일, 프랑스, 미국 15개 주, 오스트리아, 스위스 등이 복면 착용을 금하고 있다고 주장하며 "복면 금지를 시행하고 있는 독일 · 프랑스 등은 인권 후진국인가?"라고 물었다.

물었으니 답한다. '인권 후진국'은 그 나라들이 아니라 한국이다. 그가 말한 나라에서 차벽으로 시위대를 둘러싸는 나라가 단 하나라도 있는가? 위헌 판결이 났음에도 경찰이 차벽을 설치하고, 차벽을 건드렸다는 이유로 직사 물대포를 쏴 시민을 중태에 빠뜨리는 나라

가 있는가? 정 의원은 미국의 15개 주가 복면금지법 조항을 두었다
고 주장했다. 미국의 주가 몇 개이고, 유럽에 나라가 몇 개인가? 그
렇다면 복면금지법을 시행하지 않은 미국 대다수의 주와 유럽 대다
수 국가들은 불법 천지인가?

선진국 따라 '복면금지법'?

미국 일부 주가 시행하는 '복면금지법(Anti-mask laws)'은 익명의
의견 개진을 막기 위해 만들어진 법도 아니고, 시위대를 처벌하기
위해 만든 규정도 아니다. 이 법의 역사가 19세기에서 20세기 초까
지 거슬러 올라가는 것을 보아도 알 수 있다.

미국 복면금지법의 시초는 1830년대 후반 '반토지임대 운동
(Anti-rent movement)'을 기원으로 한다. '반토지임대 운동'은 당시
지주들에 의해 착취당하던 소작농을 보호하기 위한 일종의 '경제민
주화 정책'이었는데, 이에 항의하는 농장주들이 미국 원주민 등으로
변장하는 것을 막으려고 만든 법이었다. 미국 남부의 주들은 20세
기 중반에 'KKK'로 알려진 인종차별주의 집단의 횡포를 막기 위해
이 법을 입안했다.

미국에서 약자를 보호하기 위해 만들어진 법이 한국에서는 생존
권을 요구하는 약자의 목소리를 억누르기 위해 입안된 셈이다. 사실
제대로 된 민주국가라면 시위대가 복면을 쓸 필요가 많지 않다. 시
위의 자유가 완벽히 보장되기 때문이다. 다시 말해 시위대에게 마구

국민에게 절실한 것은 '정치인들이 자신의 말과 행동에 책임지게 하는 것'이다.
정말 필요한 것은 '복면금지법'이 아니라 '철면피금지법'인 셈이다.

잡이로 캡사이신을 뿌려대거나 불법 채증을 해서도 안 되고, 시위에 자주 나온다는 이유로 처벌해서도 안 된다.

'철면피금지법'을 활용하자

자기들 입맛에 따라 선진국을 들먹이는 고약한 버릇을 언제나 고칠지 모르지만 그렇다면 정말 '선진국식'으로 해보자. 미국의 수도에 있는 백악관 앞에는 1년 365일 시위 행렬이 끊이지 않는다. 명색이 '민주국가'라면 대통령이 '주인'으로 섬겨야 할 국민의 목소리를 차단하지 않는 것은 당연하다.

하지만 우리나라는 어떠한가? 새누리당 김용남 의원은 경찰의 물대포로 시민 한 명이 중태에 빠진 상황에서 "경찰이 잘못했다고 하는 것은 침소봉대하는 것이고, 적반하장이라고 생각한다"며 "청와대 경호원 수칙상 시위대가 쇠파이프로 무장하고 경내로 진입하면 '실탄 발포'가 원칙이다. 더 불행한 상황을 막기 위해 살수차 동원이 불가피했던 것이 아닐까 싶다"라는 놀라운 주장을 했다.

누가 '쇠파이프로 무장하고 경내로 진입'하려 했는가? 다른 나라도 그렇지만 시위대가 대통령 집무실 근처로 향하는 것은 국민의 목소리를 전하기 위한 상징적 행위다. 게다가 민중총궐기대회 당시 대통령은 해외순방 중이었다. 주인 없는 청와대로 행진하는 것이 '총 맞을 일'이란 말인가?

많은 것을 요구할 생각도 없다. 그냥 보통 '선진국들'처럼 시위대를 경찰버스로 에워싸지 마라. 그리고 청와대 앞에서 평화롭게 시위할 수 있게 하라. 그런 다음에 '복면금지'를 입법화하든 '쇠파이프 금지'를 입법화하든 하라.

국민에게 절실한 것은 '정치인들이 자신의 말과 행동에 책임지게 하는 것'이다. 정말 필요한 것은 '복면금지법'이 아니라 '철면피금지법'인 셈이다. 불행히도 법을 만들 권리는 오직 국회의원들에게 있다. 그럼에도 한 가지 위안이 되는 것은 의원들을 뽑지 않거나 떨어뜨릴 권리가 국민들에게 있다는 점이다.

뻔뻔하고 부조리한
권력의 초상

막장사회

현실에서 벌어지는 '막장 드라마'.
'저질'이라 욕하면서도 시간이 되면 같은 채널을 찾는 시청자 덕에
막장쇼가 계속 만들어지듯 '저질 사회'를 욕하면서도 선거철만 되면
같은 번호를 찍는 유권자 덕에 지속되는 사회 유형.

갈등이 없으니 해소될 것도 없다. 그러니 막이 내려도 극은 끝나지 않는다. 부조리극에는 시작도 끝도 존재하지 않으며 시종 답답한 상황이 계속될 뿐이다.

사무엘 베케트(Samuel Beckett)의 《고도를 기다리며(En attendant Godot)》에는 제목 이상의 사건이 벌어지지 않는다. 사람들은 고도를 기다리고 고도는 오지 않는다. 하지만 상관없다. 기다리는 이들은 고도가 누구인지, 그가 정말 존재하는 사람인지조차 모르고 있

기 때문이다. 외젠 이오네스코(Eugène Ionesco)의 《대머리 여가수 (La Cantatrice Chauve)》에서는 등장인물이 '옷을 갈아입고 오겠다' 고 하고 퇴장한 후 여전히 같은 옷을 입고 다시 나타난다.

부조리극에서 등장인물은 쉼 없이 말하지만 대화하지 않는다. 그 저 혼자 떠들 뿐이다. 그조차 내용도 맥락도 없는 헛소리다. 하지 만 당사자들은 자신들이 만들어내는 초현실적 상황을 깨닫지 못 한다. 관객들 눈에는 뻔히 보이는 부조리를 등장인물들만 모른다 는 아이러니가 부조리극의 핵심이다. 삶과 사회의 '어처구니없음 (absurdity)'을 보여주는 것이 부조리극의 목적이기 때문이다.

2014년 한국의 모습은 사회라는 거대한 무대에서 벌어지는 한 편의 부조리극처럼 보였다. 이 부조리극의 '어처구니없음'은 베케트 와 이오네스코의 뺨을 여러 대 치고도 남는다. 이 부조리한 사회에 서는 군대 상관이 부하를 성희롱해 죽음으로 몰고 가도 별 탈 없이 빠져나간다. 해당 부대는 가해자에게 불리한 증거를 감추거나 조작 하고, 부사단장은 유족에게 '선처'를 종용한다.

이런 일이 박근혜 정부에서 일어났다는 사실이 놀랍다. '4대 사회 악'을 근절하겠다며 '성폭력 없는 안전한 사회'를 만들겠다는 약속 과 함께 출범한 정부 아닌가. 하지만 문제가 된 군부대의 '가해자 편 들기'는 초현실적 수준을 넘어 초자연적 차원에 달했다. 〈오마이뉴 스〉보도에 따르면 가해자가 속했던 부대의 부사단장이 희생자 가 족을 만난 자리에서 황당한 이야기를 전했다. 천도재를 지내는 중에 희생자 영혼이 무속인에게 나타나 '나는 잘 있으니 (가해자) 노 소령을 풀어주라'고 말했다는 것이다.

군대는 왜 존재하며, 첩보·감시·정찰에 쏟아붓는 막대한 국방예산은 무엇 때문에 필요한가? 무속인 몇 명만 데려다놓으면 귀신을 동원해 적의 동태를 실시간으로 알아낼 텐데 말이다. 당장 국정원 직원들의 밥줄부터 위태로워질 것이다. 그게 아니어도 이미 위태로운 처지이지만 말이다.

막장사회의 끝없는 부조리극

국정원은 간첩 증거를 조작하다가 들통이 났다. 그러자 연루된 직원은 자살 소동을 벌였다. 그는 결국 의식을 회복했으나 의료진은 "뇌의 최근 기억력을 관장하는 부분이 손상돼 앞으로 지각 능력에 장애가 나타날 확률이 매우 높다"는 소견을 밝혔다. 삼류 영화처럼 시작된 조작 사건의 삼류 영화다운 결말이라 할 만했다.

영국 〈파이낸셜 타임스(Financial Times)〉는 국정원의 증거 조작 사건을 대선 개입 혐의와 관련지어 보도했다. 대선 여론조작 사건으로 국정원의 존재 이유를 의심받게 되자 무리하게 간첩 사건을 밀어붙여 증거 조작까지 하게 됐다는 것이다. 들통난 조작 사건을 덮기 위해 꾸민 조작 사건이 다시 들통난 셈이다.

2014년 2월, 천주교인권위원회는 검사 두 명을 증거 위조에 가담한 혐의로 검찰에 고발했다. 조작된 문서들을 정식 외교 경로를 통해 받은 것처럼 속였다는 이유다. 이들은 중국 당국에 자료 요청을 했다가 거절당했음에도 불구하고 '중국 공안국으로부터 받았다'며 거짓 서류를 법원에 제출했었다.

그 문제의 검사들은 "(국정원의 활동에 관해) 기밀이 필요했을 뿐 속이려 한 것은 아니었다"라고 주장했다. 관련 보도를 보면서 나는 김진태 새누리당 의원이 한 주옥같은 말을 떠올렸다.

"선진국이 안 된 국가들에서는 (…) 나중에 문제가 생기면 우리는 그런 적 없다고 발뺌하는 경우가 종종 있다."

김 의원은 검찰을 감싸기 위해 부당하게 중국을 모욕했으나 어느 '국가'가 그 표현에 더 적합한지는 자명하다. 그는 라디오 방송에 출연해서도 같은 주장을 되풀이했다. '국정원이 오히려 당했을 수도 있다'고 말이다.

진행자가 '정보 당국에서 몰랐다면 무능하고 문제가 있는 것 아니냐'고 묻자 '맞다'고 답했다. 우리는 '부도덕해도 유능한 게 낫다'며 지금의 박근혜 정부를 탄생시켰지만 스스로 인정하듯 이들은 무능하다. 박근혜 정부는 부도덕한 데다가 무능하기까지 한 것이다.

2014년 3월 24일, 안전행정부 장관 후보자였던 강병규는 자신의 위장전입과 농지법 위반을 사과했다. 그는 "대단히 죄송하다"면서 "현행법을 위반한 것이고 구구하게 변명할 생각은 없다"라고 말하며 고개를 숙였다. 그는 업무추진비 유용 의혹에 대해서도 "적절성 여부에 대한 지적을 부인하지는 않겠다"라며 잘못을 시인했다.

하지만 정말 초현실적인 장면은 따로 있었다. 주민등록법을 주관하는 부처의 장관 후보가 주민등록법을 위반했다는 사실도, 공직자

*
모두가 '행동하는 관객'이 될 수는 없을 것이다.
다만 등장인물들의 부조리함에 익숙해지지 않기를 바랄 뿐이다.

윤리를 확립할 목적으로 세워진 기관의 수장 후보가 공금 수천만 원을 지인들 경조사비로 썼다는 사실도 아니었다. "구구하게 변명할 생각은 없다"면서도 장관만은 하겠다고 꿋꿋이 버티는 모습은 경이롭기까지 했다.

그러나 더 부조리한 순간이 기다리고 있었다. 야당 의원이 공정한 선거 관리를 할 수 있겠느냐고 묻자 "법과 원칙에 따라서 나름대로 선거 관리를 철저히 하겠다"라고 말하는 장면이었다. "앞으로 그렇게 할 자신이 있다"는 것이다. 장관 직책은 이제까지 잘못해온 사람들을 교화시키는 자리일까?

권력이 '법과 질서'를 내세우는 이유는 간단하다. 힘 있는 자들에게는 한없이 관대한 반면 힘이 없는 자들에게는 추상같은 게 법과 질서이기 때문이다. 이 사실은 한국의 역대 정권을 봐도 알 수 있다. 정통성 없고 부도덕한 권력일수록 '정의' '법' '윤리'를 간판으로 내걸었다(전두환의 제5공화국 표어가 '정의사회 구현'이었다). 정치권력만이 아니다. 한국의 어처구니없는 모습을 말하자면 언론을 빼놓을 수 없다. 예컨대 한국신문협회는 2014년 3월 25일 〈조선일보〉의 '채동욱 혼외 아들' 의혹 보도에 '한국신문상'을 주기로 하면서 이유를 이렇게 설명했다.

"언론이 권력자의 탈선된 사생활을 보도하려 할 때 필요한 덕목인 용기를 잘 보여주었다."

언론학자로서 뒤통수를 얻어맞은 느낌이었다. 〈조선일보〉의 기사는 "권력자의 탈선"을 드러내기는커녕 '선거 부정'이라는 권력의 추악한 탈선을 은폐하는 보도였기 때문이다. 권력을 등에 업은 채 권력의 치부를 숨기는 데 동원된 언론에 무슨 '용기'까지 필요한가. 나는 이 부조리한 상황에 입을 다물 수 없었다.

'행동하는 관객'을 위하여

1950년대 유럽에 등장한 부조리극은 인간 존재에 대한 비관과 환멸을 담고 있다. 세계대전이 가져온 끔찍한 파괴와 죽음, 나치의 대량 학살은 인간의 이성이나 신의 자비라는 생각을 비웃게 만들었다. 부조리극에 '교훈'이라는 게 있다면 인간은 어떤 목적도 의미도 없이 태어나 떠돌다가 사라지는 가련한 존재라는 사실이다.

2014년 '한국판 부조리극'을 연출하는 권력은 어떠한가. 이들이 '아무 목적이나 이유도 없이 태어나 떠돌다 사라지는 존재'라면 차라리 나을 것이다. 하지만 이들은 '기득권의 재생산'이라는 뚜렷한 목적을 가지고 태어난다. 정치권력이 끊임없이 되뇌는, 소통 불가능한 언어들은 권력의 목적에 충실히 기여한다.

4대강을 파괴하면서 '4대강 살리기'라고 말하고, '언론의 다양성'을 추구하겠다면서 획일적 목소리의 종편 방송을 무더기로 허가하고, '통일은 대박'이라면서 경제 협력도 포기한 채 끝없는 남북대결로 나아가고, '복지국가'를 건설하겠다면서 복지 혜택은 대폭 줄이는 이 부조리는 권력에 커다란 이익을 안겨준다. 공동체는 파괴되고 국민들의 삶은 피폐해지지만 말이다.

프랑스 철학자이자 사회학자인 장 보드리야르(Jean Baudrillard)는 미국 사회에 대해 통찰력 있는 말을 남겼다. "디즈니랜드가 존재하는 이유는 '실제의' 미국 전체가 디즈니랜드라는 사실을 숨기기 위해서"라는 것이다. 한국 사회에 '막장 드라마'가 존재하는 이유는 '실제의' 한국 사회 전체가 '막장 드라마'라는 사실을 숨기기 위해서인지도 모른다.

부조리극은 개인과 사회에 대한 우울한 전망으로 가득하지만 변화의 희망을 완전히 포기하지는 않는다. 삶의 모순을 관객에게 드러내려고 애쓴다는 것은 인식의 변화가 (비록 작고 느리더라도) 의미 있는 변화를 가져온다고 믿기 때문일 것이다.

모두가 '행동하는 관객'이 될 수는 없을 것이다. 다만 등장인물들의 부조리함에 익숙해지지 않기를 바랄 뿐이다. 부조리를 부조리로 느낄 만큼의 비판적 거리를 유지하는 한 변화의 희망은 남아 있기 때문이다.

정권 몰락의
새로운 역사

수첩인사
얇은 공책에 짧게 기록된 메모에 의존하는 인재 등용 과정.
대통령의 국정 판단력 또한 '짧은' 특성을 보인다.

부끄럽지만 고백한다. 나는 고승덕이 서울시교육감이 될 거라 믿었다. 지금은 잊혔으나 2014년 여름까지만 해도 그는 '핫'한 화제의 인물이었다. "딸아 미안하다"라고 절규하는 그의 모습은 얼마나 많은 패러디에 혼을 불어넣었던가. 하지만 이제 고승덕을 기억하는 사람은 없다. 선거 직후 총리 후보 문창극이 새로운 '핫 가이'로 부상했으나 그 역시 망각의 저편으로 사라졌다. 역시 대단한 '다이내믹 코리아'다.

터무니없이 빗나간 나의 예측을 고백하는 까닭이 있다. 문창극이 진공청소기처럼 등장해 모든 관심을 빨아들인 탓에 2014년 지방선거 결과를 차분히 살필 기회를 잃었다고 믿기 때문이다. 비록 문 후보의 광채에 가려지기는 했으나 지난 선거는 차분히 곱씹어볼 가치가 있는 '사건'이었다.

나는 지방선거 결과가 문창극 후보자를 둘러싼 희극보다 훨씬 중요하다고 믿는다. 제 나라 민족이 "일 안 하는 게으른 유전자(DNA)"를 지녔으나 "조선총독부가 근면을 깨우치게 했"고 "우리나라는 일본만 따라가면 된다"고 말하는 이의 총리 자격이 '논란거리'나 된다면 우리는 시간을 너무 헛되이 쓰고 있는 것이다.

이념 투표, 종말을 고하다

2014년 6·4 지방선거는 여당이나 야당 지지자 모두에게 개운치 않은 뒷맛을 남겼다. 새누리당이 경기, 인천, 부산을 포함해 여덟 곳에서 승리한 반면 새정치민주연합(지금의 더불어민주당)은 서울과 충청, 강원 등 아홉 곳에서 이겼기 때문이다. 전체적으로 어느 쪽이 승리를 거뒀다고 말하기 어려운 결과였다. 하지만 선거 결과의 질적 측면으로 고개를 돌리면 과거와 뚜렷이 구분되는 차이가 있다. 바로 '이념의 종말'이다. 게다가 이 변화가 교육에서 일어났다. 우리가 종교 수준으로 열광하는 교육 분야에서 말이다.

2014년 지방선거는 아마도 한국에서 치러진 선거 가운데 가장 두드러진 탈이념 선거였을 것이다. 하지만 교육감 선거에서 소위 '진보' 후보 13명이 당선되자 여당과 보수언론은 약속이나 한 듯 "교육 현장의 이념화가 우려된다"는 논평을 내놓았다. 흥미롭게도 교육자인 내가 '이념의 종말'을 발견한 지점에서 보수정치세력은 '이념'의 망령을 끄집어냈다.

과거에는 보수교육감들이 '이념화'를 막아온 탓에 교육이 제대로 돌아가고 있었다는 말일까? 하지만 추상적 이념이 교육을 망친다고 주장하기에는 한국 교육이 너무나 '구체적으로' 망가져 있다. 보수교육감의 선거 전략이 한심했던 이유가 여기에 있다. 더 망칠 수 없을 만큼 망가진 교육을 놓고 '진보가 교육을 망친다'며 겁을 주려 했으니 말이다.

신기하게도 과거에는 이런 전략이 통했다. "진보교육이 학생들을 의식화시킨다" "전교조 교사가 많은 학교는 수능 평균 점수가 좋지 않다" 따위의 주장이 먹혔다. 하지만 그건 아이들이 살아 있을 때나 통하던 이야기다. 세월호 학생들의 어처구니없는 죽음과 매년 400명에 가까운 청소년을 자살로 내모는 '한국 교육의 현실' 앞에서 이런 주장은 힘을 잃는다.

교육계를 이념의 전쟁터로 만든 사람들이 누구였을까? '가만히 있으라'며 학생들에게 주입해온 무비판적 경쟁주의는 이념이 아닌 무슨 이름으로 불러줘야 할까? 이념에는 여러 가지가 있다. 허술한 것도 있고 치밀한 것도 있는가 하면 힘을 주는 것도 있고 무기력하게 하는 것도 있다. 하지만 사람의 목숨을 빼앗는 이념만큼 끔찍한 것은 없다.

보수세력이 '이념적'이라고 비판하던 진보교육감들은 오히려 철저히 탈이념적-실용적 노선을 걸었다. 학생들에게 밥을 먹이고 등록금을 깎아주는 일처럼 실용적인 정책이 또 있을까? 사람들은 김상곤과 곽노현 같은 소수의 진보교육감을 통해 이 사실을 분명히 깨닫게 되었다. 심지어 세월호 이후에는 '의식화'에 대한 인식도 달라졌다. '가만히 있으라'는 부당한 요구를 거부하는 것처럼 나쁘지 않다고 생각하는 사람들이 생겨났다.

선거에서 뺨 맞고 유권자에게 분풀이

일이 이렇게 되었으니 '우매한' 유권자를 탓해야 할까? 역시나 여당과 보수교육계는 교육감 직선제를 대통령 임명제로 바꾸자며 목소리를 높였다. 국민이 교육감을 직접 고르는 방식이 문제라면 영향력이 더 큰 대통령을 국민이 뽑는 것은 괜찮을까?

지방선거 후 여권 인사들은 '국민들의 균형 감각이 대단하다고 느꼈다'고 말했다. 거짓말이었을까? 별로 놀랄 일은 아니다. 선거 날 정몽준 후보가 10퍼센트포인트 뒤진다는 출구조사 결과가 나오자 새누리당 서청원 의원은 정 후보가 "뺑도 치고 했어야 했다"라고 말하지 않았던가.

서 의원은 "오페라하우스와 같이 오세훈 전 서울시장이 하지 않은 것도 하고 뺑도 치고 했어야 한다"라며 "(정 후보는) 돈이 많아서

*
두는 수마다 악수에, 고르는 인물마다 재앙을 반복하다가 역사의 뒤안길로 사라졌다.
이런 사람들을 '브레인'이라며 곁에 두고 있던 박근혜 대통령도 참 딱하다.

뻥을 쳐도 사람들이 이해할 것"이라고 말했다. "쩨쩨한" 박원순 후보에 비해 정몽준이 "큰 사람"인데도 장점을 활용하지 못했다는 것이다. 한나라당 중앙선거대책위원회 위원장을 지낸 그가 경험에서 우러난 조언을 했는지는 모르겠지만 이제 '통 큰 뻥'의 시대는 갔다고 봐야 옳다.

이명박 정부의 실패 이후 국민들은 새로운 가치에 주목하기 시작했다. 이명박은 서울시장 재임 시절 '청계천'이라는 물리적이고 가시적인 성과로 유권자들의 마음을 순식간에 사로잡았다. 어떻게든 일을 안 할 이유를 찾기 바빴던 과거 정치인과 대조되는 뚝심을 보여줬기 때문이다. 여기서 멈췄으면 좋았을 것을, 그 브레이크 고장난 불도저는 온 국토를 파헤치며 과거의 성과마저 스스로 깔아뭉개는 어리석은 선택을 했다.

그 이후 '미니 이명박' 행세를 하던 정치인들은 하나둘 참담한 종말을 맞았다. 2011년 오세훈이 그랬고, 같은 해 나경원이 그랬으며, 2014년 정몽준도 그랬다. 세빛둥둥섬, 뉴타운, 오페라하우스 등의 '통 큰 뻥'들은 "쩨쩨한" 무상급식, 노들섬 텃밭, '마을 만들기'에 뒤통수를 맞고 사라졌다. 박원순은 "일을 안 하는 시장"을 표방한 기이한 시장이었고, 그러고도 재선에 성공했다. 물론 "일을 안 하는 시장"이란 눈에 드러나는 업적에 치중하지 않겠다는 의미였고, 사람들은 그 보이지 않는 가치에 지지를 보냈다.

이런 현실에서 '뻥'을 주문하는 걸 보면 과거 '킹메이커'라던 서청원 의원의 감이 많이 떨어졌음이 틀림없다. 흐르는 세월을 누가 막을 수 있으랴. 유신 시절부터 칼날 같은 전략가 노릇을 하던 김기춘 전 비서실장을 보라. 두는 수마다 악수에, 고르는 인물마다 재앙을 반복하다가 역사의 뒤안길로 사라졌다. 이런 사람들을 '브레인'이라며 곁에 두고 있던 박근혜 대통령도 참 딱하다. 그래서였을까? 2015년 대통령은 느닷없이 '교과서 국정화'를 밀어붙여 '삶'을 지향하던 정치를 '이데올로기 투쟁'으로 뒤바꿔놓았다.

국정화, 이념으로 현실 덮기

2015년 10월 12일, 황우여 교육부 장관은 '역사교과서 국정화'를 공식 선언했다. 이 '역사적'인 날, 두 개의 뉴스가 언론에 슬그머니 등장했다가 사라졌다. 하나는 한국노동연구원 발표로 보도된 청년 고용난 소식이었고 다른 하나는 '2015년 세계노인복지지표(GAWI)'가 드러낸 한국 노인들의 형편없는 복지 수준이었다.

이에 따르면 '청년 신규채용은 10년 새 10만 명 감소했고 일자리 질 악화는 더욱 심각'하며 한국의 노인복지 지표는 100점 만점에 44점(96개국 중 60위)을 기록해 베트남이나 필리핀보다 낮았다. 더 한심한 것은 50위에서 60위로 떨어져 1년 동안 무려 열 계단이나 추락했다는 사실이다.

이 보도는 급박한 시기에 대통령과 여당이 '한가하게' 교과서 타령이나 하는 이유를 설명해 준다. 이는 대통령이 임기 절반이 지나도록 (제1공약이었던) '일자리와 복지' 약속을 지키지 못했으며 나머지 임기 동안도 지킬 자신이 없기 때문이다.

해결하지 못한 '먹고사는 문제'를 '이데올로기 투쟁'으로 덮는 것, 이것이 '교과서 트집 잡기'의 핵심이다. '다시 잘살아보세'를 내세워 집권하더니 이제 와서 '이제까지 쭉 잘살아왔네'라고 말하는 꼴이다. 교과서 국정화는 이명박 정부 이래로 끈질기게 추진되어온 '여론 길들이기'의 연장선에서 이해해야 한다. 지난 정부는 '무더기 종편 허용'과 '공영방송 국영화'를 통한 언론 우경화 작업에 나섰고, 덕분에 참담한 실패 뒤에도 재집권에 성공할 수 있었다.

현 정부는 다시 권력 재창출을 위해 '포털 길들이기'와 '카카오 감청' 작업을 마무리하고, 뒤이어 '교과서 손보기'에 나섰다. 앞의 두 가지가 '유권자 눈·귀·입 가리기' 시도라면 뒤의 것은 '집권용 조기 교육'에 해당할 것이다.

'우익 교과서 막겠다'는 우익 총리

2015년 10월, 국회대정부 질문에서 야당 의원은 '국정 역사교과서가 친일을 미화하고, 쿠데타로 집권한 박정희 정권을 미화할 수 있다'고 우려했다. 이에 대해 황교안 총리는 이렇게 대꾸했다.

"만약 그런 시도가 있다면 내가 막겠다."

이 말을 듣는 순간, 어떤 이유에서인지 이명박 전 대통령의 목소리가 환청처럼 들려왔다. 사람들이 4대강 사업이 가져올 수질 오염을 우려하자, '로봇물고기를 풀면 된다'던 확신에 찬 음성 말이다. 황교안 총리는 자신이 누구인지 모르는 모양이다. 그는 국민이 투표로 뽑아 놓은 의원과 정당을 '종북'이라며 하루아침에 날려 버린 사람이다. 물론 대통령의 의지가 큰 역할을 했을 것이고, 여기에는 대선 토론 당시 통합진보당 이정희 후보의 입에서 박정희 전 대통령의 일본 이름인 '다카키 마사오'가 나왔다는 사실이 중요한 동기가 되었을 것이다.

권력의 요구대로 한 정당을 공중분해 시킨 이가 '아버지 명예회복'을 위해 정치에 입문했다는 대통령의 지시를 온몸으로 막겠다고? 황 총리는 2009년 자신의 책에 "4·19는 혼란"이고, "5·16쿠데타는 혁명"이라고 쓴 사람이다. 총리의 '내가 막겠다'는 호언이 나온 그날, 야당 의원은 그에게 "5·16이 쿠데타인가, 혁명인가"라고 물었다. 그는 "논란이 생길 수 있다"면서 답변을 피했다. 하지만 정말 흥미로운 일은 그 뒤에 일어났다. 야당 의원이 "5·16이 쿠데타인가, 혁명인가" 계속 추궁하자, 황 총리는 "그렇게 말할 일이 아니다. 여러 가지 견해가 있다"라고 대꾸했기 때문이다.

바로 그거다. 역사에는 "여러 가지 견해"가 있기에 하나의 시각을 강요하는 국정교과서를 막아야 하는 것이다. 현재의 검정 체제에도 황 총리의 견해가 담긴 교과서가 오롯이 존재한다. '교학사 역사교과서'다. 이 책은 박정희 집권을 "5·16군사혁명"으로 표기하고 있다. 물론 이 교과서는 인기가 없다. 수없이 많은 오류와 왜곡으로 인해 경쟁에서 밀려났기 때문이다.

국정 체제는 경쟁 체제에서 살아남지 못할 질 낮은 교과서를 강매하는 결과를 가져올 것이다. 입에 거품을 물고 '경쟁 체제'를 외쳐 온 정권이 왜 유독 역사교과서에는 '독점 체제'를 주장하는 것일까?

현 정부는 이렇게 말한다. "올바른 역사관"을 위해서라고. 그렇다면 무엇이 '올바른' 역사일까? 문창극 같은 사람을 총리 후보로 뽑고, 그의 친일 찬양 비디오에 '감동했다'는 이인호 같은 사람을 최대 공영방송 이사로 임명하며, 유권자 절반 가까이 표를 얻은 야당 정치인을 "공산주의자"로 부르는 고영주 같은 사람을 방송문화진흥회 이사로 세우는 권력에게 '올바른 역사'를 독점 공급할 권리를 줘도 좋을까?

권력은 역사 기록의 주체가 아니다

비단 박근혜 정부만이 아니다. 어떤 권력도 스스로 역사를 쓰겠다고 나서면 안 된다. 권력은 역사 기록과 평가의 대상이지 주체일 수 없기 때문이다. 권력은 이해관계 당사자이기 때문에 역사 기록에서 최대한 멀리 떨어져야 한다. 이는 왕정 시대조차 왕이 사관의 서술에 개입할 수 없던 이유이기도 하다.

길게 말할 것도 없다. 국가기록원의 '사관' 설명을 보자. 여기에는 "그대로의 사실을 거짓 없이 그대로 기록(이것을 직필이라고 합니다) 해야 하기에 권력 앞에 맞서는 용기도 필요했다"면서 이런 내용이 소개된다.

1404년(태종 4년)에 태종은 사냥을 나갔다가 실수로 말에서 떨어졌습니다. 태종은 급히 일어나서 좌우를 둘러보며 이 사실을 "사관이 알지 못하게 하라"고 말했습니다. 그러나 당시 사관은 태종이 한 말까지도 사초에 기록했습니다.

　　─태종 7권, 4년[1404 갑신/명 영락(永樂) 2년] 2월 8일(기묘) 4번째 기사

그리고는 친절한 설명까지 덧붙인다. "이렇게 사관들은 직필의 원칙을 지켰으며, 이로 인해 조선시대의 국왕은 사관의 기록에 언제나 긴장하고 있었음을 알 수 있다." 교과서 국정화는 왕이 사관 노릇을 하겠다는 것이나 다름없다.

박근혜 대통령은 국정화의 명분으로 '국민통합'을 내세웠다. 그러면서 '국정화 문제로 국론분열 말아야 한다'고 당부했다. 국정화가 '통합' 대신 '분열'을 가지고 온다는 사실을 본인도 알고 있는 것이다. 뭘 소심하게 이 정도 가지고 '분열'을 걱정하시는가? 기다려보시라. 국정화가 시작되면 정권이 바뀔 때마다 역사를 제 입맛대로 쓰려는 시도가 되풀이될 것이고, 나라는 나뉠 수 있는 대로 나뉘어 난 투극을 벌일 것이다.

물론 얻은 게 아주 없지는 않을 것이다. 이데올로기 싸움에 정신이 없는 국민들은 정치가 어떻게 돌아가는지, 경제가 어디로 향하는지 신경 쓸 겨를이 없을 테니 말이다. 뜻대로 된다면 무능하고 부패한 정부에게는 더없이 좋은 호시절이 열리는 셈이다.

역사교과서 국정화를 꾀하는 이들이 잊고 있는 사실이 있다. 우리

어떤 권력도 스스로 역사를 쓰겠다고 나서면 안 된다.
권력은 역사 기록과 평가의 대상이지 주체일 수 없기 때문이다.

국민이 두 번에 이은 군사독재를 물리치고 민주화를 이뤄냈을 때 학교에서는 '군사독재 찬양 국정교과서'로 가르치고 있었다는 사실이다. 교과서를 입맛대로 바꾼다고 해서 자신들의 역사적 정당성 결여, 무능, 부패를 감추고 계속 집권할 수 있다고 믿는다면 크게 착각하는 것이다.

그렇다고 국민들이 '선거 때 보자'나 '역사가 심판할 것' 따위의 손쉬운 평계로 교과서 국정화 시도를 묵인할 수도 없다. 국정교과서가 몇 년 치의 퇴행을 가져올 것이 분명하기 때문이다. 하루가 다르게 침몰하는 국민의 생존권과 자유는 이런 역행을 감당할 만큼 한가하지 않다.

허술한 정의와
손쉬운 분노

마카다미아 너트
호주 원산지의 견과류.
둥글고 단단한 껍질 안에 들어 있는 열매는 지방 함량이 높다.
호주 퀸즈랜드에는 마카다미아 껍질을 태워 전기를 생산하는 화력발전소가 있다.
알맹이 역시 에너지 효율이 높아서 한 봉지만으로도 비행기 회항이 가능하다.
영어로 '너츠(nuts)'는 '미친' 또는 '정신 나간'이라는 뜻의 형용사.

대한항공 승무원에게 '라면 진상'을 떤 한 기업 임원은 사표를 냈다. 대리점주에게 욕설을 퍼부은 남양유업 직원은 해고되었고, 인턴 직원을 성추행한 청와대 대변인은 면직 처리됐다. '땅콩 리턴'의 주역인 한진그룹의 회장 딸은 (일시적으로나마) 모든 자리에서 물러났고, 운전기사를 폭행하고 모욕한 몽고식품 명예회장은 고개 숙여 사과하고 회사를 떠났다. 이 모든 사태가 여론을 뒤흔든 속도만큼이나 재빠르게 수습되었다.

이로써 문제가 해결됐을까? 이제 탑승객들은 승무원을 존경과 감사로 대하기 시작하고, 힘센 '갑'들은 '을'과 더불어 사는 삶을 꿈꾸게 되며, 상사는 권력을 이용한 부하직원 착취와 부당 대우를 그만두고 그들을 도울 방안을 고민하게 될까? 그렇게 되리라 믿는 사람은 없을 것이다.

가해자들은 논란이 일기 무섭게 바짝 엎드려 사과했다. 당연한 일이다. 누가 봐도 잘못한 일이기 때문이다. 하지만 그들은 여론이 폭발하기 전까지는 자신이 악행을 저지르고 있다는 사실을 몰랐을까?

'아, 시민들이 화내는 걸 보니 우리가 잘못한 거였구나. 앞으로 그러지 말아야지.'

이런 깨달음이 아니라면 이번 사건이 변화를 가져오기는 어려울 것이다. 그들도 나쁜 짓임을 뻔히 알면서 저지른 일이기 때문이다. 오히려 내부 정보를 단속하는 통제력과 여론 관리 기술만 교묘해질 가능성이 높다.

'그들'과 달리 '우리'는 의로운가?

이제 우리 자신을 살펴보자. 이 일련의 사건들이 우리를 분노케 한 이유가 무엇일까? 가해자가 황급히 사과한 이유와 같을 것이다. 누가 봐도 옳지 않은 일이었기 때문이다. 우리는 정의감에 불타는 국민인 탓에 약자를 괴롭히는 불의를 그냥 넘기지 못했던 것일까?

미안한 이야기지만 우리가 항상 의로운 국민은 아니었다. 그동안 무수히 많은 불의에 눈감아왔을 뿐 아니라 직접 나서서 악행에 참여하기도 했다. 우리는 대한항공에 탑승한 고위 인사의 몰상식한 요구, 무례, 폭언, 폭행에 경악했지만 '진상 짓'은 일부 권력층만의 문제가 아니다.

이 사실은 전국민간서비스산업노동조합연맹의 2011년 설문조사 〈민간서비스 노동자 삶의 질 연구〉를 보아도 알 수 있다. 서비스업 종사자 3906명을 대상으로 한 이 조사에서 폭언으로 고통받았다는 사람이 30퍼센트였고, 무려 40퍼센트가 인격을 무시당한 경험이 있다고 했다. 그로 인해 네 명 가운데 한 명 이상이 치료가 필요한 중증 혹은 고도 우울증 증세를 보이고 있었다. 한국의 서비스직 종사자가 우울증에 걸릴 확률은 일반 노동자의 두 배에 달한다.

생계 수단을 무기 삼아 남을 쥐어짜는 악습은 일부 계층에 국한된 이야기가 아니다. 최근 잇달아 터진 사건의 주역들이 힘 있는 사람들이었던 탓에 '그들의 문제'처럼 인식되었을 뿐이다. '적'과 '아군'이 뚜렷하게 구분되었기에 손가락질하기도 쉬웠다. 이런 우리의 정의감이 얼마나 허술하게 작동하는지 보자.

2013년 5월 초, 청와대 대변인의 성추행 소식이 태평양을 건너 한국을 강타했을 무렵 국내에서는 남양유업 불매운동이 전국으로 번져가고 있었다. 신문과 방송이 두 가지 소식으로 도배되는 상황은 당연했다. 윤창중 경질, 기자회견, 새로운 혐의 발견 등 핵폭탄급 뉴스가 초를 다투며 터져나오는 상황에서 조용히 주목받는 뉴스가 있었다.

남양유업 대국민 사과 기자회견

*
남양 회장과 삼성 회장의 엇갈린 운명은
대통령 순방 때 대변인이 성추행을 저지르고 도망 온 것만큼이나 초현실적으로 보였다.

"이건희·이부진 부녀, 대학생이 닮고 싶은 최고경영자(CEO) 1위."

남양유업 본사 앞에는 제품이 버려져 쌓이고, 상점 입구에 "악덕 기업 남양유업 제품을 팔지 않습니다"라는 안내문이 나붙고, 홍원식 남양유업 회장은 주식을 팔고 잠적했다는 이야기가 들려온 때였다. 바로 그 시간에 이건희 회장은 미국을 방문한 대통령과 함께 만찬에 참석했고, 한국 대학생들에게는 '닮고 싶은 경영자 1위'로 꼽혔다.

대학생들만이 아니다. 며칠 뒤 전 국민을 대상으로 한 '재벌 총수 선호도' 조사에서도 이건희 회장은 압도적인 1위를 차지했다. 남양 회장과 삼성 회장의 엇갈린 운명은 대통령 순방 때 대변인이 성추행을 저지르고 도망 온 것만큼이나 초현실적으로 보였다.

'악덕업자'와 '닮고 싶은 경영자'의 차이

남양유업은 욕먹어 마땅한 일을 했고 변명의 여지가 없다. 하지만 남양과 삼성이 받는 대접의 차이는 그다지 공정해 보이지 않는다. 삼성이 저질러온 일은 약자를 모욕하고 위협한 정도가 아니기 때문이다.

삼성은 2008년 태안 기름 유출로 수많은 어민들의 삶을 궁지로 몰아넣었고, 그 결과 절망한 어민 여럿이 목숨을 끊었다. 삼성전자 반도체와 액정화면표시장치(LCD) 공장에서 암으로 사망한 노동자는 50명이 넘지만 삼성은 개인 탓으로 돌리며 책임을 회피해왔다.

삼성전자에서 일하다 암에 걸린 직원 가운데 오직 두 명만 산업재해 판정을 받았을 뿐이다.

2012년 1월에는 삼성반도체 화성공장에서 불산 유출 사고가 일어났다. 삼성은 직원들에게조차 사고 사실을 숨기고 사람들을 대피시키지 않았다. 회사 측은 10시간이나 불산 유출을 방치하다가 사망자가 발행한 뒤에야 경찰에 늑장 신고를 했다. '알람이 울리지 않을 정도로 극소량이 유출됐다'고 주장했으나 이후 거짓임이 드러났다.

삼성은 같은 해 5월에도 똑같은 사고를 냈다. 해명까지 동일했다. '유출된 불산은 극소량'이었다는 것이다. 당시 전동수 삼성전자 메모리사업부 사장은 사고 대책에 대한 질문을 받고 "몰라요. 나는 돈만 벌면 되잖아요"라고 답했다. 하지만 삼성 불매운동 같은 일은 일어나지 않았다. 오히려 이건희 회장에게 '닮고 싶은 경영자'와 '가장 선호하는 총수'의 영예가 돌아갔다.

더 큰 비난을 받아 마땅할 기업에 우리는 이처럼 관대하다. 우선 삼성 불매운동을 하기는 만만치 않을 것이다. 남양이 싫으면 다른 회사 제품을 사면 되지만 삼성을 거부하면 당장 내 삶이 불편해지기 때문이다. 불매에 나서기에는 삼성 래미안아파트가 너무 고급스럽고 갤럭시 스마트폰이 너무 번듯하며 삼성에 근무하는 가족이 너무 자랑스럽다.

만만한 상대만 골라 손쉬운 분노를 표출하는 일, 이것을 정의라고 할 수 있을까? 거대한 악에는 침묵하고 작은 악만 골라서 비난하는

*
사람이 죽고 다친 상황에서도 '돈만 잘 벌면 된다'는 말에 초연했던 우리는
수조 원대 비자금과 불법 승계로 처벌받은 사람을 '가장 닮고 싶은 경영자'로 꼽았다.

일이 한국 사회에 어떤 변화를 가져올 수 있을까?

학교 폭력도 마찬가지다. 잘 알고 있지 않은가. 학교 폭력이 난폭한 청소년 몇 명 때문에 일어나는 일이 아니라는 사실을 말이다. 학생들을 경쟁 지옥으로 몰아넣으면서 서로 돕고 배려하기를 바랄 수는 없다.

학교 폭력의 주범은 경쟁 교육과 그를 부추기는 소수의 대학, 입시 산업 그리고 이들의 이익을 대변하는 정치인들이다. 경쟁에 매몰된 국민은 다스리기도 쉽다. 서로 치고받고 싸우기 바쁜 국민들은 단합된 목소리로 국가에 무엇을 요구할 여유도 그럴 만한 비판의식도 없기 때문이다. 정부는 자신이 가해자라는 사실을 숨기기 위해 '폭력 청소년' 몇 명을 처벌하는 '단죄쇼'를 벌인다.

물론 '그들'만이 문제는 아니다. 우리 역시 해결책 찾기를 거부하지 않는가. 내 아이만 맞지 않으면 될 뿐 '경쟁 교육'이라는 거대하고 골치 아픈 문제와 맞서 싸울 자신이 없기 때문이다. 오히려 내 아이가 경쟁에서 앞서가기를 바라면서 입시 경쟁에 힘을 보탠다. 국민들이 발 벗고 나서서 자식들을 경쟁 속으로 밀어넣는데 어떤 정부가 교육제도를 뜯어고치려 하겠는가.

이건희 회장은 2010년 이병철 회장 탄생 100주년 기념식에서 이렇게 말했다. "모든 국민이 정직했으면 좋겠다. 거짓말 없는 세상이 돼야 한다." 그가 배임과 조세 포탈로 유죄판결을 받은 뒤에 한 말이다. 그의 소망은 벌써 이뤄진 것 같다. 어떤 부도덕한 일을 하든 돈만 잘 벌면 된다는 본심을 사람들이 가식 없이 받아들이기 시작했기 때문이다. 사람이 죽고 다친 상황에서도 '돈만 잘 벌면 된다'는 말에 초연했던 우리는 수조 원대 비자금과 불법 승계로 처벌받은 사람을 '가장 닮고 싶은 경영자'로 꼽았다.

희망을 잃은 사회의
어두운 거울

일베
만만한 사람들만 골라 조롱함으로써 사회적으로 조롱받는
만만한 사람들의 공동체.

일베가 말썽이다. 이 익명의 인터넷 커뮤니티를 들여다보면 단순한 우스개나 순박한 질문에서 시작해 여성에 대한 멸시, 노골적 지역 혐오, 군사독재 찬양, 5·18민주화운동에 대한 조롱의 글들로 가득하다. 무지, 오해, 편견이 담긴 글이야 인터넷 사이트 어디서든 쉽게 볼 수 있지만 이 커뮤니티에는 독특한 면이 있다.

회원들이 쓴 글들은 추천 순위에 따라 '베스트' 게시판에 배열되는데 추천 방식이 기묘하다. 대개의 게시판은 찬반을 표하는 방식으로 '올려-내려' '공감-비공감' '추천-비추천'을 쓰는 반면 일베는 '일베로-민주화'를 쓴다. 글이 마음에 안 들면 '민주화' 버튼을 눌러 반대를 표하고 점수를 깎는다.

거부감을 표현하기 위해 '민주화'라는 말을 쓴다는 점만 봐도 운영자와 회원들의 의식 수준을 짐작할 수 있다. 글을 올리고 추천하는 일은 회원들만 할 수 있지만 게시된 글은 방문객 누구나 읽을 수 있게 공개되어 있다. 그로 인해 '베스트' 게시판은 회원들이 선호하는 '화끈한' 글들로 채워지지만 사이트의 영향력은 회원들의 영역을 넘어선다.

'민주화' 조롱하며 '표현의 자유'?

일베에 대한 논란은 시간이 갈수록 커지고 있다. 사망한 대통령을 모욕하고, 학살된 광주 시민들의 사진을 올려놓고 '홍어 말리는 중'이라 조롱하고, 세월호 희생자와 가족들을 농담거리로 만들면서 논란이 확대됐다. 유족과 관련 단체가 소송을 제기했고, 몇몇 광고주는 기업 이미지 훼손을 우려해 사이트 내 광고를 취소했으며, 일부 법학자들과 언론학자들이 규제의 당위성을 역설하고 나섰다.

예상할 수 있듯 일베 회원들은 한 목소리로 반발하고 나섰다. 이들이 사이트를 지키기 위해 '표현의 자유'를 외치는 모습은 꽤나 희극적인데, '표현의 자유'는 자신들이 그토록 혐오하는 '민주화'의 핵심 요소이기 때문이다. 일베 회원들이 흠모해 마지않는 '전땅크'가

총과 칼로 국민을 위협하며 권력을 장악한 뒤 가장 먼저 '땅크'로 밀어버린 게 표현의 자유였다.

일베 회원들이 '널어놓은 홍어'라며 조롱한 시신은 표현의 자유를 지키기 위해 싸우다 쓰려져간 우리의 형제자매였다. 물론 '일베 게이(게시판 이용자)'들은 이해할 수 없을 것이다. 광장에서 서슬 퍼런 권력과 맞서 싸우는 용기 같은 건 상상조차 할 수 없을 테니 말이다. 기껏 익명 게시판에 모여 한다는 짓이 힘 있는 편에 빌붙어 약자나 조롱하는 일이다.

사실 이들은 '우익'도 아니다. 일베를 유럽 극우세력이나 신파시스트 집단에 비유하기도 하지만, 이들은 특정한 이념이나 철학을 지닌 집단이 아니다. 삶이 나아질 수 있다는 희망을 잃은 이들이 모여서 만만한 대상을 조롱하고 모욕하며 순간의 재미와 쾌락을 얻고 있을 따름이다. 그저 집권세력과 기득권을 옹호할 뿐 어떤 일관된 정치적 지향점도 가지고 있지 않다. 회원들 대다수는 다른 정치세력이 집권하는 순간 흔적도 없이 증발해버릴 겁 많은 기회주의자다. '소송' 이야기가 나올 때마다 부랴부랴 글을 지우는 꼴을 보라.

강자에 붙어 약자 조롱하기

일베가 약자를 조롱거리로 삼는 이유는 간단하다. 안전하기 때문이다. 그들 자신도 삶 속에서 절망하고 분노하는 하위계층이지만 자신들의 좌절을 분석할 지식은 결여되어 있고, 문제의 해결책을 찾기

정당한 비판을 허용할 때 비판받아 마땅한 대상이 비판받게 되고,
더 나은 세상이 가능해진다. 명색이 민주국가라면 정권이 바뀔 때마다
언론 보도나 교과서 내용이 춤을 추는 일은 일어나지 말아야 한다.

에는 너무 무기력하며, 책임 당사자인 권력에 도전할 용기는 더더욱 없다. 그래서 선택한 일이 '분노해야 할 대상'에게 분노하기보다 '분노할 수 있는 대상'에게 분노하는 것이다. 일베는 변화의 희망을 잃은 사회가 어떤 모습이 될지를 보여주는 어두운 거울이기도 하다.

일베는 진보정권이 안긴 '헛된 희망'을 저주하고, 불의가 승승장구하는 한국 사회에서 정의를 말하는 '위선'을 역겨워한다. 일베는 표현의 자유가 지나쳐서가 아니라 표현의 자유가 억압되고 왜곡되는 과정에서 생겨난 공간이다. 이 사실을 무시한 채 '규제'나 '폐쇄'를 말하는 일은 문제의 핵심을 간과하는 것이다.

일베는 2010년부터 독립된 사이트로 운영되기 시작했다. 이 시기는 이명박 정부의 여론 탄압과 언론 장악 시도가 노골적으로 드러난 때였다. 2009년 검찰은 정부의 경제 정책에 비판적인 글을 쓰던 블로거 '미네르바'를 긴급체포했고, 국정원은 불법사찰 문제를 제기한 박원순 현 서울시장을 명예훼손으로 고소했으며, 검찰은 광우병 보도를 이유로 MBC 〈PD수첩〉 제작진에게 징역 2~3년을 구형했다.

당시 국내외의 인권 단체는 한국 사회에서 표현의 자유가 심각히 위협받고 있다고 경고했다. 인터넷의 자기검열 심화, 공권력을 통한 물리적 탄압, '허위 사실 유포'와 '명예훼손' 등 법을 이용한 재갈 물리기가 한국의 민주주의를 후퇴시키고 있다는 것이다. 2009년 '국경 없는 기자회'가 조사한 '세계 언론자유지수'에서 한국은 175개국 가운데 69위를 차지해 한 해 전보다 무려 스물두 계단 추락한 참담한 결과를 보여주었다.

이명박 정부는 이에 아랑곳하지 않았다. 2009년 말에 전두환 정권을 찬양하던 김인규를 KBS 사장에 앉혔고, 2010년에는 MBC 사장으로 김재철 '낙하산'을 투하했으며, 같은 해에 시민사회의 우려와 반대를 무릅쓰고 보수언론 '조중동매'를 종합편성 사업자로 선정했다. 이명박 집권 후 국가보안법 입건자도 2008년 46명, 2009년 56명, 2010년 97명으로 수직 상승했다.

이처럼 일베는 표현의 자유가 극도로 위축된 환경에서 탄생했다. 정권에 비판적인 발언이 봉쇄되고 보수적 발언만 허용되는 시기에 안전한 분노의 돌파구를 찾은 것이다. 공영방송에서 인터넷 게시판까지 '꼼꼼하게' 손본 언론 통제는 현실과 역사에 대한 무지로 이어졌다.

일베를 만든 것: 언론탄압, 보수언론, 우익교과서

이명박 정부가 면밀히 진행한 교과서 개정 작업도 큰 영향을 미쳤다. 교실에서는 군사독재를 합리화하고 신자유주의를 찬양하게 가르치고, 신문과 방송은 한·미FTA 협정부터 4대강 사업까지 정부 정책을 옹호하기 바빴으며, 인터넷의 발언은 검열과 처벌의 대상이 되었다. 비판적 발언은 억누르고 객관적 정보는 가로막는 상황에서 합리적 판단을 하기는 쉽지 않다.

언론인 출신의 신경민 새정치민주연합(지금의 더불어민주당) 의원은 일베 폐쇄가 "표현의 자유와 관계없는 것"이라고 주장했다. "선진국의 사례를 보면 최소한의 악에 대해서는 표현의 자유를 문제 삼지 않는다"는 것이다. 정말로 일베 폐쇄는 표현의 자유와 아무 관련이 없을까? 무지와 욕설이 넘쳐나는 이 사이트는 용인해서는 안 될 '악'일까? 언론학자로서 신경민 의원의 발언은 실망스러웠다. 한국 사회에서 주관적인 잣대로 '악'이라는 딱지를 붙이는 경우를 흔히 봐오지 않았던가.

일베에 상식 이하의 발언을 하는 사람이 있다는 사실을 몰라서가 아니다. 만일 그 발언 때문에 일베를 없애야 한다면 포털 사이트와 온라인 신문 댓글란도 없애야 마땅하다. 일베 수준의 글은 인터넷의 많은 공간에서 찾아볼 수 있기 때문이다. 민주 사회에서 표현의 규제는 이익과 손해라는 두 측면을 면밀히 저울질해야 한다. 일베가 좋아서가 아니다. 일베를 규제함으로써 더 큰 부작용이 발생할 수 있기에 규제에 반대하는 것이다.

합리적 법적 근거 없이 일베를 폐쇄할 수 있다면 그 규제의 논리는 정부에 비판적인 매체를 제거하는 데도 사용될 것이다. 일베가 마음에 안 들면 반론, 광고주 불매운동, 민사소송 등으로 대처하면 된다. 일베가 표현의 자유의 위축으로 탄생한 공간이라는 점을 생각하면 이 문제는 규제의 강화가 아니라 표현의 확대로 풀어야 한다.

가장 중요한 점은 권력에 대한 비판이다. 정당한 비판을 허용할 때 비판받아 마땅한 대상이 비판받게 되고, 더 나은 세상이 가능해진다. 명색이 민주국가라면 정권이 바뀔 때마다 언론 보도나 교과서 내용이 춤을 추는 일은 일어나지 말아야 한다.

국가보안법은 비민주적 정보 통제의 대표적인 예다. 국제연합 (UN)이 오래전부터 폐지를 권고해온 이유이기도 하다. '종북'이라는 낙인 하나가 사람의 인생을 송두리째 뒤흔드는 현실은 민주주의와 거리가 멀 뿐 아니라 남북문제에 대한 합리적인 접근도 불가능하게 한다. 국가보안법이 지배하는 한국에서 가장 흔히 들리는 말이 '전쟁불사' 아닌가. 국가보안법이 도리어 국가 안보를 위태롭게 만들어온 것이다.

공감 상실이 불러온
잔인한 풍경들

폭식투쟁

'많이 먹기 대회'가 단지 위의 용적을 과시하는 행위인 반면
'폭식투쟁'은 위의 용적과 뇌의 용적이 반비례함을 과시하는 행사.

연관어 일베, 불감증, 애국 페티시즘, '너츠'

'사이코패스'나 '소시오패스'는 공감 능력이 결여된 사람을 말한다. 공감이란 다른 사람의 입장을 이해할 수 있는 능력으로, 타인들과 고통과 기쁨을 공유할 수 있는 토대가 된다. 동물학자인 프란스 드 발(Frans de Waal)은 공감 능력을 인간뿐만 아니라 침팬지, 보노보 등 모든 영장류가 지닌 원초적 본능이라고 말한다.

실제로 집단생활을 하는 유인원들은 여러모로 동료들을 배려하는 행위를 한다. 예컨대 동료가 다쳤을 때 상처 주위의 흙을 털거나

핥아주고, 빨리 걷지 못할 경우 집단 전체가 이동 속도를 늦추기도 한다. 공감의 행위가 같은 종의 영역을 초월하는 경우도 많다.

드 발은 《내 안의 유인원(Our Inner Ape)》에서 새를 보살피는 보노보 이야기를 들려준다. 침팬지 한 마리가 유리창에 부딪혀 떨어진 새를 발견한다. 그는 새를 손바닥 위에 놓고 가볍게 날려보지만 새는 퍼드덕거리기만 할 뿐 날지 못한다. 보노보는 새를 데리고 나무 높이 올라간 후 손으로 조심스레 새의 날개를 펴고 공중으로 던져 올려본다. 하지만 날지 못하고 곧 땅바닥에 떨어진다. 그는 새가 있는 곳으로 가서 다른 동물들이 새를 해치지 못하게 지키기 시작했다. 저녁이 되자 새는 기운을 회복하고 날아갔다.

드 발은 도덕이 사람의 창조물이 아니라고 말한다. 도덕의 기본은 '공감'과 '배려'인데 이것은 집단생활을 하는 모든 동물 사이에서 발견되는 보편적 특성이라는 것이다. 그에 따르면 공감과 배려는 자신과 타인 모두가 살아남기 위한 일종의 자연적 합의다. 드 발은 동물실험을 통해 자신의 주장을 성공적으로 입증하는데, 최근 저서인 《공감의 시대(The Age of Empathy)》와 《착한 인류(The Bonobo and the Atheist)》에는 흥미로운 사례가 가득하다.

그중 하나는 침팬지가 '부당한 대우'에 어떻게 반응하는지 보는 것이다. 침팬지 한 마리에게 과제를 주고 잘했을 경우 상으로 오이를 주었다. 그는 열심히 일을 하고 기쁘게 오이를 받아먹었다. 이번에는 다른 침팬지를 옆에 데려와서 같은 일을 시켰다. 하지만 그에게는 오이보다 더 맛있는 포도를 주었다. 그것을 본 첫 침팬지가 어떤 반응을 보였을까?

그는 오이를 집어 던지고 괴성을 지르며 항의했다. 열심히 하던 일을 중단하고 '파업'으로 맞선 것은 물론이고 분노에 차서 실험 기구를 마구 흔들기도 했다. 똑같은 일을 하는데도 남이 자기보다 더 맛있는 음식을 받는 '부조리한 현실'에 항의한 것이다. 드 발은 이 저항이 "99퍼센트를 위한 사회"를 외친 월스트리트 점령 시위와 본질적으로 같다고 본다. 공정하지 못한 사회에 저항하는 일은 자연과 신이 내려준 본능인 셈이다.

우리 사회에 공감 능력이 있는가

드 발의 책에서 가장 흥미롭게 본 부분은 침팬지의 '연대'였다. 침팬지에게 두 가지 색의 단추를 준다. 침팬지는 이것을 '돈'처럼 쓸 수 있는데, 단추를 주인에게 돌려주면 보상으로 먹이를 받는다. 어느 색 단추를 내든 같은 음식을 받지만 색깔에 따라 옆 우리의 동료가 먹이를 받거나 받지 못하게 된다. 예컨대 파란색을 내면 자기만 음식을 받고, 빨간색을 내면 자기와 동료 모두가 음식을 받는다. 침팬지는 예외 없이 빨간색을 더 많이 내밀었다.

침팬지의 행동을 통하여 우리가 인간에 대해 알 수 있는 사실은 무엇일까? 먼저 이기심이 '자연적 본능'이라는 믿음의 허구성을 지적할 수 있다. 사람들이 제 이기심을 합리화하기 위해 동물을 끌어들이고자 했으나 그들로부터 면박을 당한 꼴이다. 두 번째는 타인에 대한 배려가 결국 자신에 대한 배려라는 사실이다. 빨간 단추 덕에 포식을 한 옆 방의 침팬지는 유사한 상황에서 친구를 배려하는 선택을 할 것이다. 하지만 유인원들이 이런 점을 치밀하게 계산하고 있지는 않을 것이다. 그저 동료가 기뻐하는 모습이 보기 좋은 것인지도 모른다. 우리 모두 알지 않은가. 혼자 먹기보다 같이 먹을 때 밥맛이 훨씬 좋다는 사실을.

그렇다면 침팬지의 '연대'는 우리 사회에 어떤 점을 말해주고 있을까? 인정하고 싶지 않지만 우리 사회가 공감 능력을 갖추지 못한 '사이코패스 사회'라는 사실 아닐까? 그렇지 않다면 자식과 형제를 잃고 비통해하는 세월호 유족들을 비난하고 조롱하는 사람들을 어떻게 설명할 수 있을까? 유족들이 사건의 원인 규명과 재발 방지를 요구하는 것은 명백한 이타심의 발현이었다. 다른 사람만큼은 그런 비극의 고통을 겪지 않도록 하겠다는 마음이기 때문이다. 게다가 그들은 타인과 이 사회를 돕기 위해 고통스러운 금식을 택했다.

이러한 노력의 수혜자가 될 사회 구성원들은 어떻게 행동해야 옳을까? 고통에 참여하지는 못하더라도 최소한 '폭식 투쟁' 같은 짓은 하지 말아야 했다. 공감 능력이 결여된 사이코패스가 아니라면 말이다. 유족의 노력을 좌절시키는 일이 자신의 안전을 포기하는 행위라는 사실은 유인원들도 알 만한 일이다.

물론 유족들을 야유한 이는 소수에 지나지 않으며 이들은 국민들 다수로부터 큰 비난을 받았다. 그렇다면 한국 사회를 '사이코패스 사회'라고 부르는 것은 지나친 일이 아닐까? 하지만 정부의 어처구니없는 대처 실패가 드러나고, 대통령이 유족들을 대하는 데 회피와 무시로 일관하고, 유력 정치인들이 피해자들을 '불온세력'으로 몰았어도 여당은 별 문제 없이 2014년 6·4 지방선거에서 승리했다. 안타깝게도 국민들이 '세월호 사건 뭉개기'에 힘을 실어준 것이다.

정부―'기레기'와의 공모 거부하기

가장 기가 막혔던 장면은 세월호 사건 당시 '기레기'라는 상서롭지 못한 별명을 얻은 무리들이 정부와 연합하는 모습이었다. 사건 후 몇 달이 지나도록 국민들은 충격에서 벗어나지 못했고, 유족과 실종자 가족들은 지옥 같은 시간을 보내고 있었다. 이때 갑자기 정부와 언론이 '경제' 이야기를 꺼내기 시작했다.

해결된 것은 아무것도 없었다. 배는 여전히 그 자리에 가라앉아 있고 그 안에는 아홉 명의 실종자가 갇혀 있으며 그들의 가족들은 해안가에서 울부짖고 있었다. 그런데도 그들은 '이제 잊고 경기회복에 매진할 것'을 주문했다. 사건 후 '100일이 다가오고 있기 때문'이라고 말하면서 말이다. "100"이라는 숫자에 무슨 마법이라도 담겨 있어서 이 시간 후에는 모든 문제가 자동으로 해결되기라도 한다는 투였다.

〈조선일보〉는 "'세월호' 딛고 부강한 나라로―침체된 내수 살리자"라는 특집 기사를 내어 기업 규제를 대폭 풀 것을 주문했다. 규제로 인해 "생수공장선 탄산수 못 만들고 유럽식 '절벽 위 호텔' 꿈도 못

꾼다"는 것이다. 〈한국경제〉는 "세월호에 갇힌 경제"를 한탄했고, 박근혜 대통령은 시정연설에서 "지금이 한국경제 다시 세울 마지막 골든타임"이라고 주장했다. 이에 질세라 종편 채널A는 〈아침경제 골든타임〉이라는 상설 프로그램을 만들었다.

하지만 이들에게 최소한 양심이 있다면 "골든타임"이라는 말은 쓰지 말아야 했다. 충분히 구할 수 있던 국민을 무능, 무책임, 오보로 살해한 후 어떻게 천연덕스럽게 그 표현을 입에 담을 수 있단 말인가. 어찌 보면 이들로부터 공감 능력을 찾기 어려운 것은 당연해 보인다. 경제만능주의는 일종의 페티시즘이다. 사람을 위해 존재하는 경제를 사람 앞에 놓는 행위이기 때문이다. 이들의 '전이된 욕망'은 의당 지향해야 할 사람을 향하는 대신 옷, 신발, '절벽 위 호텔' 등 엉뚱한 대체물을 찾는다.

'경제 페티시즘'에 빠진 권력이 '정신적 지주'로 신봉할 만한 사람은 애덤 스미스(Adam Smith)일 것이다. 하지만 정작 그조차 행복의 전제조건으로 공감 능력을 말했다. 그는 《도덕감정론(The Theory of Moral Sentiments)》에 이렇게 썼다.

인간을 아무리 이기적 존재로 보더라도 인간의 본성에 내재된 원리가 있어, 다른 사람의 운명에 관심을 갖고 그의 행복을 자신에게 꼭 필요한 요소로 삼게 된다. 비록 그 사람의 행복을 지켜보는 기쁨 이외에 아무것도 얻지 못하더라도.

나 이외의 모든 사람은 '경쟁자'라 주입받아온 탓에 다른 사람의 기쁨을 지켜볼 여유가 없는 것, 이것이 우리가 지금 이토록 불행한 이유인지도 모른다.

질문 없는 언론과
허수아비 대통령

기자

권력을 향해 진실을 말할 의무를 지닌 사람.
흔히 '감시견' 역할에 비유된다. 한국의 경우는 권력을 향해 진실을 말하는
사람을 무는 '잡견' 역할을 해 '기레기(기자+쓰레기)'에 비유된다.

연관어 박근혜 구원파, 지능모욕, 막장사회

"이거 어떻게 하면 돼?"

"잘."

이런 걸 농담이라고 주고받던 시절이 있었다. 2012년 여름, 텔레비전을 켜자 유력 대선 후보 한 명이 나왔다. 그는 대통령이 되면 경제를 어떻게 일으켜 세우겠느냐는 질문에 "원칙대로 잘해서……"라고 답했다. 이어진 '농어촌 활성화 대책'에 대한 답은 내 귀를 의심케 했다. 역시 "원칙대로 잘해서……"였기 때문이다.

언론학자인 나는 텔레비전이 구체적인 사실을 전하기에 적합한 매체가 아니라는 사실을 안다. 인쇄 매체와 달리 텔레비전은 이미지와 감성을 강조하는 경향이 있어서 사람들의 객관적 판단을 흐리기 쉽다. 게다가 이명박 정부 이후 나는 공영방송에 큰 기대를 하지 않는다.

하지만 유권자들에게 정보를 주기 위한 방송에서 진행자가 고개만 끄덕이고 있어서는 안 된다. 질문을 바꾸어 상대방에게 구체적인 답을 요구해야 한다. 하지만 앞의 상황에서 그런 일은 일어나지 않았다. 그렇게 했다 한들 어떤 답변이 나왔겠는가?

그 방송을 보기 훨씬 전인 2004년, 같은 인물을 대상으로 저널리즘의 기본에 충실한 인터뷰를 한 언론인이 있었다. 상대에게서 두루뭉술한 대답이 나오자 재차 질문을 했고, 그가 다시 같은 답변을 되풀이하자 정중하게 말을 바꾸어 다시 물었다. 그러자 상대는 이렇게 대꾸했다. "저하고 지금 싸움하시는 거예요?"

얼마 후 "원칙대로 잘해서……"라는 인터뷰를 보았고, 해가 바뀌기 전에 그 후보는 대선에서 승리했다.

"이거 어떻게 하면 돼?"

"잘."

박근혜 대통령의 당선은 이 농담이 여전히 통용되고 있음을 증명했을 뿐 아니라 이 농담을 잘 포장하면 국가수반까지 될 수 있다는 사실을 보여주었다. 그리고 우리는 지금 그 결과를 목격하고 있다. 정치, 경제, 외교, 국방, 문화, 교육 모든 면에서.

무능한 대통령과 교활한 언론

이 참담한 현실에 대한 책임은 지도자뿐 아니라 언론에게도 있다. 한국 기자들은 세월호 사건 당일 '전원 구조'라는 터무니없는 오보로 무능한 정부를 더 나태하게 만들어 수많은 사람을 희생시켰다. 그런 후에는 정부의 허물을 덮고 감추기 바빴다.

한국 언론의 문제는 권력에 질문을 던지지 않는 데 있다. 정부가 낡은 선박에 대한 규제를 풀 때 질문하지 않았고 세월호 참사가 터졌을 때도 질문하지 않았으며 대통령이 유족들에게 한 약속을 모조리 어겼어도 질문하지 않았다. 대통령이 집권 공약을 모두 뒤집었어도 질문을 던지지 않았고 국민 다수가 고통받는 현실에 대해서도 질문을 회피하고 있다.

언론은 '질문하지 않은' 대가로 정부로부터 종편 허가를 받고 광고를 확보하고 청와대 대변인과 국회의원 자리를 얻었다. 이렇게 정부와 한 몸이 된 언론이 날카로운 질문으로 대통령을 난처하게 만들 거라고 기대할 수는 없다.

과거 박근혜 대통령이 곤란한 (따라서 제대로 된) 질문을 받고 '싸우자는 거냐'고 응수했을 때 사람들은 '발끈해'라는 별명을 붙여주었다. 나는 이 별칭이 어울린다고 생각하지 않았다. 대통령이 '발끈' 한 이유는 그가 감정적이거나 인내심이 부족해서라기보다는 달리 반응할 방법이 없었기 때문이다. 질문을 이해할 능력도, 답변할 지식도 없는 사람에게 '답하라'고 요구하면 어떤 일이 일어나겠는가?

(이러니 대선 토론 당시 그를 벼랑 끝까지 몰았던 이정희 전 통합진보당 의원이 얼마나 미웠을까?)

잘 모르는 내용에 대한 질문을 받았을 때 솔직한 답변은 '모르겠다'나 '생각해본 적이 없다'일 것이다. 당시 박 대통령은 차기 대통령 후보로 거론되던 야당 대표였고, 질문 내용은 핵심적인 경제 살리기 정책이었다. 이런 상황에서 정당 대표가 구체적인 정책안을 제시하지 못한다면 답변이 '모른다'이든 '싸우자는 거냐'든 아니면 '잘해서……'이든 비극적인 것은 마찬가지다.

결국 박근혜 대통령 주위에는 정책에 대해 섬세한 지식과 판단을 요구하는 질문을 하는 사람이 없었다는 뜻이다. 유력 정치인을 이 지경까지 내버려둔 것은 무능한 측근 정치인들과 '질문하지 않는' 한국 언론이다. 가혹할 만큼 검증해야 하는 대선 후보를 불러놓고 "형광등 100개를 켜놓은 아우라"라고 칭송했던 게 우리나라 언론이다. 선수를 놓쳤던 라이벌 채널은 집권 뒤 "〈겨울왕국〉 엘사와 박근혜 대통령의 공통점"으로 설욕했다.

눈물마저 연출하는 껍데기 지도자

대통령이 가끔 눈으로 발사하는 '레이저 광선'은 '싸우자는 거냐'의 비언어적 메시지이고, 답답하고 안타까운 마음의 솔직한 표현이다. 하지만 대통령이 갖가지 '무기'로 상황을 모면하도록 허락한 결과는 비극이며, 이는 무엇보다 대통령 자신에게 비극이다. 지도자로서 필요한 지식과 판단을 키울 기회를 스스로 차버렸기 때문이다. 그 결과 측근 몇 명이 국정을 쥐고 흔드는 '허수아비 대통령'이라는 평가까지 받게 되었다.

같은 이유로 언론에서 흔히 사용하는 '불통'이니 '비밀주의'니 하는 말에도 선뜻 동의하기 어렵다. 소통하고 드러내려면 무엇인가를 가지고 있어야 하지만 안타깝게도 대통령은 그럴 내용물을 가지고 있지 않다. 대통령과 지지자들에게는 미안한 말이지만 이것은 임기 내내 이 사회가 지켜보고 깨달은 바다. 공개할수록 공개할 게 없다는 사실만 드러나는 역설은 대통령으로 하여금 국민과 거리를 두게 만들었다. 청와대가 '콘텐츠 부재'를 만회하기 위해 대통령의 '매력'과 맹목적 권위를 강조하면서 상황은 더 악화되었다.

대통령이 세월호 사건에 대해 대국민 사과를 하며 눈물을 흘렸을 때 나는 그 기이함에 놀랐다. 여타의 논란, 예컨대 시점이 사고 발생 후 한 달이 지난 뒤였다든가, 선거를 코앞에 둔 상황이었다든가, 청와대가 지정한 방송사에서 눈물 줄기를 확대 화면으로 내보냈다든가 하는 것은 부차적 문제였다.

2014년 5월 19일, 대통령의 사과 방송이 나오기 직전, CBS 기자가 라디오 방송에서 청와대의 분위기를 전했다. "청와대 관계자들이 세월호 참사에 대한 반성과 사과를 감성적으로 접근해야 대국민 호소력이 커진다는 의견을 개진했다"라는 내용이었다. 기자는 "대통령이 참모진의 의견을 수용해 단 한 번도 없었던 눈물을 보일지 지켜볼 일"이라고 덧붙였다.

대통령 눈물의 '진위'를 말하는 일은 무의미하다. 국민 수백 명이 목숨을 잃었는데 웃을 지도자는 없기 때문이다. 내가 기이하게 느낀 점은 참모진이 대통령에게 특별히 '감성적 접근'을 요구했다는 사실이다. 측근이 감정 표현까지 주문하는 현실은 대통령의 정책 보고서나 연설문만이 아니라 눈물까지도 자신의 것이 아니라는 사실을 말해주었기 때문이다.

총체적 위기, 무엇을 할 것인가

한국은 지금 여러 가지 문제에 직면해 있다. 국민들에게 가장 가깝게 다가오는 것은 먹고사는 문제다. 경제활동인구 가운데 절반 가까이가 비정규직이고, 비정규직의 월평균 임금은 2014년 10월 기준으로 140만 원에 지나지 않는다. 이런 상황을 반영하듯 한국의 자영업자 비율은 30퍼센트에 가까워 경제협력개발기구(OECD) 평균의 두 배에 달하지만(2010년 기준) 이들 가운데 절반이 한 달에 100만 원도 벌지 못한다.

이런 경제구조 속에서 경제력을 잃는 순간 어떤 삶이 닥쳐올지는 충분히 예측 가능하다. 한국의 노인 자살률은 OECD 평균의 3.4배에 달한다. 물론 고통은 이 '좌절 사회'에 첫발을 들여놓으면서부터 시작된다. 잘 알려진 대로 10대부터 30대까지 사망 원인 1위가 자살이며 생산가능인구(15~64세)의 자살률 역시 세계 최악이다.

하지만 희망은 보이지 않는다. 국민들에게 더 나은 경제적 기회

*
국민들에게 더 나은 경제적 기회와 사회안전망을 가져다줄 것으로 믿었던
경제민주화와 복지 정책은 대거 증발하거나 후퇴했다.

와 사회안전망을 가져다줄 것으로 믿었던 경제민주화와 복지 정책은 대거 증발하거나 후퇴했다. 자영업자의 고통은 지금도 비명을 지를 정도지만, '베이비붐' 세대의 끝자락인 1960년대생 취업자들이 퇴직하면 경쟁은 더욱 심해질 것이다. 여기에 안전하게 돈을 벌려는 재벌 3세들이 제조업을 포기하고 요식업에 뛰어들어 자영업자의 생존권까지 위협하고 있다.

안보 문제도 심각하다. 박근혜 정부가 전시작전통제권 환수를 무기한 연기함으로써 강대국의 이해관계에 따라 국가 안보가 좌우될 위험성이 높아졌다. 2014년 논란이 된 할리우드 영화 〈인터뷰(The Interview)〉는 이런 우려가 현실임을 보여주었다. 김정은 암살을 소재로 다룬 이 코미디 영화를 보면서 '진보적'이라는 할리우드가 북한에 대해 얼마나 무지한지 놀라지 않을 수 없었다. 이 영화는 북한만이 아니라 아시아 전체에 대한 문화적, 인종적 편견으로 가득하다. 예컨대 주인공은 북한에서 데리고 나온 강아지를 안고 미국으로 가면서 이렇게 말한다.

"개를 잡아먹지 않는 나라로 가자."

미국인들에게 '20세기 중반에 미국과 소련이 한반도를 갈라놓았다'고 말하면 '그게 정말이냐'며 눈을 휘둥그레 뜨는 사람이 한둘이 아니다. 남한 자신의 안전을 위해서라도 미국에 객관적인 정보를 제공하고 북한과의 관계를 개선하도록 도와야 하지만 우리는 정반대로 무지와 혐오를 부추기고 있다. 이 두 가지가 결합될 때 나타나는 것은 파국을 부르는 어리석은 판단뿐이다.

결국 국민이 똑똑해지지 않으면 이 사회는 망가질 대로 망가진 현실에서 벗어날 수 없을 것이다. 대통령을 뒤에서 움직이는 '비선 세력'과 달리 국민은 대통령과 정부, 국가에 합법적으로 요구할 권리가 있다. 모든 권력은 국민에게서 나오는 것이지 '십상시'로부터 나오는 게 아니기 때문이다.

'잘살기 위한'
불의의 공모

유신세대
'잘 먹고 잘살게 해주었다'는 대통령을 그리워하며
여전히 잘 먹고 잘살지 못하는 세대.

박정희 대통령을 말할 때 빠지지 않는 이야기가 있다. 국민들을
'먹고살게 해주었다'는 것이다. 이 말이 사실이라면 우리는 왜 여전
히 먹고사는 문제로 고민하고 있을까? 우리를 '이미' 먹고살게 해준
이가 16년간 집권하고 난 뒤 40년 가까이 더 지났는데 말이다.

한국 사회에서 박정희 대통령은 그 자체로 논쟁이고 그 자체로
갈등이다. 그는 '추앙'의 대상이 아니면 '혐오'의 대상이 되곤 한다.
양극의 평가를 아우르는 표현을 찾자면 '사람도 아니다'쯤 될 것이

다. 그를 거의 '신'의 차원에서 숭배하는 사람들이 있는가 하면 권력 유지를 위해 국민을 무참히 탄압하고 살해한 '냉혈동물'로 여기는 이들도 있기 때문이다.

흥미로운 점은 도무지 화해할 수 없을 것 같은 두 견해가 꽤 평화롭게 공존한다는 사실이다. 심지어 박정희 대통령을 '반인반신'으로 경외하는 사람도 독재 사실은 부인하지 않으며, 그를 극악무도한 압제자로 비판하는 사람들조차 '먹고살게 해주었다'는 주장은 어느 정도 인정하는 경향이 있다. 그리하여 양극의 평가는 '박정희'라는 동전의 양면을 이룬다. 앞면에는 번쩍거리는 '경제'가, 뒷면에는 낡고 녹슨 '정치'가 새겨져 있다.

동전의 앞뒤가 서로 반박하지 않듯 박정희의 '두 얼굴'도 서로를 배척하지 않는다. 돌아가며 양쪽을 번갈아 보여줄 뿐이다. "비록 독재는 했지만 먹고살게 해주었다." "먹고살게는 해주었을지 모르나 잔혹한 독재자였다." 하지만 이런 식의 '명-암' 또는 '공-과' 나누기가 옳을까?

만일 '먹고사는 문제'가 박정희 시대의 '공'은커녕 끔찍한 '과'라면 어떨까? 여전히 그가 국민들을 먹고살게 해주었다고 믿는 사람이 있다면 반박할 생각은 없다. 다만 먹고사는 문제가 해결된 나라에서 어떻게 어린이들의 장래희망이 '정규직'이며, '잘살아보세'라는 1970년대 선거 구호가 (당시의 아버지보다 더 나이를 먹은 딸에 의해) 재활용될 수 있는지 궁금할 뿐이다.

한 가지는 분명하다. 그것은 우리 사회가 '먹고사는 문제'로부터 한 발짝도 나아가지 못했다는 사실이다. 반세기 넘게 생존 하나에 매달려온 사회가 '발전'했다고 말할 수 있을까? 오히려 퇴보한 것이 아닐까?

'유신'이라는 부도덕의 체계

국민들이 겪는 고통의 책임을 왜 박정희 대통령이 져야 하냐고 묻는 사람이 있을 것이다. 물론 그의 책임만은 아니다. 지난 모든 지도자들에게도 책임이 있고 무엇보다 지금 재임 중인 대통령에게 가장 큰 책임이 돌아가야 할 것이다.

하지만 전임 지도자 가운데서도 박정희 대통령을 주목해야 이유가 있다. 그것은 박근혜 대통령이 새로 되살린 '잘살아보세' 구호의 원저자여서만은 아니다. 그는 우리 사회의 과거-현재-미래의 관심사를 온통 '먹고사는 문제'라는 원초적 차원에 가둔 장본인이었을 뿐 아니라 '먹고사는 일'이라면 어떤 행위도 정당화하는 비윤리적 사고를 우리 내면에 체화시킨 주역이다.

몇 달간 학술적 목적을 위해 1960~1970년대의 정책 자료를 꼼꼼히 검토할 기회가 있었다. 그 과정에서 유신이 경제나 정치 체계가 아니라 거대한 '부도덕의 체계'라는 사실을 깨닫게 되었다.

잘살기 위해 _____ 하자(하지 말자).

우리는 이 빈칸에 무엇이든 넣을 수 있게 주입받아 왔다. 예컨대

이 시대는 '잘살게 해주겠다'는 권력에게 질문을 던지도록 요구한다.
그것은 '정말 잘살게 해줄 거냐'가 아니라, '잘 산다는 게 무엇인가'다.

지금 정부가 가장 중요한 가치로 수호한다는 '자유민주주의'를 대입해보자. "잘살기 위해 스스로의 자유를 제한하자." 이 대목에서 웃음을 터뜨릴 사람들도 있겠지만 이것은 1970년대 대국민 홍보자료에 실제 등장한 구호다.

한 가지 분명히 해두고 싶은 점은, 나는 '박정희 때리기'에 전혀 관심이 없다는 사실이다. 과거의 사건과 행위를 냉정히 평가하는 것은 미래를 대비하기 위해 꼭 해야 하는 일이지만 나는 과거의 인물보다 현재의 우리에 더 관심이 많다. 따라서 이 글에서 살펴보고 싶은 것은 박정희 대통령이 무엇을 했나가 아니라 우리가 어떻게 해서 불의의 공모자가 되었는가다.

'먹고살기' 위해 '패륜'을 부추기는 나라

'잘살자'는 논리는 '잘살기 위해서 국민들의 인권도 목숨도 무시하자'까지 확대되었다. 2014년 4월 세월호 사건이 터진 후에 벌어진 일들을 생각해보자. 대통령은 유족들을 철저히 무시하고 외면했으며 사건에 책임을 져야 할 여당은 진상 규명을 요구하는 목소리를 불순한 음모로 몰아갔다. 새누리당 의원 김진태는 세월호 인양에 반대하며 이렇게 말했다.

"시신을 위해서 이렇게 많은 사회적 비용을 지불해야 하는지에 대해서 우리 모두가 다시 한번 생각해봐야 한다."

물론 모두 '잘살자'는 이야기일 것이다. '잘살기 위해' 국민의 목숨을 위협하는 탈규제 정책을 펴고, 정부의 과오로 국민 수백 명이 목숨을 잃어도 '잘살기 위해' 지도자의 책임을 묻지 말아야 하며, '잘살기 위해' 실종자 가족의 고통을 외면해야 한다는 것이다. 우리는 '잘살기 위해서' 인륜마저 포기해야 하는 나라에 살고 있다.

박정희 대통령은 8년간 통치한 뒤에도 임기를 무제한으로 늘리기 위해 1972년 개헌을 시도했다. 이른바 '유신헌법'이 통과되면 대통령은 사실상 종신직이 되고, 국회의원의 3분의 1과 모든 법관을 자신이 임명할 수 있게 되며, 국회마저 해산할 수 있는 무소불위의 힘을 갖게 될 터였다. 하지만 개헌을 위해서는 국민투표가 필요했으므로 국민들에게 유신 체제를 정당화하는 작업이 매우 중요했다.

이때 박 대통령은 어떻게 국민들을 설득했을까? 이때도 '잘살자'는 이야기가 나온다. 당시 배포된 유신 홍보 자료를 보면 "10월 유신이란 무엇인가"라고 물은 뒤 스스로 이렇게 답한다. "그것은 한마디로 더 잘살자는 것이다." 유신 시대는 이처럼 정치와 경제가 뒤죽박죽 섞인 기괴한 사고 체계를 국민들 머릿속에 이식한 시기이기도 하다.

한국 정부는 고난과 궁핍에 지친 가련한 국민들에게 생존을 미끼로 권력을 얻어냈다. 그리고 '더 잘살게 해주겠다'며 불의와 범죄에 눈감게 만들었다. '박정희 정부가 독재는 했지만 먹고살게도 해주었다'는 말에 동의하기 위해서는 한 가지 조건이 필요하다. 그것은 아직도 피눈물을 흘리고 있는 사법살인 피해자의 가족들을 마음속으로부터 지우는 것이다. '네 가족은 비통하게 죽었을지 모르지만 적

어도 나는 배부르게 먹을 수 있게 됐다.'

노동자들의 열악한 대우와 환경도, 명분 없는 베트남에서의 양민 학살도 '경제발전'으로 합리화되었다. 존엄한 생존 활동을 비윤리적 장 속으로 몰아넣은 것, 나는 이것이 유신 시대의 가장 큰 죄악이라고 생각한다. 이 전통은 한국 사회의 곳곳에 퍼져 깊이 뿌리내렸다.

탑승객들을 내버려둔 채 제 목숨 먼저 챙기는 승무원, 세월호 사건이 터지자마자 '보험금' 액수 이야기부터 꺼내는 언론, 자식을 잃고 오열하는 부모를 조롱하고 모욕하는 보수단체와 '일베', 비정규직을 양산해 비인간적인 근무 조건 속에 내던지는 정부와 기업 그리고 그들을 지지하는 국민과 소비자. '잘살자'는 이데올로기는 인간 고유의 공감 본능을 거부하도록 만들었고 우리는 지금 그 결과를 온몸으로 겪고 있다.

이 시대는 '잘살게 해주겠다'는 권력에게 질문을 던지도록 요구한다. 그것은 '정말 잘살게 해줄 거냐'가 아니라 '잘 산다는 게 무엇인가'다. 잘 사는 것이 무엇인지도 모르는 지도자가 국민들을 잘 살게 해줄 수는 없기 때문이다. 지도자가 '국민소득 4만 달러'를 이야기한다면 기대를 접는 편이 현명하다. 박정희 대통령은 국민소득 1000달러가 되면 국민 모두가 행복해진다고 약속했었다. 1인당 국민소득이 그것의 30배에 달하는 지금, 우리는 '잘 살고' 있는가?

'비경쟁자'들이 부추기는 경쟁주의

경쟁주의

죽도록 싸워야 발전할 수 있다는 이론.
한 국가의 경쟁력이 최고조에 달하면 인구수는 '1'에 수렴된다.
경쟁주의가 맹위를 떨치기 시작한 이후 한국의 인구는 가파른 감소 추세다.
경쟁할 필요가 없는 삶을 사는 사람들일수록
경쟁주의를 열렬히 지지하는 경향을 보인다.

완전고용이 실현되어 실업자는 없어지고 누구든지 일하고 싶으면 언제든지 일자리를 구할 수 있게 된다. 취직하지 못해 애쓰는 사회에서 일할 사람을 구하지 못해 쩔쩔매는 사회로 바뀌게 된다. 뿐만 아니라 부지런하면 누구나 내 집을 가지고 단란하게 살 수 있는 세상이 된다.

웬 꿈같은 소리냐고 할지 모르겠다. 앞으로 취직 걱정은커녕 갈 곳이 너무 많아 고민하게 된다니 말이다. 게다가 내 집 마련도 더 이상 실현 불가능한 꿈이 아니라니, 이게 믿어지는가? 그도 그럴 것이 2014년 기준 한국의 청년(15~24세) 고용률은 26퍼센트에 지나지 않기 때문이다. 교육부와 한국교육개발원이 조사·발표한 〈2014년 교육기본통계〉 자료에 따르면 2014년 대졸자(전문대·일반대·대학원) 평균 취업률은 58.6퍼센트로, 고등교육을 받고도 절반 가까이가 직장을 구하지 못하는 형편이다. 같은 해 고졸 취업자는 33.5퍼센트에 머물렀다.

살인적 경쟁률을 뚫고 취업에 성공했다고 해서 안락한 삶이 기다리지는 않는다. 취업자 열 명 가운데 세 명 이상이 비정규직이기 때문이다. 2014년 10월 통계청이 발표한 자료에 따르면 이들의 시간당 임금은 정규직의 64퍼센트 수준에 지나지 않으며 격차는 점점 커지고 있다. 조금 일하다 정규직으로 옮기면 되지 않을까? 그게 쉽다면 애초에 비정규직으로 취직할 이유도 없을 것이다.

비정규직이 1년 이내에 정규직이 될 확률은 열 명 가운데 한두 명에 지나지 않는다. 거의 불가능하다는 이야기다. 한국에서 비정규직은 한번 빠지면 헤어날 수 없는 '개미지옥'과 같다. 그리고 이 나락의 구멍은 점점 더 넓어지고 깊어지고 있다. 대기업에 취직하기는 하늘의 별따기이지만 그 '희귀종' 명단에 이름을 올린다고 해서 '해피엔딩'이 보장되는 것도 아니다. 합격증을 받고 주위의 부러움과 시샘을 한껏 받았을 30대 대기업 취업자들의 평균 근속 연수는 10년 미만이다. 여성 대기업 취업자의 근속 기간은 더욱 짧아 7년이 채 안 된다.

비정규직이든 정규직이든, 여자든 남자든, 대학 졸업장이 있든 없든, 한국에 사는 이들에게 고용 불안은 피할 수 없는 운명이다. 물론 특별한 유전자를 타고난 '선천성 합격자'들이 있기는 하다. 하지만 이들이 얻은 진짜 특혜는 평생 안정적으로 일할 수 있다는 사실이 아니라 평생 안정적으로 일할 필요조차 없다는 점일 것이다. 기업주를 빼닮은 이들은 남자든 여자든 대학을 나오든 안 나오든 안락한 삶은 피할 수 없는 운명이다.

경쟁자보다 무서운 '비경쟁자'

우리는 생각한다. 다른 사람보다 앞서가면 뭔가 괜찮은 삶이 기다리고 있을 것이고, 타인과의 경쟁에서 '승리'하면 그들보다 좋은 것을 얻을 수 있으리라고 말이다. 이런 상상을 해보자. 사막에 수많은 사람들이 줄을 지어 걸어간다. 뙤약볕이 등과 목을 태우고 모래바람이 눈알을 후벼 파도 조금도 주저하지 않고 한 방향으로 걷는다. 말라서 터진 입술에 반쯤 눈을 감고 위태롭게 비척거리다가도 뒷사람의 기척이 느껴지면 눈을 번쩍 뜨고 다시 바삐 다리를 움직인다.

이때 누군가 "저기 물이 있다"고 외치자 난리가 난다. 대열이 갑자기 흐트러지고 사람들이 무작정 뛰기 시작한다. 앞사람 뒷덜미를 당기는 놈, 옆 사람을 밀어 자빠뜨리는 놈, 자빠진 이를 밟고 뛰는 놈. 정말 물이 있는지, 남들보다 먼저 가면 물을 마실 수 있는지 따위를 생각할 정신도 여유도 없다.

우리가 잊고 있는 또 한 가지. "저기 물이 있다"고 외친 사람은 누구일까? 만일 그 사람이 무리에서 함께 고생하는 사람이 아니라면 그 말의 진실성을 의심해야 한다. 그는 낙타 (혹은 개인 제트기) 위에 편히 누워 자기가 가리킨 방향과 반대로 가는 사람일 수도 있다.

경쟁해야 살아남을 수 있는 사람들은 앞에서 뛰든 뒤에서 걷든 어차피 많은 것을 얻을 수 없는 공동 운명체다. 우리가 정말 두려워 해야 할 사람은 내 앞뒤로 보이는 경쟁자가 아니라 눈에 보이지도 않고 경쟁할 필요도 없는 사람들이다. 경쟁주의는 분노를 엉뚱한 곳으로 겨냥하게 만들며 무엇보다 연대해서 함께 싸워야 할 동료를 적으로 오인하게 만드는 효과적인 이데올로기다.

"완전고용이 실현되어 실업자는 없어지고, 누구든지 일하고 싶으면 언제든지 일자리를 구할 수 있게 된다."

이런 '무릉도원' 이야기는 1973년 유신 정부의 공약이었다. 그렇다면 정부는 '일하고 싶으면 일할 수 있고, 부지런하면 집을 가질 수 있는 시대'가 언제쯤 실현된다고 약속했을까? 1970년대 말이었다. 그렇다. '2070년대'가 아니라 '1970년대' 말이다.

70년대에 '복지사회' 찾아온다더니

정부가 약속한 것은 일자리만이 아니었다. 당시 정부 홍보물에 따르면 "좋은 집을 갖고 잘사는 사람을 부러워하면서 집 없는 슬픔을 달래야 하는 서민들의 걱정이 사라지게 되는 것"이며 "의료보험제

도가 발달되어 돈 없는 사람이 병이 났을 때 무료로 치료"해주는 "복
지사회"가 찾아온다고 했다.

개인적으로 가장 마음에 드는 부분은 '삶의 질'에 대한 부분이었
다. "불어나는 소득으로 여유 있는 국민생활"이 가능해지고, "풍족한
살림으로 즐기는 문화생활"을 할 수 있게 된다고 했다. '생존'을 고민
하던 차원에서 벗어나 '삶의 즐거움'을 추구할 수 있게 된다는 것이다.

이 약속이 지켜졌는지는 모두가 아는 대로다. 이렇게 말하는 사
람이 있을지도 모르겠다. 박정희 대통령이 갑자기 죽음을 맞은 탓에
약속을 지키지 못했다고. 하지만 그가 저격당한 것은 1979년 10월
말이므로 '1970년대 말'을 꽉 채우고 돌아가신 셈이다. 게다가 당시
정부는 복지국가가 도래하는 시점을 아주 구체적으로 제시했다. "국
민소득 1000달러의 고지를 점령할 때"라는 것이다.

한국은 1977년에 이미 1000달러 목표를 달성했다. 박정희 대통
령이 왕성히 활동하고 있던 때다. 40여 년이 지난 지금, 2014년 대
한민국의 국민소득은 2만 8000달러를 초과했다. 〈조선일보〉는 2014
년 10월 대한민국이 머잖아 '30-50 클럽'에 가입한다고 보도했다.
국민소득 3만 달러에 인구 5000만 명이 넘는 명실상부한 '강국'으
로 부상한다는 것이다.

우리나라가 국민소득 3만 달러와 인구 5000만 명을 동시에 갖춘 국가
를 의미하는 '30-50 클럽'에 가입한다. 전 세계에서 1인당 국민소득이
3만 달러(30K)를 넘고, 인구도 5000만 명(50M)이 넘는 국가는 지금까

*

청년들이 '붕괴'하기를 바라는 것은 사회 자체가 아니라 좌절의 원인일 뿐이다.
지난 반세기 넘게 지속해온 성장 모델이 수많은 국민을 빈곤, 좌절, 불행,
죽음으로 몰아넣었다면 새로운 방향을 모색하는 게 당연하다.

지 6개국(미국·영국·독일·프랑스·이탈리아·일본)뿐이다. '30-50
클럽'에 도달한다는 것은 높은 생활수준과 대외적으로 비중 있는 경제
규모를 함께 갖춰, 강국(强國) 대열에 올라선다는 의미를 가진다.

─〈조선일보〉, 2014. 10. 6.

이 대목에서 뛸 듯 기뻐야 할 텐데 왜 남의 이야기처럼 들리는지
모르겠다. 아무래도 속아서만 살아온 모양이다. 나 혼자라면 다행이
겠는데 이런 소식에 냉소적 태도를 보내는 사람이 나 혼자만이 아
니라는 데 문제가 있다.

최근 KBS 박종훈 기자는 '벼랑 끝에 몰린 청년, 왜 '붕괴'를 택
했나?'(2015. 2. 12.)라는 보도에서 흥미로운 통계 수치를 인용했다.
2015년 2월 초에 카이스트 미래전략대학원 주최로 '한국인은 어떤
미래를 원하는가'라는 토론회가 열렸다. 이 자리에서 청년을 대상으
로 한 설문조사 결과가 발표됐는데, '바라는 미래상'을 묻는 질문에
'지속적인 경제성장'이라고 말한 사람은 23퍼센트에 지나지 않았다
고 한다. 반면 두 배 가까운 42퍼센트가 '붕괴, 새로운 시작'이라고
답해 "큰 충격을 주었다"는 것이다.

그러나 내게 가장 큰 충격을 준 부분은 "큰 충격을 주었다"는 기
자의 말이었다. 지난 반세기 넘게 지속해온 성장 모델이 수많은 국
민을 빈곤, 좌절, 불행, 죽음으로 몰아넣었다면 새로운 방향을 모색
하는 게 당연하다. 만일 '지속적 경제성장'이라는 답변이 '붕괴, 새로
운 시작'보다 많았다면 나는 정말 큰 충격을 받았을 것이다. 합리적

판단력을 지닌 청년이 두 배나 더 많았다는 점에서 나는 미래의 희망을 본다.

장기침체 일본보다 처참한 한국

물론 앞의 기자의 심정은 충분히 이해한다. "붕괴"라는 말이 섬뜩한 느낌을 주기 때문이다. 하지만 청년들이 '붕괴'하기를 바라는 것은 사회 자체가 아니라 좌절의 원인일 뿐이다. 사회가 구성원 절대다수의 삶을 고통스럽게 한다면 그 사회의 존속은 어떤 의미가 있을까? 바라든 바라지 않든 그것은 이미 붕괴된 사회다.

언제부턴가 일본은 한국의 '반면교사'가 된 듯하다. 일본처럼 장기침체의 늪에 빠지면 안 된다느니, 일본 사회의 절망적 분위기가 가혹한 범죄를 낳고 있다느니, 취직을 포기하고 부모에게 의존해 사는 '니트족'이 일본 경제에 먹구름을 드리우고 있다느니 하는 이야기들 말이다. 앞서 말한 KBS 보도 역시 일본 청년들로부터 '희망 잃은' 세대의 암울한 이야기를 끌어온다.

이런 이야기는 한국의 상황이 일본보다는 낫다는 전제에서나 가능한 이야기다. 과연 그럴까? 일본은 청년 고용률뿐 아니라 고용률 지표 전반에서 한국과 비교할 수 없을 정도로 양호하다. 자살률도 한국에 비해 낮고, 범죄율도 살인, 강도, 강간, 폭력 등 강력범죄의 모든 영역에서 한국보다 훨씬 낮다. 게다가 일본은 지난 10년간 (2005~2015) 범죄 발생률이 지속적으로 줄어든 반면 한국은 가파르게 증가하는 추세다.

국민들의 삶의 질을 측정하는 '행복지수'도 일본이 높다. OECD 주요 국가 가운데 한국이 27위를 기록했을 때 일본은 21위였다(2013년 기준). 청소년들의 행복지수 역시 일본이 훨씬 앞선다. 이런데도 왜 자꾸 일본을 들먹이는 것일까? 2014년 취업률만 봐도 일본과 한국은 비교가 되지 않는다. 2014년 한국 대졸자의 취업률은 58.6퍼센트에 머물렀지만 일본은 94.4퍼센트였고, 고교생 취업률은 그보다 높은 96.6퍼센트였기 때문이다.

한국 정부와 언론은 걸핏하면 '일본식 장기 불황'을 피해야 한다고 말한다. 한국이 '장기 침체'에 들어섰는지 아닌지에 대해서는 사람들마다 의견이 다르다. 하지만 우리가 '일본식 장기 불황'에 빠져 있는 게 아니라면 문제는 더욱 심각하다. 불황이 시작되지도 않은 나라의 국민이 불황의 늪에 빠진 국민보다 더욱 끔찍한 삶을 살고 있다는 말이기 때문이다. 지금도 이 지경인데 '진짜 불황'이 시작되면 우리는 어떻게 될까?

해결책은 하나뿐이다. 혁명적인 복지 투자와 고용 안정 대책만이 이 나라를 구할 수 있다. 유럽 국가들이 복지를 대대적으로 늘린 때는 돈이 남아돌던 호황기가 아니었다. 유럽의 복지 제도는 전쟁 직후나 경제공황 당시 국민들의 삶을 보호하기 위한 장치로 마련된 것이다.

기구한 삶은 언제까지 반복될 것인가

국민들이 열심히 일해서 1인당 소득을 1000달러로 올려주면 복지국가로 보답하겠다는 게 반세기 전 정부가 한 약속이었다. 거짓말이 아니었다면 국민소득 3만 달러 시대인 현재는 그 약속의 30배에 달하는 '슈퍼복지국가'가 되어 있어야 옳다. 물론 그런 기대는 하지 않는다. 하지만 기본적 생계, 거주, 의료, 교육을 보장한다는 1970년대 약속 정도는 지켜야 하지 않을까?

대한민국 국민이 어떤 사람들인가. 세계에서 가장 가난했던 나라를 세계에서 가장 부유한 나라 가운데 하나로 일궈낸 국민이다. 그들에게 '삶의 즐거움'까지는 주지 못하더라도 '생존'으로 고민하지는 않게 해주어야 한다. 그게 국민에 대한 최소한의 배려이고 최소한의 도리다.

박근혜 정부가 3년째로 접어든 시기에 슬픈 뉴스를 보았다. 종로 지하철역 안에서 노인들이 술을 팔고 성매매를 한다는 보도였다. 뉴스는 '불법 행위'와 '단속'을 강조했지만 중요한 것은 노인들이 왜 그런 일을 해야 하느냐는 것이다. 한국에서 고령자(55~64세) 취업률은 청년 취업률보다 높은 63.1퍼센트고 노인 취업률도 34퍼센트나 된다. 한국인은 일해야 할 나이에 일하지 못하고, 쉬어야 할 나이에 쉬지 못하는 기구한 삶을 살고 있다.

노인 취업률은 OECD 평균의 세 배지만 노인 빈곤율 또한 OECD 평균의 세 배에 달한다. 세 배를 더 일하면서도 세 배나 더 가난한 것이다. 정부는 입만 열면 '산업화세대'를 찬양하지만 정작 이들이 처한 현실은 거들떠보지 않는다. 청년들은 일하지 못해 가난하고, 노인은 일하면서도 가난한 나라. 바로 이곳이 한국이다.

창의적이게도 정부와 여당은 이 시점에서 '복지 축소' 이야기를 꺼냈다. 새누리당 김무성 대표가 나서서 "복지 과잉으로 가면 국민이 나태해진다"라고 말한 것이다. 경제학회 회장인 한 '명문대' 교수는 언론과의 인터뷰에서 "비정규직 문제 해결책으로 모든 근로자의 비정규화가 필요하다"라는 의견을 내놓았다. 그는 비정규직 임금을 높여 해고 위험을 만회할 수 있다고 말하며 이렇게 덧붙였다.

"국민이 '남의 돈을 갖고 공짜로 편하게 살 수 있다'는 의식이 많아지고 있어 걱정스럽다."

이 인터뷰 내용이 일간지에 실렸던 날, 또 다른 '명문대'의 졸업식이 열렸다. 그 학교의 아름다운 교정에는 이런 글귀의 현수막이 내걸렸다.

"○대 나오면 모하냐······ 백순데······."

그리고 같은 날, 정부가 법 개정에 나섰다는 소식이 전해졌다. 국민들의 애국심 향상을 위해 태극기 게양률을 높이겠다는 것이다. 정책 시행의 일환으로 무료 태극기 나눠주기 행사까지 벌였는데 시민들 반응이 시큰둥했다고 한다. '복지 과잉'은 국민을 나태하게만 하는 게 아니라 애국심까지도 빼앗아가는 모양이다.

정부·언론·기업이 조장하는
'질투의 정치'

철밥통

내가 가지고 있지 않은 안정적 일자리.

연관어 귀족 노조, 불감증, 종북

이상한 일이다. 분명히 '부럽다'고 했다. 독일 학생들이 대학까지 수업료를 한 푼도 내지 않는다고 했을 때 그랬다. 덴마크 대학생들이 등록금을 내지 않고, 오히려 졸업할 때까지 한 달에 100만 원 이상의 생활비를 받고, 졸업 후에는 2년간 매달 200만 원 이상의 생활비를 받으며 여유 있게 미래를 준비한다고 했을 때도 그랬다.

그뿐인가. 영국 병원은 치료비를 받기는커녕 환자들에게 교통비를 준다는 말을 했을 때에도 눈을 커다랗게 뜨며 부러운 기색을 감추지 못했다. 핀란드에서는 산모가 아기를 낳으면 기본으로 넉 달의 유급휴가를 받고, 그 뒤 부모가 번갈아가며 반년씩 유급휴가를 더 쓸 수 있다는 이야기를 했을 때는 아예 입을 헤 벌리고 말했다. "진짜 좋겠다."

하지만 그뿐이었다. '부럽다'와 '좋겠다'는 말을 끝으로 상대는 입을 닫았다. 입가에 꿈꾸듯 떠올랐던 미소도 순식간에 사라졌다. 대화는 갑작스럽게 그러나 너무나 자연스럽게 다른 주제로 바뀌었다.

부럽다면서 꿈꾸지 못하는 것, 그것이 우리의 가장 큰 불행이 아닐까. 우리는 현실을 바꿀 수 있다고 믿지 않는다. 그 '부러운 이야기들'은 비행기를 타면 당일 도착할 수 있는 현실의 이야기인데도, 우리는 그 현실을 우리 것으로 만들 엄두를 내지 못한다. 지금과 다른 세상이 가능하다는 생각, 우리는 그런 생각을 떠올릴 여유조차 없다.

국민이 꿈꾸지 못하는 것은 국민 자신에게는 불행이지만 정치인들에게는 더없는 행복이다. 꿈꾸지 않는 국민은 국가에 요구하는 법이 없기 때문이다. 정치인들에게 가장 이상적인 국민은 선거일에 표를 주고, 꾸역꾸역 일해 세금을 납부하고, 국가의 도움 없이 자녀를 길러 차세대 노동력과 납세자를 국가에 헌납한 뒤 조용히 사라지는 사람들이다.

잠시 부러워한 뒤 현실에 순응하기. 비단 먼 나라의 이야기를 들을 때만 나타나는 현상이 아니다. 우리는 제 나라에서 일어나는 일에 대해서도 비슷한 반응을 보이지 않는가? 예컨대 젊은 재벌 3세가 수조 원대의 재산을 물려받았다거나, 그들이 누리는 화려한 삶에 대한 이야기를 전해 들을 때 말이다.

노조의 몰락과 철밥통의 소멸

대기업은 말단 사원을 해고할 때조차 '경쟁'이라는 경영학 원리를 내세우지만 회사 최고경영자를 뽑을 때는 '유전자 친밀도'라는 생물학적 원리를 따른다. 신기하게도 기업들의 이런 억지가 사회적 분노를 사는 경우는 거의 없다. 물론 유산을 둘러싼 자식들 간의 싸움도 경쟁이라면 경쟁이겠으나 그것이 한국인 대다수가 죽을 때까지 형벌처럼 치러야 하는 생존경쟁과 같다고 보기는 어려울 것이다.

그렇다고 우리가 전혀 분개하지 않는 것은 아니다. 예컨대 연봉 6000만 원을 받는 '귀족 노동자'의 '철밥통' 이야기를 들을 때를 생각해보자. 국내 30대 재벌가의 열 살짜리 아이가 100억 원대 주주가 되고, 네 살짜리 유아가 10억 원대 상속자가 됐다는 소식은 그저 부러울 뿐이지만, 어린 갑부 나이의 다섯 배 세월을 현장에서 일한 노동자의 6000만 원짜리 연봉에는 분노와 질투가 밀려온다.

이 신기한 현상을 어떻게 설명할 수 있을까? 나는 이 모순이 한국을 휘저었던 코레일 철도 조노 파업과 '안녕들 하십니까' 대자보, 그리고 무엇보다 '안녕'과 거리가 먼 한국인 대다수의 불우한 삶을 잘 설명해준다고 믿는다. '귀족 노조'에 대한 국민들의 혐오는 한국의 노조 가입률을 한 자릿수(9퍼센트)로 떨어뜨리는 데 기여했고 '철밥통'에 대한 반감은 정부와 기업이 민영화, 임금피크제, '노동개혁'을 밀어붙일 수 있도록 하는 지렛대가 되어주었다.

노조의 몰락과 '철밥통'의 소멸. 이로써 우리는 더 잘 살게 되었을까? 그 언어를 만들어낸 보수언론, 그 말을 열심히 퍼뜨린 정부와 기업의 약속에 따르면 그래야 한다. '강성 노조'가 초토화된 만큼 투자가 물밀듯 밀려와 사방에 일자리가 만들어지고, 깨진 '철밥통' 수만큼 공정한 보상을 받을 수 있는 시대가 도래했을까?

우리 모두가 알듯 결과는 정반대였다. 노조가 쇠퇴한 시기에 일자리가 늘기는커녕 빠른 속도로 사라졌다. 기업들은 걸핏하면 노조 때문에 한국에서 기업하기 어렵다고 했지만, 이들은 노조 조직률이 가파르게 떨어진 기간에 도리어 대규모 해외 이전을 감행했다. 삼성처럼 노조가 없던 회사도 사업부를 열심히 외국으로 옮겼다.

여기서 우리는 '노조의 쇠퇴에도 불구하고' 해외 이전이 늘어난 게 아니라 '노조의 쇠퇴 때문에' 해외 이전이 가속화되었다는 사실을 깨달아야 한다. 독일의 경우 노조 가입률이 한국의 두 배가 넘고, 노조 대표가 경영에 직접 참여하기 때문에 기업주가 일방적으로 해외 이전을 결정할 수 없다. 그로 인해 독일은 다른 선진국과 달리 강력한 제조업 기반을 잃지 않고 있다. 독일의 총 수출액 가운데 제조업 비중은 70퍼센트를 넘어선다.

경영 참여는커녕 '철도 민영화 반대'라는 공익적 요구조차 '불법'으로 몰려 공권력의 철퇴를 맞는 코레일 노조가 '귀족 노조'라면, 회사의 운영을 좌지우지하는 독일 노조는 '황제 노조'쯤 될까? 게다가 한국에서는 '한물간' 산업으로 간주하는 제조업까지 틀어쥔 채 자리를 지키고 있으니 '티타늄 밥통'으로 불러야 할지도 모르겠다.

하지만 정말 궁금한 점은 이런 독일이 왜 망하지 않느냐는 것이다. 망하기는커녕 '고용의 기적'이라 불릴 정도로 실업률이 낮고 세계 경제위기에도 흔들리지 않으며 오히려 더 잘나가는 '부러운 이야기'의 주인공이 되었으니 말이다. 독일 기업은 경기가 나쁠 때 직원을 해고하는 대신 노동시간을 줄여 고용을 보장하고 국가는 줄어든 임금을 보상해준다. 기업이 직원을 멋대로 자를 수 있게 만드는 일을 '개혁'과 '선진화'라고 부르는 한국에서는 상상하기 어려운 모습이다.

비정규직과 3포세대의 눈물

한국에서는 기업, 언론, 정부, 시민이 합심해 '노조'와 '철밥통'을 때려잡았다. 그 자리에는 비정규직이 남았다. 비정규직은 '고용 유연화'와 '효율성' 측면에서 가장 '선진화'된 고용 형태일 것이다. 손쉬운 해고가 보장된 데다 임금은 정규직의 절반에 지나지 않으니 '철밥통'과는 거리가 멀고, 노동자의 권익을 대변할 조직을 갖기 어려우니 '귀족 노조' 논란에서도 자유롭다.

이제 꿈에 그리던 결과를 얻었으니 모두가 행복해야 할 텐데, 별로 그런 것 같지 않다. 청년들은 취업, 결혼, 출산, 희망 등 포기할 수 있는 것을 다 포기한 '다포세대'로 전락했고, 노인들은 절반이 빈곤

© 권우성

*
일자리에 대한 불안은 노동자 개인뿐 아니라 기업과 국가 경제,
따라서 우리 모두를 위협하는 일이기도 하다.
남의 밥그릇을 지켜주지 않으면 내 밥그릇도 무사할 수 없다.

의 나락으로 떨어졌다. 가계 부채는 1000조 원을 넘어섰고 자영업자의 절반은 한 달에 100만 원도 벌지 못한다. 도대체 뭐가 잘못됐을까?

보수언론은 '귀족 노동자'라는 희한한 말을 유행시켰는데, '귀족'은 일하지 않아도 먹고살 수 있는 권력층을 말한다. 귀족은 품을 팔아야만 살아갈 수 있는 사람들, 즉 '노동자'의 반대 개념이다. 한국 사회에 귀족이 있다면 그들은 회사와 상대하기 위해 '노조'를 구성할 필요도, 처우 개선을 위해 '파업'을 할 필요도 없는 사람들일 것이다. 예컨대 기업을 물려받는 재벌의 자손이나 수억에서 수십억 원의 연봉을 받는 기업의 등기이사들 또는 억대 연봉을 받는 고위 공무원들이 이에 해당할 것이다.

2014년 12월, 공무원의 보수와 수당을 3.8퍼센트 인상하기로 한 개정안이 국무회의에서 의결되었다. 그 결과, 2015년 대통령 연봉이 처음으로 2억 원을 넘어섰고, 국무총리의 연봉은 1억 5896만 원, 장관급은 1억 1689만 원, 차관급 연봉은 1억 1352만 원으로 2014년에 비해 크게 올랐다.

언론은 노조가 임금 인상을 요구할 때마다 '경제난'과 '방만 경영'을 구실로 비난했지만 공무원 임금 인상을 비판한 언론은 찾기 어려웠다. 최저의 경제성장률에 사상 최대의 국가부채를 기록한 상황에도 말이다. 이들 대다수가 이미 상당한 재산가들이어서 월급 인상이 생계에 결정적 영향을 미치는 것도 아닌데 말이다.

고위 공무원들의 연봉 인상을 비난하려는 게 아니다. 나라 살림이 어려워도 재산가 고위 공무원들의 임금을 올릴 필요가 있다면, 경제가 나빠도 재산 없는 노동자들의 임금 인상은 더욱 필요하다는 것이다. 더욱이 노조나 파업 없이 '의결'만으로 임금을 올릴 수 있는 '초합금 밥통 귀족'들이 한 푼이라도 더 받기 위해 거리로 나서야 하는 노동자들을 '귀족'과 '철밥통'이라는 말로 비난하지 말아야 한다는 것이다.

사실 한국의 노조가 '강성'이라는 인식을 주게 된 까닭은 회사의 의사 결정 과정에서 노조가 철저히 배제된 탓이다. 이 경우 노조가 영향력을 행사할 수 있는 유일한 길은 시위와 파업뿐이다. 독일 노조가 자주 파업하지 않는 이유는 국가가 노동자의 권익을 보장하고 있을 뿐 아니라 경영 참여가 제도화되어 있기 때문이다.

모두가 '철밥통' 차는 사회를 꿈꾸며

정부는 2016년 국민소득이 3만 달러를 넘어 사상 최대를 기록할 것이라고 자랑했다. 국민 한 명이 3000만 원 이상을 벌게 되었다는 뜻이다. 이 소득이 의미를 가지려면 평균적인 3인 가족의 가계 수입이 9000만 원, 4인 가족은 1억 2000만 원 이상을 벌 수 있어야 한다. 다시 말해 4인 가족의 연수입이 1억 2000만 원이 안 된다면 그 가정의 밥벌이를 '귀족'이나 '철밥통'으로 불러서는 안 된다.

3만 달러 조국에 사는 우리는 마땅히 '1억 연봉'의 꿈을 꿔야 한다. 사실 '꿈'이라고 부르기도 민망한데, 부가 제대로 분배된 공정 사회라면 1억 2000만 원은 '평균 연봉'이어야 하기 때문이다. 하지만 우리는 국가와 기업에 요구하기보다 하루하루를 힘겹게 살아가는 다른 노동자의 연봉을 빼앗아 비정규직으로 만드는 데 동참했다. 그 결과 우리는 초등학생 꿈이 '9급 공무원'인 비참한 나라에 살게 되었다. 공무원을 꿈꾸는 이유는 한국 사회에서 그나마 안정된, 다시 말해 '철밥통'에 가까운 자리이기 때문이다. 우리는 자녀가 공무원이 되길 바라고, 공무원 배우자를 얻기 원하면서도 남의 자리는 '철밥통'으로 비난해왔다.

우리가 스스로의 목을 조르는 어리석은 선택을 한 까닭은 정부와 언론이 부추긴 '질투의 정치' 때문이다. 안정되고 수입이 보장된 직장인을 보면서 우리가 할 수 있는 선택은 둘 중 하나다. 하나는 내게도 그 같은 자리를 달라고 요구하는 일이고, 다른 하나는 그 자리를 아예 없애라고 난리치는 일이다. 언론-정부-기업 연합은 후자가 '선진화'며, 그로써 우리 모두 부자가 될 수 있다고 꼬드겼다.

우스운 것은 '귀족 노동자'와 '철밥통'에 대한 분노가 뜨겁던 시절에 '부자 되세요'라는 인사말이 유행했다는 사실이다. 한 신용카드 회사의 광고에 '여러분, 모두 부자 되세요'라는 카피가 등장했고, 이것이 유행어로 자리 잡은 것이다. 이 축사는 개인들이 주고받는 인사가 되었을 뿐 아니라 정부의 현수막 표어로도 등장했다. 실제로는 남의 밥통을 깨부수면서 '부자 되라'고 외친 격이니 이만한 '엿 먹이기'도 없었다.

일자리에 대한 불안은 노동자 개인뿐 아니라 기업과 국가 경제,

따라서 우리 모두를 위협하는 일이기도 하다. 고용 불안정과 저임금은 노동의 열정을 빼앗아가기 때문이다. 최장집 교수의《노동 없는 민주주의의 인간적 상처들》의 한 대목을 보자.

한 노동자는 자신이 10년 가까이 현대차에서 일했는데, 그 사이 자신을 고용한 인력회사가 일곱 번이나 바뀌었다고 말한다. 그때마다 새로운 고용 계약서를 썼다고 한다. 그래서 어느 날 문득 '네가 지금 회사에 다니고 있는 건가' 하고 자문하게 되었다고 한다. (…) 더 절실하게 들렸던 얘기는 그들이 일에 대한 열정이 생기지 않는다고 말하는 대목이었다.

일자리에 대한 불안과 저임금이 기업 경쟁력을 떨어뜨린다는 지적은《불평등의 대가(The Price of Inequality)》의 저자인 조지프 스티글리츠(Joseph E. Stiglitz)도 마찬가지다. '집을 잃지나 않을까? 자녀가 제대로 교육받지 못해 인생의 낙오자가 되지는 않을까? 노후에는 어떻게 살아갈까?' 이런 불안감에 쏠리는 에너지가 많을수록 직장에서 생산에 투입되는 에너지는 줄어들 수밖에 없다는 것이다. 아울러 "노동자들에게 의욕을 불어넣는 또 한 가지 중요한 요인은 바로 공정한 대우를 받고 있다는 믿음"이라는 점도 강조한다. "그들은 임금을 주는 척만 했고, 우리는 일하는 척만 했다"라는 러시아 속담은 지금 우리가 귀 기울여 들어야 할 말이다.

결국 노동자 개인의 불행은 우리 모두의 불행일 수밖에 없다. '귀족 노조'와 '철밥통' 이야기가 잔인할 뿐 아니라 멍청하기까지 한 이유가 여기에 있다. 남의 밥그릇을 지켜주지 않으면 내 밥그릇도 무사할 수 없다. 2013년 '안녕들 하십니까' 대자보가 강조한 것도 바로 이 공감의 정신이었다. 따라서 나는 앞으로 '부자 되세요' 대신 이렇게 인사하려고 한다.

"철밥통 쟁취하세요. 저도 돕겠습니다."

'투표'하고 '분노'하면 해결될까?

한국은 '경쟁중독' 사회다. 물론 모두가 경쟁을 즐기지는 않을 것이다. 경쟁 자체는 좋아하지 않지만 '발전'을 위해서는 불가피하다고 믿는 사람도 있을 것이다.

도대체 '발전'이 무엇일까? 개인의 삶이 비참해지고 사회가 생지옥이 되어도 국내총생산(GDP) 수치만 올라가면 발전하는 것일까? 발전의 목적은 개인을 비참하게 만들지 않고, 사회를 생지옥으로 만들지 않는 데 있다. 발전이 사람을 위한 수단이지, 사람이 발전을 위한 수단일 수는 없다.

성장을 사람 위에 두는 나라들은 대개 잔혹한 독재 체제를 겪은 불우한 곳이다. 경제 발전이 국민을 행복하게 하는 과정이 아니라 부당하게 탈취한 권력을 정당화하고 영속화하는 수단이었던 탓이다. '개발독재'는 개발을 위해 독재를 하는 것이 아니라 독재를 위해 개발을 한다.

한국은 목적이어야 할 사람을 수단으로 이용해온 대표적인 나라다. 개발의 목적이어야 할 국민은 개발의 소모품이 되었고, 이 과정에서 국민들은 국가에 대해서는 유순하고, 서로에게는 강퍅한 '경쟁기계'로 전락했다. 그 결과는 모두가 아는 것처럼 최고의 자살률, 최저의 출산율, 최하위의 행복지수다.

삶은 처참해도 경제는 나아지지 않았느냐고? 한국은 이미 장기침체의 문턱으로 깊숙이 들어섰다. 경제 주체가 불행하다 못해 소멸해가는 나라에서 경제가 잘 돌아갈 수는 없다. 한심하게도 정부는 이런 상황에서조차 더 치열한 경쟁을 주문한다. 우리 사회의 참담한 몰락은 가혹한 경쟁이 낳은 결과이지 더 가혹한 경쟁이 필요한 이유가 아니다.

목적과 수단을 구분하지 못하는 정부가 원인과 결과를 구분하지 못하는 것은 당연할지 모른다. 하지만 지난 반세기 동안 국민들을 (말 그대로) 죽도록 경쟁시킨 결과를 뻔히 보면서도 그런 헛소리를 한다는 점이 놀라울 뿐이다. 국민의 불행과 죽음을 방치하는 정도가 아니라 적극 조장해왔다는 점에서 한국 정부의 몰염치는 아둔함을 넘어 죄악에 가깝다.

그렇다면 '경쟁은 나쁜 것'이라고 가르치는 사회가 있을까? 있다.

'아미시(Amish)'를 보자. 이들은 '경쟁주의'의 종주국이라 할 미국 땅에 뿌리를 내리고 독립적인 교육, 경제, 문화체계를 구축해 온 종교 중심의 공동체다.

아미시는 아이들에게 경쟁하지 말라고 가르친다. 경쟁은 사회 구성원을 적으로 만들어 공동체를 파괴하기 때문이다. 경쟁의 극단적 형태인 전쟁에 반대하는 것은 물론이고, 편을 갈라 다투는 놀이도 최대한 멀리한다. 이들이 교육에서 강조하는 것은 협력이며 이에 따라 모두가 함께 참여하고 즐길 수 있는 오락거리를 찾는다.

아미시는 16세기에 스위스에서 발생한 뒤 종교적 박해를 피해 18~19세기 무렵 미국으로 이주했다. 현재 30만 명 정도가 펜실베이니아, 인디애나, 오하이오 등 30개 주에 정착해 살고 있다. 비록 전체 인구에서 차지하는 비율이 크지 않지만 미국에서 가장 빠르게 성장하는 공동체 중 하나다.

아미시는 매년 3퍼센트가 넘는 인구 성장률을 자랑한다. 2013년 기준으로 미국의 전체 인구 증가율이 0.7퍼센트이고, 한국은 0.4퍼센트라는 점을 생각하면 '폭발적 성장'이라 할 만하다. 높은 출산율이 가장 큰 이유지만 이것이 모든 것을 설명해주지는 못한다. 아미시는 모든 청년에게 외부 세계를 경험하게 하고, 원하면 떠날 수 있는 선택권을 주기 때문이다.

선택의 기회가 주어질 때, 아미시 청년들은 90퍼센트 가까이 공동체에 남는 선택을 한다. 공교롭게도 이 수치는 나라를 떠나고 싶어 하는 한국인의 비율과 정확히 일치한다. 2015년 9월 JTBC 설문

조사에서 '한국이 싫어서 다른 나라로 이민을 생각해본 적 있느냐'는 질문에 응답자 2만여 명 중 90퍼센트가 '있다'고 답했다.

아미시에 대해 잘못 알고 있는 이들이 많다. 전기를 쓰지 않는다든지, 자동차 등 모든 기술 문명을 거부한다든지 하는 오해가 그렇다. 그들이 기술을 조심스럽게 취사선택하는 것은 사실이다. 어떤 기술을 받아들이느냐에 따라 공동체 중심의 삶이 크게 바뀔 수 있기 때문이다. 따라서 공동체 구성원들은 신중한 토론을 거쳐 채택 여부를 결정한다. 하지만 의견 충돌로 인한 갈등이 공동체를 위협할 정도가 되면 차라리 기술을 받아들이는 선택을 한다. 어느 정부와 달리 수단과 목적을 현명하게 구분하는 것이다.

"이 시간에도 나의 경쟁자는 책장을 넘기고 있다." 한국에서 수많은 학생들의 생각과 삶을 지배하는 '격언'이다. 아미시의 교사들은 학생들에게 "남들보다 앞서가는지, 뒤처지는지는 전혀 중요하지 않다"고 가르친다. 학생이 잘했는지도 별 관심사가 아니다. 중요한 것은 '자신이 최선을 다했는가'와 '배운 지식을 공동체를 위해 쓰는가'다.

남들보다 빨리 배운 학생들이 속도를 늦추고 다른 학생들을 돕는 것도 아미시 학교에서는 일상적인 모습이다. 앞서가는 소수에게 초점을 맞추고 나머지 학생을 '평균 깎아먹는 버러지'로 만드는 한국과는 차이가 있다. 서로 돕고 배려하도록 가르치는 것이 교육인 나라와, 싸워서 이기라고 가르치는 것을 교육이라고 부르는 나라는 교실에 걸린 급훈도 다르다.

내가 가본 아미시 교실에는 입구에 '들어와서 배우라'는 팻말이 있고, 나가는 문에 '나가서 섬기라'는 팻말이 붙어 있었다. 한국에서는 2015년 한 문구업체가 '10분만 더 공부하면 아내의 얼굴이 바뀐다' '대학가서 미팅할래? 공장가서 미싱할래?' 등의 글귀를 넣은 학용품을 판매해 사람들 입길에 오르내렸다. 이 문구들은 몇몇 학교 교실에 실제로 걸려 있던 급훈이었다.

아미시 공동체는 한국 사회가 몰락해가는 이유를 거꾸로 보여주는 거울이다. 물론 소규모 종교 공동체를 국가와 동일시할 수는 없을 것이다. 하지만 서로 물어뜯으며 망해가는 나라를 바로잡는 데 좋은 길잡이가 될 수 있다.

한국 사회는 종교의 영향을 지속적으로 받아왔다. 불교, 가톨릭, 개신교는 한국의 정치, 사회, 경제에 막대한 영향력을 행사해왔으며, 심지어 일부 교계는 정당까지 만들어 현실 정치에 뛰어들 채비를 하고 있다. 특히 개신교는 '뉴라이트' 같은 우익정치 세력의 산파 역할을 했고, 일부는 '십알단' 같은 불법적 수단까지 동원해가며 대통령 선거에 깊숙이 개입하기도 했다. 그런 면에서 아미시는 훨씬 선한 통찰력을 준다. 그들은 공감과 배려를 삶 속에서 구현해 왔을 뿐 아니라, '정교분리'라는 민주적 상식도 실천해왔기 때문이다.

열에 아홉이 떠나고 싶어 하는 사회와 열에 아홉이 머물고 싶어 하는 사회는 어떻게 다를까? 둘 다 무리를 지은 '집단'이라는 점에서는 같다. 그러나 하나는 '지배'와 '탐욕'을 중심에 둔 집단이고, 다른 하나는 '공감'과 '배려'를 중심에 둔 집단이라는 차이가 있다.

얼핏 보면 '지배'와 '탐욕'은 사람의 자연적 본능에 속한 것 같고, '공감'과 '배려'는 높은 도덕이나 고귀한 이상에 속한 듯한 느낌을 준다. 이것은 큰 착각이다. 생물학자인 프란스 드 발은 침팬지 정도의 지능을 가진 동물에게는 '도덕적 본능(moral instincts)'이 내재돼 있다고 말한다.

'도덕적 본능'이란 남을 배려하고자 하는 원초적 욕망이다. 군집 동물들이 모여 사는 이유는 남의 도움이 필요하기 때문이다. 남이 고통받거나 죽는 것은 곧 자신의 삶이 위협받는 것을 의미한다. 따라서 사람을 포함한 영장류는 남의 입장을 이해하는 '공감'을 본능적인 능력으로 갖고 태어난다. 배려란 타인에 대한 '노블레스 오블리주'가 아니라 내가 생존하기 위한 수단인 셈이다. 내가 남을 돕고 남이 나를 도우면 개인은 행복하고 공동체는 번영한다.

갓 태어난 아이들을 보라. 다른 아이가 울면 따라서 운다. 이것은 먼저 운 아이의 고통에 주목하라는 공감과 연대의 외침이다. 젖먹이가 울 때 근처에 좀 더 자란 '언니' 어린이가 있다면 어떻게 행동하는지 보라. 안절부절못하며 장난감도 줘보고 어르기도 하면서 울음을 멈추게 하려고 안간힘을 쓴다. 우는 아이의 고통을 자신의 고통으로 느끼기 때문이다.

물론 사람의 본성에는 탐욕도 있다. 하지만 동시에 공감과 배려의 본능도 가지고 있다. 한국 사회는 탐욕을 제도적으로 보장하고 부추기는 동시에 공감과 연대에 대해서는 법과 공권력을 동원해 조직적으로 탄압해왔다.

가난한 사람을 국가 제도 차원에서 돕자고 하면 '빨갱이'가 되고, 생존권을 위해 싸우는 노동자 옆에서 함께 구호를 외치면 '3자개입 금지'를 어긴 범죄자가 된다. 예컨대 한국 정부는 정리해고에 맞선 노동자들을 후원하기 위해 찾아간 '희망버스' 참여자들을 처벌하면서, 정작 '3자'인 자신들은 공권력을 투입해 일방적으로 사용자 편을 들고 노동자에게 몽둥이질을 했다. 역시 '3자'인 검찰과 법원은 살인적인 손해배상 판결로 노동자를 죽음까지 내몰았다.

경쟁주의는 본능이 아니라 사회 제도에 속한 것이다. 경쟁주의는 국민들의 삶을 파괴하지만, 정부에게는 매우 유용한 도구다. 서로 싸우기 바쁜 국민들은 국가를 상대로 한목소리로 요구할 여유가 없다. 경쟁주의는 정부의 책임을 국민들에게 전가하는 데도 요긴하게 쓰인다. 국민이 잘못되면 그저 개인에게 '경쟁력'이 없는 탓이기 때문이다.

한국 사회에 심각한 문제가 있다는 사실을 많은 사람들이 알고 있다. 그리고 적잖은 이들이 근본적인 변화가 필요하다고 믿는다. 그렇다면 어떻게 한국 사회를 바꿀 수 있을까? 이에 대한 대답은 '투표하라'와 '분노하라'의 두 가지 대안으로 정리되는 듯하다.

물론 더 없이 타당한 답변이다. 한국처럼 대통령이 제왕적 힘을 갖는 나라에서 정치의 위력은 막강하기 때문이다. 그러기에 당연히 투표해야 하고, 제대로 투표해야 한다. 정치인과 정당이 무슨 짓을 해도 그들을 지지한다면 '호구'를 자처하는 것이다.

하지만 정치가 모든 문제를 해결해주리라 믿는 것도 그에 못지않게 어리석다. 공동체를 파괴해온 살인적인 경쟁교육은 특정 정부만의 문제가 아니었다. 비록 정도의 차이는 있겠으나 부자들의 횡포와 비정규직 노동자들의 고통 역시 이명박과 박근혜 정부만의 문제는 아니었다.

여기서 '분노하라'는 답변이 요긴할지 모른다. 하지만 여전히 문제는 남는다. '누구에게' 분노해야 할까? '어떻게' 분노해야 할까? "간절히 원하면 우주가 나서서 도와준다" 같은 초자연적인 기적을 믿는 사람이라면 모르겠지만, 국민들 머리에서 뿜어져 나온 열기만으로 사회가 바뀌리라 기대할 수는 없다.

'분노하라'의 또 다른 문제는 자신을 중심으로 '피해자'와 '가해자'를 나누는 경향이 있다는 점이다. 여기서 나는 '피해자'가 되고, 형체 모호한 '그들'은 사악한 '가해자'가 된다. 이렇게 적과 아군을 깔끔하게 나누면 기분은 상쾌할지 모르지만 정작 문제 해결로부터는 멀어지게 된다. 현실 속에서 우리는 피해자인 동시에 가해자이기 때문이다.

복잡한 문제는 복잡한 해법을 요구한다. 한국 사회에는 일자리 부족, 공권력과 언론의 횡포, 약자에 대한 폭력, 공감의 부재 등 수많은 문제들이 얽혀 있다. 비록 완전한 목록은 아니더라도 몇 가지 구체적인 대안을 생각해볼 수 있다.

1. 제대로 불매운동을 하자

탐욕이 눈을 가리면 법과 도덕이 보이지 않는다. 돈에 눈먼 기업들이 유일하게 무서워하는 것은 돈을 잃는 것이다. 따라서 불매운동은 시민들이 기업에게 압력을 가할 수 있는 강력하고 효과적인 수단이다.

우리는 소비자로서 제품의 품질에 대단히 민감하다. 현대나 기아자동차가 내수용 차와 수출용 차에 다른 재질의 강판을 쓰고, 삼성이 내수용 휴대전화와 수출용 휴대전화에 다른 성능의 칩을 썼다는 사실이 드러날 때, 우리는 분개하며 적극적으로 항의한다. 인터넷 게시판, 블로그, 페이스북, 트위터에는 '흉기차'에 분노하고, 다시는 '삼엽충'으로 살지 않겠다고 다짐하는 글들이 줄줄이 달린다.

하지만 우리는 같은 회사가 수많은 일자리를 해외로 빼돌리는 상황에 대해서는 놀랄 만큼 둔감하다. 현대자동차는 2008년까지만 해도 국내에서 60퍼센트를 생산했고 해외에서 40퍼센트를 생산했다. 이 비율은 5년 뒤인 2013년 정확히 반대로 뒤집혔다. 2015년에는 국내 생산 37퍼센트, 해외 생산 63퍼센트로 그 차이가 거의 두 배가까이 벌어졌다. 이제 현대와 기아는 해외에서 조립만 하는 게 아니라 부품까지도 생산한다. 한국에서 제조업의 토대 자체가 사라지고 있는 것이다.

삼성은 2014년부터 전 세계에서 판매하는 휴대전화의 절반 이상을 베트남에서 생산하고 있다. 이에 따라 삼성은 그 이듬해 베트남 현지에서 한 주에 2500명 이상을 신규 채용했다. 그렇다. 한 '해'가 아니라 한 '주'에 그 엄청난 인력을 고용한 것이다. 한 해에 10만 개가 넘는 일자리를 만들어준 셈인데, 이 숫자는 한국에서 일하는 삼성전자 직원을 모두 합한 수보다 많다.

삼성, 현대, LG 등 한국의 제조업체는 국내 생산량을 축소하면서 국내 고용 역시 대폭 줄여가고 있다. 하지만 이에 대해 항의하는 국민은 찾아보기 어렵다. 왜 우리는 제품 차별에는 격렬히 반발하면서 일자리 차별에 대해서는 그렇게 관대한 것일까? 그들은 사기업이니까 어디서 무엇을 만들고 누구를 고용하든 국민들이 상관할 바가 아니라고 여기는 것일까?

삼성, 현대, LG, SK 등은 국민들의 도움을 받아 세계적 기업으로 성장했다. 형편없는 품질의 제품을 '국산'이라는 이유만으로 사주고, 격려하고, 일손을 제공했을 뿐 아니라 경영 실패로 위기에 빠졌을 때는 세금을 투입해 부도 위기에서 구해냈다. 재벌 가운데 공적자금의 도움이 없었다면 흔적도 없이 사라졌을 기업이 한둘이 아니다. 삼성, 현대, LG처럼 '잘나가는' 기업도 예외가 아니다.

삼성자동차, 삼성생명, 현대건설, 현대전자, 현대투자신탁, LG카드 등을 회생시키거나 정리하는 데 막대한 공적자금이 투입되었다. 1997년 외환위기부터 2015년까지 기업들에 투입된 세금은 168조 원에 달하며, 이 가운데 60조 원 가까이가 아직도 회수되지 않았다. 국민 덕에 살아남은 기업들이 인건비 몇 푼 아끼겠다며 해외로 일자리를 빼돌리고 있는 것이다. 이는 명백한 배신이자 의무 방기이며 자신들을 키우고 지켜준 국민들의 삶을 파괴하고 국가의 존속을 위협하는 행위다.

해외 이전은 기업 입장에서도 현명한 처사가 아니다. 중국, 인도, 베트남은 모두 인건비가 가파르게 오르는 데 반해 기술력과 생산성은 한국과 비교할 수 없을 만큼 낮다. 한국은 2012년 기준으로 제조업 취업자당 노동생산성이 세계 2위이며, 유럽의 제조업 강국인 스위스, 독일, 네덜란드보다 높다. 이에 반해 베트남의 제조업 노동생산성은 9.33퍼센트로 한국의 10분의 1에도 미치지 못한다.

싼 임금을 찾아 저개발국으로 옮기는 '싸구려 마인드'는 이미 종말을 고했다. 한국보다 먼저 '아웃소싱'을 시작했던 미국 기업들은 부지런히 생산 시설을 자국으로 옮기고 있다. 어차피 싼 물건으로는 저개발국과의 경쟁에서 이길 수 없고, 낮은 마진을 지키기 위해 이 나라 저 나라로 옮겨 다니며 저임금을 착취하는 모델은 지속가능하지도 않다. 미래는 첨단 기술과 높은 품질의 고부가가치 제조업으로 승부하는 시대가 될 것이며, 최상의 교육과 기술 수준을 지닌 한국만큼 좋은 제조업 환경은 없다.

지금 이 순간 빠져나가고 있는 일자리를 지키지 못하면서 '일자리 창출'을 말하는 것은 공염불에 지나지 않는다. 제조업은 서비스업과 달리 막대한 시설투자 비용이 요구되기 때문에 한번 떠나고 나면 되돌리기가 매우 어렵다. 더 늦기 전에 적극적으로 항의하고 불매운동으로 맞서야 한다. 이는 일자리를 지키기 위한 수단일 뿐 아니라 코앞의 단기 이익에 눈이 멀어 미래를 보지 못하는 기업들을 돕는 일이기도 하다.

기업들이 국민의 힘으로 태어나고, 성장하고, 공적자금으로 살아남았다면 마땅히 공적 책임을 져야 한다. 적어도 공동체의 안녕을 돈 한 푼의 이익과 맞바꾸는 짓을 해서는 안 된다.

2. 노동을 무시하면 모두의 일자리가 날아간다

학생 시절, 친구로 사귀고 싶은 사람이 있었다. 그는 외국계 은행의 한국 지점에서 일하고 있었다. 어느 날 그 은행의 노조가 파업을 시작했다는 이야기를 들었다. 안 그래도 대화할 기회를 찾고 있던 터라 인사를 겸해 이렇게 물었다.

"다니시는 은행 노조가 파업을 결정했다면서요?"

"네."

"선생님도 참여하시나요?"

"……네? 저는 인사과에서 일해요."

그의 얼굴에 불쾌한 기운이 솟아났다. 이 선문답 같은 대화는 내게 많은 생각거리를 던져주었다. 첫째, 그는 관리직이 '노동'이 아니라 생각했기에 노조에 가입하지 않았고, 따라서 노조 파업을 자신과 상관없는 일로 여겼다. 둘째, 그는 자신이 '노동자 취급'을 받는다는 사실을 달갑게 여기지 않았다. 적잖은 한국인들이 비슷한 태도를 갖고 있을 것이다.

2016년 새해 초, 공영방송의 라디오 프로그램에서 한 연예인이 "내가 자주 하는 말이 있다"라고 운을 뗀 뒤 이렇게 말했다. "너희들 지금 공부 안 하면, 추우면 추운 데서 일하고 더우면 더운 데서 일한다." 혹독한 날씨와 싸우며 일하는 노동자들은 공부를 안 해서 '벌'을 받는 셈일까? 모두가 열심히 공부하면 온 국민이 추울 때 더운 데서 일하고 더울 때 추운 데서 일하게 될까? 그는 한마디 더 보탰다. "공부 열심히 하면 남편 얼굴이 바뀐다고 한다."

험한 환경에서 고된 일을 하고 싶은 사람은 많지 않을 것이다. 자신이 하기 싫은 일을 남이 하고 있고, 그 일이 우리 사회에 꼭 필요한 일이라면 조롱할 게 아니라 고마워해야 한다. 한국 사회는 육체노동을 천시하는 몰상식한 전통을 일구어왔고, 권위주의 정부는 국민들의 이런 정서를 이용해 노동자를 효과적으로 탄압해왔다.

생산직 일자리가 해외로 썰물처럼 빠져나가도 대개의 국민들은 눈 하나 깜짝 하지 않았다. 제조업이 자신들과 상관없는 일이라 여긴 탓이다. 그 결과 우리 모두의 일자리가 위협받고 있다. 제조업 노동자가 사라지면 관리직도 사라진다. 〈뉴욕타임스〉가 2012년 1월에 공개한 자료를 보면, 1000명의 자동차 생산 노동자는 평균 260개의 경영관리직, 271개의 기술연구직, 244개의 물류직 등 총 4700개 이상의 추가 일자리를 만들어낸다. 한 명의 생산직이 다섯 명 가까운 국민에게 직업을 주는 셈이다.

한국의 게으른 지식인, 언론인, 정치인들은 입버릇처럼 '서비스업 강화'를 말하지만, 일자리 창출에서 서비스업은 제조업과 비교가 되지 않는다. 예컨대 박근혜 정부가 '주력산업'으로 점찍은 의료산업을 보자. 〈뉴욕타임스〉 분석을 보면, 의료직 1000개가 파생시키는 일자리는 고작 700개뿐이다. 의료직 하나가 단 한 개의 일자리도 만들어내지 못하는 것이다.

게다가 의료는 '산업'이 될 수 없다. 의료를 '주력 산업'으로 삼게 되면, 사회가 건강해질수록 국가 경제가 흔들리는 모순이 발생하기 때문이다. 따라서 의료 '업체'와 정부는 환자의 지속적인 '공급'을 위해 없는 병도 만들어내야 하는 처지가 된다. 한국에서 일상화된 과잉진료, 의료사고, 성형수술 권유는 의료 행위가 이윤 수단이 될 때 어떤 결과를 낳는지 보여준다.

육체노동이 중요한 이유가 단지 '화이트칼라직'을 만들어주기 때문만은 아니다. 육체노동은 사회에 필수적인 생산 활동이며, 이 사실은 앞으로도 변하지 않을 것이다. 제조업을 '한물간' 낡은 산업으로 여긴다면 미래 첨단기술에 대한 무지를 드러내는 것이다. 매사추세츠공대(MIT) 〈테크놀로지 리뷰〉가 2015년에 꼽은 세계 최첨단 기업 1위가 어디인지 아는가? 애플도 구글도 알리바바도 아닌 '테슬라'라는 자동차 제조업체다.

테슬라는 하드웨어와 소프트웨어 디자인부터 금형, 조립, 도색, 시험운전까지 모두 실리콘 밸리의 본사와 근처 공장에서 수행한다. 이곳의 '생산 시설'이 어떤 모습인지 궁금하다면, 영화 〈아이언맨〉에 나오는 로봇 팔을 떠올리면 된다. 실제로 영화의 주인공인 토니 스타크는 테슬라의 창립자인 엘론 머스크를 모델로 한 인물이다. 미래의 제조업은 높은 수준의 교육과 창의력이 요구되는 일자리다. 앞으로 더 많은 사람들이 참여할 것이고, 궁극적으로 생산직과 관리직의 경계는 허물어질 것이다.

노동을 천시하고 무시해온 한국 사회는 이미 현실이 된 미래를 보지 못하고 있다. 그도 그럴 것이, 없어서는 안 될 일을 하는 사람들에게 우리는 경의를 표하기보다 손가락질하는 데 익숙하기 때문이다.

"너도 공부 안 하면 저렇게 된다."

우리는 이런 기막힌 말을 하거나 들으며 살아왔다. 이 나라의 학교는 여전히 노동을 소중한 생산 활동이 아니라 '벌'로 가해지는 수치스러운 경험으로 가르치고 있다. 우리는 생존권을 외치는 노동자의 문제가 나와는 상관없는 일인 듯 행동했고, 더 나아가 노동자를 때려잡는 정치인에게 표를 주었다. 그 결과 우리는 지금과 같은 사회에 살고 있다.

서서 몸을 움직이든 앉아서 손가락을 움직이든 품을 팔아야 연명할 수 있는 사람이라면 모두 노동자다. 노동자에 대한 조롱은 결국 자기 조롱이며, 노동자를 때려잡는 정부는 곧 일해서 먹고사는 국민을 때려잡는 정부다. 한국 사회의 변화는 자신이 노동자라는 사실을 깨닫는 데서 시작될 것이다.

3. 공권력과 언론의 횡포에 대항하자

'최후의 보루'라는 표현이 있다. 궁지에 몰렸을 때, 더 이상 스스로 해볼 도리가 없을 때, 기댈 수 있는 대상을 말한다. 현대 민주국가에서는 법과 공권력이 이 역할을 맡는다. 국가가 최선을 다해 국민의 목숨을 구해내고 억울함을 풀어줄 때, '제발 애국하지 마시라'

고 사정해도 애국심이 샘솟고 세금 내는 게 아깝지 않게 된다.

정부가 국민에게 '애국심'을 강매하는 행위는 스스로 '최후의 보루' 역할을 해내지 못했다고 실토하는 것이다. 21세기의 한국 정부가 갑자기 '태극기 달기 운동'을 벌이고, '애국가 4절 부르기'를 공무원 시험문제로 출제하고, 역사교과서 내용을 바꿔 애국심을 고취시키겠다고 나선 데는 그만한 이유가 있었다. 국가기관의 대선 개입과 경찰의 수사 축소·은폐, 국정원의 간첩조작, 헌재의 통합진보당 해산, 세월호 구조 실패 등에서 보듯이 법과 공권력은 국민을 억울하게 만들었을 뿐만 아니라 죽도록 방치하기까지 했다.

국민으로서 이런 말을 해야 하는 현실이 슬프지만 한국의 경찰, 검찰, 법원은 대체로 국민 편이 아니다. 국민이 권력과 맞설 때, 그들은 여지없이 국민에게 등을 돌리고 권력을 섬겨왔다. 양심과 용기를 갖춘 경찰과 법관들도 적지 않지만, 전체적으로 보면 이들의 존재는 예외에 가깝다. 과거에 비해 공공연한 폭력은 줄어든 것처럼 보이지만 용산참사나 백남기 씨의 물대포 직격탄 사건에서 보듯 국민 목숨을 경시하는 공권력의 풍조는 달라지지 않았다.

국민을 효과적으로 탄압한 공권력의 담당자들을 챙겨주는 보상 시스템은 오히려 더욱 공고해지고 뻔뻔해졌다. 용산참사 당시 서울경찰청장으로 진압을 지휘했던 김석기는 이후 일본 오사카 총영사를 거쳐 한국공항공사 사장으로 '영전'했고, 민중총궐기 대회에서 물대포 직사 등 과잉진압으로 비판받았던 경비·수사 담당자들은 한 달 뒤 경찰 인사에서 대거 승진했다.

이런 분위기에서 국민들은 민주적 기본권은 물론이고 신체적 안전까지도 위협받고 있다. 이명박·박근혜 정부가 친재벌, 부유층 위주의 정책을 강행하면서 국민들의 반발을 불러왔고, 그 가운데 공권력의 부당한 법집행도 크게 늘어났다. 경찰은 시위를 허하거나 금지할 법적 권리가 없는데도 자의적으로 '시위 금지' 명령을 내리거나 체포하는 것은 물론이고, 이 과정에서 폭언, 폭행, 성추행 등의 인권유린 행위까지 저지르고 있다.

이런 일을 당했을 때 그냥 침묵하고 있어서는 안 된다. 해당 지역의 경찰청 웹사이트나 '경찰민원포털' 서비스를 통해 경찰의 인권침해를 신고하고 처리 결과를 요구해야 한다. 국가인권위원회 사이트의 '진정·민원신청'을 통해서도 민원을 넣을 수 있다. 국가기관을 통한 민원 제기가 '고양이에게 생선 맡기기'라는 한계가 있는 것도 사실이나 경각심을 갖게 만드는 데는 분명한 효과가 있다.

문제가 있는 경찰의 신원을 파악해두면 큰 도움이 된다. 가능하다면 명찰 등을 통해 이름과 직위 등을 알아내고 (법집행 중인 경찰에게는 직위, 소속, 이름을 밝히라고 요구할 권리가 있다), 체포 시 '미란다 원칙'을 고지했는지 여부도 기억해두도록 하자. 경찰은 체포에 앞서 피의자에게 범죄사실의 요지, 체포의 이유와 변호인을 선임할 권리를 알려주고, 변명의 기회를 줄 의무가 있다. 이 절차를 어긴다면 적법한 공무집행이 아니다.

경찰이나 검찰에게 하는 말은 자신에게 불리하게 적용될 가능성이 있다는 사실을 기억해야 한다. 수사기관으로부터 소환 통보를 받으면 반드시 변호사를 통해 법률적 조언을 구한 뒤에 소환에 임해야 하며, 그럴 기회 없이 체포되거나 소환되었을 때는 묵비권을 행사해 스스로를 방어해야 한다. 체포나 수사 과정에서 발생한 불법행위에 대해서는 법적 책임을 묻고 형사보상을 요구할 수 있다.

공권력과 더불어 한국 사회를 파괴해온 주범은 언론이다. 나는 언론학자로서 '한국 사회의 문제는 언론의 문제'라고 믿고 있다. 정치권력과 자본권력을 비판하고 견제하기는커녕, 그들 편에 서서 국민들을 호도해왔기 때문이다. 이들은 국민들로부터 '기레기'라는 영예롭지 못한 별칭을 얻었지만 보도 행태는 전혀 달라지지 않았다. 이들을 움직이는 원동력은 명예가 아닌 이익이기 때문이다. 따라서 신문을 끊고, 채널을 돌리고, 광고주 불매운동으로 압박하지 않는 한 언론은 좀처럼 변하지 않을 것이다.

또 한 가지 효과적인 방법은 기사를 쓴 기자에게 이메일이나 전화로 항의하는 것이다. 항의는 정중하고 단호할 때 가장 큰 효력을 발휘한다. 언론의 부당한 보도로 피해를 입었을 때는 언론중재위원회에 구제를 요청할 수 있다.

'부자가 되려면 부자의 성질을 건드리지 말라'는 말이 있다. 이는 한국 대다수의 언론이 제 역할을 못해온 이유를 설명하는 동시에 소규모 독립언론에 재정적 도움이 필요한 이유를 설명해준다. 〈뉴스타파〉〈오마이뉴스〉〈한겨레〉〈시사인〉〈프레시안〉〈국민TV〉 등은 시민 후원, 시민기자, 국민주, 협동조합 등으로 운영되는 대표적인 독립언론이다. 비록 완전하지 않더라도 시민들의 목소리를 담으려고 애쓰는 언론인만큼 적극적으로 힘을 보탤 필요가 있다.

공권력과 언론의 부당행위에 대해서는 사안에 따라 민주사회를 위한 변호사모임, 여성민우회, 민주언론시민연합, 참여연대 등을 통해서도 도움을 받을 수 있다. 이들은 국민의 권리와 이익을 위해 싸워온 소중한 비영리단체들이며, 무엇보다 시민의 지지와 지원이 이들에게 큰 힘이 된다. 자원 활동, 재정 후원, 강연 참석, 소식지 구독 등의 다양한 형태로 참여할 수 있다.

기초적 법률 상식을 익혀두면 한국처럼 만만치 않은 사회를 살아가는 데 큰 도움이 된다. 2006년 〈한겨레〉가 기획기사로 연재한 '현직검사가 말하는 수사 제대로 받는 법'은 한번쯤 읽어두시기를 권한다. 공권력과 언론을 귀찮게 만들어야 국민들이 편해진다.

4. 공기업은 이윤을 위해 존재하지 않는다

언제부턴가 '한국이 과거로 회귀했다'는 이야기를 자주 듣는다. 1970년대 정치인들이 복귀하고 있으니 사회가 '복고'로 흘러가는 것은 당연한 일일지 모른다. 하지만 시대와 상관없는 보편적 상식이 뒤집히는 현상은 어떻게 이해해야 할까?

이런 당연한 말을 하는 것 자체가 민망하지만, 공공서비스는 공공의 이익을 위해 존재한다. 다시 말해 공기업은 이익을 내기 위해서가 아니라 국민에게 봉사할 목적으로 운영된다. 이 점이 공기업과 사기업을 가르는 가장 큰 차이다. 하지만 언제부터인가 공기업과 사기업의 구분 자체가 사라지고 '흑자'와 '적자'가 '성과'와 '방만'을 구분 짓는 잣대가 되었다.

전기, 수도, 의료, 교육, 우편, 철도, 지하철 등의 서비스를 공공기관이 독점하는 이유는 이윤추구의 개입이 공공의 안녕을 심각하게 해치기 때문이다. 한두 가구가 사는 섬마을에 편지를 배달하고, 서너 가구가 사는 산골에 전기를 놓고, 소득 없는 무수한 가족을 대상으로 건강검진을 하는 것은 '이윤 추구'와 가장 먼 일이기 때문이다.

따라서 많은 경우에 공공기관이 얼마나 일을 잘했는가는 얼마나 많은 적자를 냈는가로 평가되어야 마땅하다. 돈을 많이 썼다는 것은 그만큼 많은 국민에게 혜택이 돌아갔다는 뜻이기 때문이다. 정부가 공기업의 성패를 평가하며 '경영실적'이나 '흑자 폭' 등의 용어를 쓰기 시작하면 그 나라의 공공서비스는 재앙의 길로 들어섰다고 보면 된다. 여기서 '경쟁 체제 도입', '실적에 따른 성과급' 같은 이야기가 나오면 그 사회의 공공 영역은 이미 망가진 것이다.

공기업에게 '경영실적'이라는 영리기업의 논리를 들이대는 순간, 저소득층은 치명타를 입는다. '흑자 폭 확대'를 위해서는 세금 의존도를 줄이고 가격을 높여야 하기 때문이다. 공공서비스를 세금으로 운영하는 이유는 모든 국민이 필수 서비스를 받도록 하기 위해서다. 여기서 세금 비율을 줄이고 국민 부담을 늘리면 '능력에 따라 내고, 필요에 따라 받는' 공공서비스 시스템 자체가 무너진다.

부유층이야 비용이 얼마나 오르든 상관없지만, 서민들은 당장 발이 묶이고 병원 치료를 건너뛰어야 하는 문제가 발생한다. 하지만 공공기관은 이 '성과'에 환호하며 포상을 받고, 수장들은 두둑한 성과급에 훈장까지 받는다.

'국정교과서'와 '노동개혁'으로 2015년의 한국 사회를 뒤흔들었던 박근혜 정부는 2016년 새해가 시작되자마자 공공기관의 성과연봉제를 확대하겠다고 나섰다. 혹시 국민들 가운데 '잘 됐다, 이제 놀고먹던 공무원들이 일 좀 하겠네' 하고 생각하는 사람이 있다면 큰 착각이다. 주위에서 '놀고먹는' 말단 공무원을 얼마나 봤는지는 둘째 치더라도, 앞으로 그들의 '성과연봉'은 '내 등골을 얼마나 빼먹는가'로 결정될 수 있기 때문이다.

무슨 말인지 안다. 텔레비전에 나와 거들먹거리는 그 '일 안하는 공무원들'을 지칭하는 것일 텐데, 그들은 어떤 성과제가 도입되어도 연봉이 떨어지지 않을 사람들이다. 세월호 참사 이후 대통령 연봉이 줄었는가, 성장률이 부진하다고 총리 밥값이 깎였는가?

5. 가해자가 되지 말자

우리 가운데 다수는 배려하는 법을 배우지 못했다. 한국에서는 타인을 이기는 법은 가르칠지언정, 베풀고 배려하는 법은 가르치지 않기 때문이다. 그 결과 대기업이 협력사를, 업주가 직원을, 선배가 후배를, 연장자가 연소자를, 남자가 여자를, 소위 '정상인'이 장애인을 착취하는 사회가 되었다.

우리는 힘 있는 자의 '갑질'에 분노하지만, 자신이 저지르는 '일상의 갑질'에 대해서는 무감각하다. 우리는 매일의 삶 속에서 말투, 표정, 시선 하나로 상대에게 권력을 행사한다. 한국 사회에 널리 퍼져 있는 '후배 군기 잡기'나 소위 '훌리건'들의 편집증적인 대학 서열 구분 짓기 행태를 보면, 지옥이 멀리 있는 게 아니라는 생각이 든다. 변혁의 꿈을 포기한 사회가 곧 지옥이다.

일베 회원들은 자신이 사회적으로 소외되고 배제된 계층임을 알면서도 그 부조리한 현실을 바꿀 용기는 갖추지 못한 사람들이다. 그래서 선택한 것이 더 힘없는 계층을 학대하는 '새끼 가해자' 역할이다. 그런 면에서 '군기 잡기'나 '대학 구분 짓기'는 일베와 다를 바 없다. 이들이 도토리 키 재기도 안 될 차이를 구분 짓기 위해 안간힘을 쓰는 모습을 볼 때마다 그 에너지와 열정에 놀라게 된다. 그 노력의 절반만 기울여도 학력으로 차별받지 않는 사회가 멀지 않을 텐데 말이다. '구분 짓기'에 쓸 에너지가 있다면 '차별 철폐'에 쓰는 것이 현명하다.

집 근처에 커피숍이 하나 있다. 내가 세상에서 가장 좋아하는 찻집이다. 걸어서 15분쯤 걸리는 이곳에서 나는 글을 쓰고, 책을 읽고, 수업 준비를 한다. 일주일에 서너 차례 이곳을 찾고, 한 번 가면 대여섯 시간씩 시간을 보내곤 한다.

이곳을 좋아하는 이유는 음료 맛이나 분위기보다 사람 때문이다. 워낙 자주 방문하다 보니 직원들과 친구처럼 지내게 됐지만, 그들은 처음 온 손님에게도 친근하게 대한다. 이곳 직원들은 공짜 물을 놓고 하루 종일 앉아 있는 노숙자들도 똑같이 정중하게 대한다. 이들도 단골손님이다 보니 직원들은 이름을 부르며 반갑게 맞고, 새로 나온 음료를 맛보라며 가져다주기도 한다.

나는 이런 모습을 볼 때마다 말할 수 없는 평온함을 느낀다. 내가 이타적인 사람이어서가 아니라 앞으로 어떤 모습으로 이곳을 찾더라도 사람대접을 받으리라는 확신이 들기 때문이다. 이 커피숍 직원들은 돈, 지위, 외모와 상관없이 사람을 사람으로 대할 줄 안다. 설사 내가 돈 한 푼 없이 이곳을 찾는다 해도 직원들은 기꺼이 머물다 가게 해줄 것이다. 대체 무엇이 이들을 그토록 다정하고 관대하게 만들었을까?

오랫동안 그들이 일하는 모습을 지켜보면서 나름의 답을 찾아냈다. 간단하다. 이곳 직원들은 행복하다. 손님에게 '친절'한 곳은 많다. 하지만 대개 친절은 규격화되어 직원들에게 강요되는 형식적 절차에 지나지 않는다. 이곳은 다르다. 직원들의 말과 행동에서 기쁨이 배어나고, 이것이 사람들에 대한 존중과 배려로 표현되고 있었다.

직원들이 행복하게 일하는 정확한 이유는 알 수 없지만 적어도 몇 가지 단서는 발견할 수 있었다. 이 커피숍은 다른 곳보다 급여가 높았고, 직원에게 의료보험 혜택과 대학 등록금까지 지원하고 있었다. 회사가 직원을 귀하게 대접하면 직원도 고객을 귀하게 대접하기 마련이다. 행복한 직원들은 고객들을 세심히 배려했고, 이 배려로 행복해진 손님들은 직원들을 소중한 벗처럼 대했다.

경쟁은 적을 만들지만 배려와 연대는 친구를 만든다.
희망은 당신 앞에 있다. 당신 앞에 있는 사람에게.

대한민국 몰락사

지옥실험의 기록 2008-2018

1판 1쇄 펴낸날 | 2016년 2월 29일

지은이 강인규
펴낸이 오연호
본부장 김병기
편집장 서정은 편집 김초희 관리 문미정

펴낸곳 오마이북
등록 제313-2010-94호 2010년 3월 29일
주소 서울시 마포구 월드컵북로 396 누리꿈스퀘어 비즈니스타워 18층 (03925)
전화 02-733-5505 팩스 02-3142-5078
홈페이지 book.ohmynews.com 이메일 book@ohmynews.com
페이스북 www.facebook.com/Omybook

책임편집 서정은
교정 김초희 차경희
사진 오마이뉴스 권우성 남소연 유성호 이희훈
디자인 공중정원 박진범
인쇄 천일문화사

ⓒ 강인규, 2016

ISBN 978-89-97780-17-4 03300

이 도서의 국립중앙도서관 출판예정도서목록(CIP)은 서지정보유통지원시스템
홈페이지(http://seoji.nl.go.kr)와 국가자료공동목록시스템(http://www.nl.go.kr/kolisnet)에서
이용하실 수 있습니다. (CIP제어번호: CIP2016003343)

오마이북은 오마이뉴스에서 만드는 책입니다.